TPP约束下江苏融入国际价值链分工战略研究

宣烨 史青 赵奇峰 张菁 编著

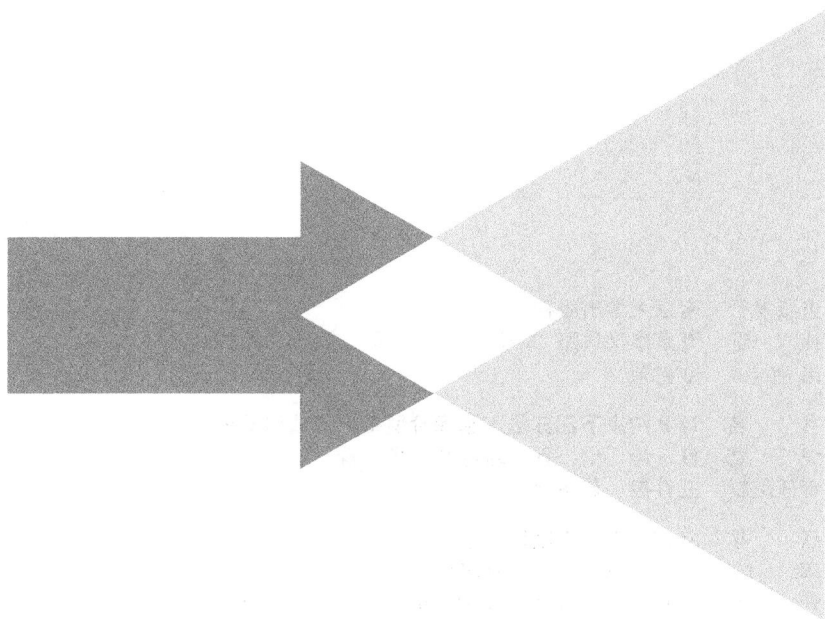

南京大学出版社

图书在版编目(CIP)数据

TPP 约束下江苏融入国际价值链分工战略研究 / 宣烨
等编著. — 南京：南京大学出版社，2017.6
ISBN 978-7-305-18856-5

Ⅰ. ①T… Ⅱ. ①宣… Ⅲ. ①区域经济—经济发展战
略—研究—江苏 Ⅳ. ①F127.53

中国版本图书馆 CIP 数据核字(2017)第 137949 号

出版发行　南京大学出版社
社　　址　南京市汉口路 22 号　　　　邮　编　210093
出 版 人　金鑫荣
书　　名　**TPP 约束下江苏融入国际价值链分工战略研究**
编　　著　宣　烨　史　青　赵奇峰　张　菁
责任编辑　王日俊　黄冬玲
照　　排　南京南琳图文制作有限公司
印　　刷　江苏凤凰数码印务有限公司
开　　本　718×1000　1/16　印张 16.75　字数 274 千
版　　次　2017 年 6 月第 1 版　2017 年 6 月第 1 次印刷
ISBN 978-7-305-18856-5
定　　价　98.00 元

网址：http://www.njupco.com
官方微博：http://weibo.com/njupco
官方微信号：njupress
销售咨询热线：(025) 83594756

指导委员会

本书为江苏高校优势学科建设工程（PAPD）、江苏高校现代服务业协同创新中心（CNISCC）、江苏高校人文社会科学校外研究基地"江苏现代服务业研究院"（JIMSI）、江苏省重点培育智库"现代服务业智库"和教育部哲学社会科学研究重大课题攻关项目《泛TPP经贸规则下我国融入国际价值链分工战略研究》（16JZD019）的研究成果。

书　　　名：TPP约束下江苏融入国际价值链分工战略研究

编　　　著：宣　烨　史　青　赵奇峰　张　菁

出　版　社：南京大学出版社

前　言

进入 21 世纪,世界经济形势发生了一些新变化,一方面,世界贸易组织多哈回合谈判陷入停摆,"全球化红利"逐渐消退,区域经济一体化进程不断加快;另一方面,美国提出"重返亚太",其一是为了遏制强势崛起的中国,其二也是为了分享亚太地区高速发展的经济果实,解决美国国内的经济和社会问题。因此,美国开始主导并推动 TPP 的实施,美国主导的 TPP 设定了较高的标准和较严格的要求,旨在引领并制定 21 世纪新的贸易规则。TPP 号称是世界最大的经济合作组织,但却将世界第二经济大国和最大的贸易国中国排除在外。TPP 的签订和实施必将对现有的世界经济格局和国际经济秩序造成较明显的冲击和影响。中国目前已成为仅次于美国的世界第二经济大国和世界第一贸易大国,TPP 一旦生效实施,对中国的短期和长期影响不容忽视。然而,自特朗普上台以来,美国的对外贸易政策发生明显转变,美国新政府已经正式宣布退出 TPP,美国的退出对 TPP 的未来发展以及现行国际贸易体系带来深远影响,这对中国既是机遇,也是挑战。江苏省是中国仅次于广东省的第二经济大省,制造业发达,经济外向型程度较高,受国际市场的影响较大,江苏目前正处在转型发展"阵痛期",经济和产业结构转型升级的压力较大,探索出一条在 TPP 约束下实现转型升级的发展路径对江苏省乃至中国都具有十分重要的理论和现实意义。

本研究系统分析和研究了 TPP 对江苏省外向型经济发展的影响以及江苏省如何更好地融入国际价值链,以及如何应对 TPP 提出了一些政策建议。我们遵循从宏观到微观;从理论到实践;从过去到未来的研究范式,从更高层面、更远视野、更小视角观察和分析 TPP 的未来影响,思考应对之策。首先,本书详细介绍了 TPP 产生和发展的历史和时代背景,分析了 TPP 的未来发展趋势及对国际经济秩序的影响;其次,我们研究了 TPP 对中国经济和东亚地缘政治博弈的影响,并分析了中国未来的可能选择;随后,我们重点研究了 TPP 对江苏外向型经济发展的影响,我们结合中国"一带一路"战略的政策背景和江苏企业对外投资典型案例进行了分析;再次,本书将研究重点聚焦于江苏省如何在 TPP 新规则下更好融入全球产业分工,更快向全球价值链顶端攀登,更好惠及江苏经济社会发展,更好服务国家转型升级战略;最后,基于本研究,我们从政府和企业不同层面提出了一系列的政策建议。

本书在写作过程中,力争达到逻辑严谨、结构清晰、层次分明、由浅入深展开,密切跟进 TPP 最新进展,搜集了大量数据资料,本文力图向读者清晰展现 TPP 对江苏省的不同影响效应。

对于希望了解 TPP,以及江苏如何在 TPP 约束下更好融入国际价值链分工的读者,本书希望能够提供一些有价值的启发和思路,以飨读者。

本书在创作过程中参阅和借鉴了大量文献资料及相关著作,在此对作者表示衷心的感谢! 由于编者水平有限,书中的错误和缺点在所难免,恳请广大专家学者和读者批评指正。

目　录

第一篇　TPP 成立的背景

第二篇 TPP 对当前及未来亚太区域经济合作的影响

第三篇 TPP 与中国

第四篇 TPP 新规则下江苏开展新一轮对外开放研究

第五篇 TPP 新规则下江苏融入价值链分工

第六篇 江苏省应对 TPP 的战略思路与对策

第一篇

TPP 成立的背景

2015 年 10 月 5 日,跨太平洋伙伴关系协定(Trans-Pacific Partnership Agreement,以下简称"TPP"协定①)谈判取得历史性进展,美国、日本等 12 个国家就 TPP 协定达成一致。② TPP 是由 2006 年新加坡、文莱、智利和新西兰四国之间的自由贸易协定谈判演变而来的,2016 年 2 月 4 日,12 个成员国在新西兰的奥克兰正式签署 TPP 协定,至此,TPP 协定国家间谈判宣告结束,TPP 正式进入成员国国内立法生效阶段。然而,自从新任总统特朗普上台以来,美国对待自由贸易的态度发生了 180 度的转变,美国的对外贸易政策开始转向保护主义。2017 年 1 月 23 日,美国新任总统特朗普签署行政命令,正式宣布美国退出由其主导的 TPP,美国的退出使 TPP 面临重大转折,TPP 的未来前景不容乐观。对于中国而言,既是机遇,也是挑战。

TPP 是一个主要由亚太经合组织成员国参与的大型区域自由贸易协定,也是第一个横跨太平洋,连接亚洲、美洲以及大洋洲的区域自由贸易协定。TPP 的目标是消除各种关税和非关税贸易壁垒;实现成员国间商品、劳动力和资本的自由流动;保护知识产权和生态环境;保障工人权益;改善经营环境、确保公平竞争等。TPP 协定的覆盖范围相较自由贸易协定更加广泛,贸易和投资自由化程度也更高。TPP 的高标准和严要求使其成为 21 世纪国际经济贸易合作的新标杆。

①　下文使用英文简称 TPP 来代指《跨太平洋伙伴关系协定》。
②　TPP 的 12 个创始成员国包括:澳大利亚、文莱、加拿大、智利、日本、马来西亚、墨西哥、新西兰、秘鲁、新加坡、美国、越南。

第一章 TPP 的提出

一、TPP 成立的时代背景

TPP 的提出具有非常鲜明的时代特征,后金融危机时代,全球经济增长势头呈现出放缓趋势,国际政治和经济形势正处在深度调整之中,亚太地区①作为全世界最具经济活力和发展潜力的地区,自然成为各大国和势力集团利益争夺的焦点,各种政治和经济博弈不断上演,这种博弈和竞争也延伸到区域经济合作和贸易规则制定当中,当前,亚太地区存在由多个大国主导的多种经济贸易规则,既相互合作,又互相竞争。

(一) 世界经济重心向亚太地区转移

亚太地区是目前全世界最具经济发展活力的区域,其经济和贸易增速常年位居全世界各区域之首,经济活力和发展潜力较大。② 进入 21 世纪,亚太地区在世界经济中的比重和话语权不断提升,世界经济中心正从大西洋区域向亚人地区转移。当前,亚太地区的人口规模达到 26 亿,约占全世界总人口的 40%。进入 21 世纪,亚太地区迎来经济高速发展的新阶段,下图 1.1 所示为 2001 年以来亚太地区经济规模以及在全世界所占的比重,可以明显看出,亚太地区近年来经济总量快速增长,在世界经济中的比重持续上升,2015 年,亚太地区的经济规模达到 21.28 万亿美元,占到全世界经济

---

① 广义上讲,亚太地区指的是东亚及太平洋国家和地区,本文特指加入亚太经合组织的国家和地区。

② 亚太地区通常指亚太经济合作组织(APEC)所涵盖的国家和地区。亚太经济合作组织是亚太地区最具影响力的经济合作官方论坛,亚太经合组织拥有 21 个正式成员和三个观察员。

总量的 29%。亚太地区贸易额约占全世界总贸易量的 48%。① 可以毫不夸张地说,亚太地区在世界经济中具有举足轻重的地位,亚太地区已经成为世界经济的重要推动力量。

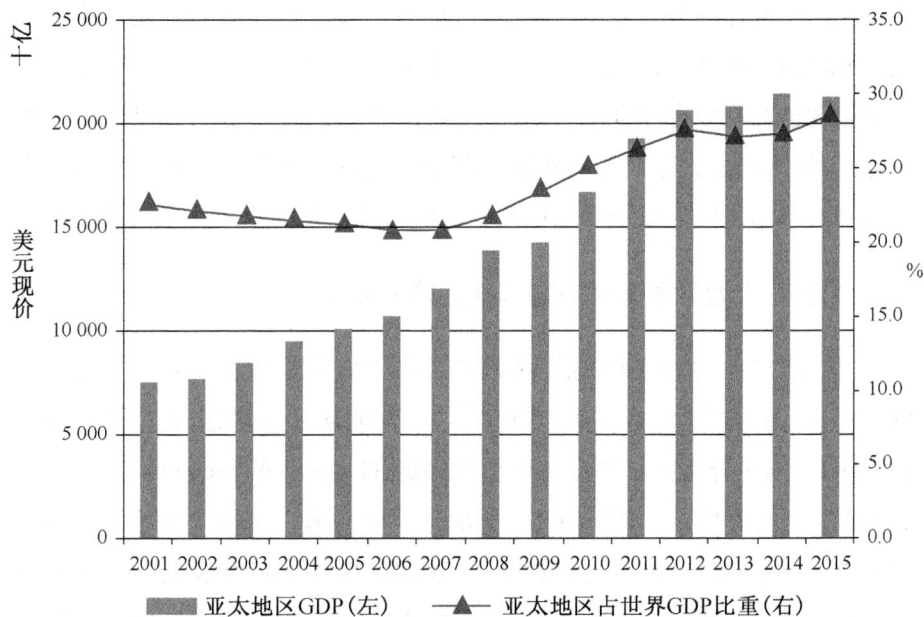

图 1.1　亚太地区 GDP 总量及其占世界比重

注:采用美元现价衡量的 GDP。

资料来源:世界银行数据库。

世界各大国和势力集团纷纷聚焦亚太,将亚太地区置于外交和经济政策的重要位置。2011 年 11 月,美国总统奥巴马在亚太经合组织非正式首脑会议上正式提出"亚太再平衡"战略,将军事和战略资源重点向亚太地区倾斜。一方面,美国想要从亚太地区的经济发展中分得一杯羹;另一方面,美国想要遏制中国等新兴大国的崛起势头,巩固其在亚太地区的主导权和领导地位。除美国外,欧盟也在积极与亚太国家开展双边自贸协定谈判,努力增强与亚太国家的经济联系,强化其在亚太地区的政治和经济影响力。②

---

① 数据来源:世界银行 WDI 数据库,世界贸易组织,联合国贸易与发展会议,亚太经合组织。

② 资料来源:《中国社会科学报》,2016 年 2 月 1 日,第 899 期。

自 2008 年国际金融危机爆发以来,随着亚太地区政治、经济地位的迅速上升尤其是中国的强势崛起,俄罗斯对亚太地区越来越重视,俄罗斯深刻认识到,无论是从本国的政治、军事及经济安全的迫切需要出发,还是就实现其大国复兴的宏伟蓝图而言,发展同亚太地区国家的关系,更深入地融入亚太地区的政治与经济一体化,已成为俄罗斯的当务之急。① 亚洲另一个地区大国印度也在积极向亚太地区靠拢,莫迪政府上台后,印度将其亚太政策由"东向政策"升级为"东向行动政策",将亚太地区作为其获得资本、技术、资源、能源、市场、技能、安全环境以及稳定的全球贸易体系的重要支撑。

（二）亚太地区原有经济合作模式陷入停滞

第二次世界大战结束以后,美国的经济和军事实力大幅提升,成为新的世界领袖,而欧洲则满目疮痍,百废待兴。为推动经济复苏,实现国际贸易自由化,美国主导成立了关税和贸易总协定(General Agreement on Tariffs and Trade,简称"GATT"),关贸总协定后来就演变成为世界贸易组织,1993 年,世界贸易组织在关税和贸易总协定乌拉圭回合谈判期间正式成立。世界贸易组织是当今世界唯一能够制定全球性贸易规则的国际组织,其主要作用即促进国际经贸自由化,确保国际贸易的顺利进行。世界贸易组织的根本宗旨是维护国际贸易的可靠性、公平性和开放型。世界贸易组织的目标是建设一个繁荣、安全和负责任的世界经济,增进各成员国人民的福利。世界贸易组织与国际货币基金组织(International Monetary Fund,简称"IMF")以及世界银行并称为第二次世界大战后世界经济的三大支柱。②

世界贸易组织的建立在推动经济全球化和国际贸易自由化过程中发挥了重要作用。然而,近年来,以世界贸易组织为代表的多变贸易谈判进展迟

---

① 节选自人民论坛网,作者为黄登学。

② 1944 年 7 月,以美国和英国为代表的 44 个国家在美国新罕布什尔州的布雷顿森林召开联合国与联盟国家货币金融会议,建立了以美元为中心的国际货币体系,总称为"布雷顿森林体系",在这次会议上成立了国际货币基金组织、世界银行以及关税和贸易总协定,这三大国际组织成为战后国际经济秩序的三大支柱。

缓,世界贸易组织多哈回合谈判停滞不前,2008 年肇始于美国次贷危机的国际金融危机又使得各国的贸易保护主义有所抬头,给国际贸易的发展蒙上了一层阴影,世界贸易组织在推动经济全球化和贸易自由化方面的谈判和协调功能无法得到有效发挥,目前只能作为一个贸易纠纷的仲裁庭发挥作用。世界贸易组织的谈判要么因目标设置太大而不能成功,要么由于目标设置太小而不被各国重视。第二次世界大战后形成的现行国际经贸模式正在走向衰落。

(三) 亚太区域经济合作日趋活跃

近年来,亚太地区国家间的经济合作不断取得实质性进展,除了 TPP 以外,区域全面经济伙伴关系 (Regional Comprehensive Economic Partnership,简称"RCEP")谈判继续推进;东盟共同体横空出世;①东盟十国＋中国合作机制(简称"10＋1")、东盟十国＋中日韩合作机制(简称"10＋3")、②中日韩自贸区等区域经济合作框架均取得新进展,中国与韩国、中国与澳大利亚自由贸易协定相继签署并生效。

(1)东盟共同体的成立加速了东盟一体化进程。东盟共同体建设于 2003 年启动,当年举行的第九届东盟领导人首脑会议通过了《东盟协调一致第二宣言》,宣布将于 2020 年建成东盟共同体,东盟共同体的三大支撑分别是"东盟政治安全共同体"、"东盟经济共同体"和"东盟社会文化共同体"。随后的第 12 届东盟领导人会议签署了《关于加速于 2015 年建立东盟共同体的宿务宣言》和《东盟经济共同体蓝图宣言》。2007 年,第 13 届东盟首脑会议通过了《东盟宪章》,明确将建立东盟共同体的战略目标写入宪章。

---

①　2015 年 12 月 31 日,东盟共同体正式成立。东盟共同体由东盟经济共同体、东盟安全共同体和东盟社会文化共同体三部分组成。东盟成员国一直在为实现一体化而努力。2007 年发布的《东盟经济一体化蓝图》中的东盟经济共同体的目标是要建立单一市场和制造业基地;使整个东盟成为一个有经济竞争力的地区;缩小东盟内部经济发展差距;使东盟更好融入经济全球化的进程。

②　东盟与中国"10＋1"合作机制是指东盟 10 国与中国领导人间举行的会议。东盟与中日韩"10＋3"合作机制指东盟 10 国与中国、日本、韩国三国领导人举行的会议。20 世纪 90 年代后期,在经济全球化浪潮的冲击下,东盟国家逐步认识到启动新的合作层次、构筑全方位合作关系的重要性,并决定开展外向型经济合作,"10＋1"和"10＋3"合作机制应运而生。近年来,"10＋1"和"10＋3"合作机制已经发展成为东亚合作的主要渠道。

2009 年召开的第 14 届东盟领导人会议通过了《东盟政治安全共同体蓝图》、《东盟社会文化共同体蓝图》以及《东盟共同体 2009—2015 年路线图宣言》。2010 年举行的第 17 次东盟领导人会议通过了《东盟互联互通总体规划》。在 2015 年 11 月举行的第 27 届东盟峰会上,东盟领导人宣布把东盟建成以政治安全共同体、经济共同体和社会文化共同体三大支柱为基础的东盟共同体,同时通过了愿景——《东盟 2025:携手前行》。2015 年 12 月 31 日,东盟共同体正式成立,目前,东盟共同体是世界第七大经济体,亚洲第三大经济体。东盟共同体的成立标志着东盟正式迈入共同体时代,东盟一体化进程向前迈出了重要的一步。

(2) 中国与东盟成功完成自贸区升级谈判。中国—东盟自由贸易区在目前世界上已生效的自贸区中覆盖人口最多,也是世界上由发展中国家间建立的最大的自贸区。2000 年,时任中国国务院总理朱镕基在新加坡举行的中国与东盟领导人会议上提出建设中国—东盟自由贸易区的倡议。2002 年,中国与东盟签署《中国与东盟全面经济合作框架协议》,中国—东盟自贸区建设正式启动。2009 年,中国与东盟签署《中国—东盟自由贸易区投资协议》。2010 年,中国—东盟自由贸易区正式成立。2013 年 10 月,李克强总理在中国—东盟领导人会议上倡议启动中国—东盟自贸区升级谈判。2014 年 8 月,中国—东盟经贸部长会议正式宣布启动升级谈判。经过 4 轮谈判,2015 年 11 月 22 日,在李克强总理和东盟 10 国领导人的共同见证下,中国与东盟在马来西亚吉隆坡正式签署中国—东盟自贸区升级谈判成果文件——《中华人民共和国与东南亚国家联盟关于修订〈中国—东盟全面经济合作框架协议〉及项下部分协议的议定书》(简称《议定书》)。《议定书》是我国在现有自贸区基础上完成的第一个升级协议,涵盖了从货物贸易到服务贸易,从投资到经济技术合作等领域,是对原有协定的丰富、完善、补充和提升,体现了中国与东盟双方深化和拓展经贸合作关系的共同愿望和现实需求。①

(3) 中国与韩国签署自由贸易协定。中国—韩国自由贸易区是东北亚

---

① 资料来源:中国—东盟自由贸易区官方网站,http://www.cafta.org.cn/。

地区成立的第一个自由贸易区,中韩自由贸易协定的签署有利于促进东亚区域经济一体化和实现产业链的深度融合。中韩自贸协定的亮点在于双方承诺未来采用准入前国民待遇和负面清单开展服务贸易和投资谈判,设立电子商务章节以及包含地方经济合作相关内容。2004 年,时任中国国家主席胡锦涛与韩国总统卢武铉在亚太经合组织领导人峰会上共同宣布启动中韩自贸区民间可行性研究。经过五次官产学联合研究会议,2012 年,中韩自贸协定谈判正式启动,经过 14 轮谈判,2015 年 6 月 1 日,中国和韩国正式签署自由贸易协定。①

（4）中国与澳大利亚签署自由贸易协定。中国与澳大利亚的自由贸易协定是中国首次与经济总量较大的主要发达经济体谈判达成的自贸协定。该协定是一个全面的、高质量的双边贸易协定,其创新点在于中国走出去及双方人员往来实现重大突破。2003 年,中国和澳大利亚签署《中国和澳大利亚贸易与经济框架》,两国决定开展自贸区可行性联合研究。2005 年,中国与澳大利亚自贸谈判正式启动。2014 年,习近平主席与澳大利亚总理宣布实质性谈判结束。经过长达 21 轮双边谈判,2015 年 6 月 17 日,中国与澳大利亚正式签署中—澳自由贸易协定,协定在内容上涵盖货物贸易、服务贸易以及投资等十几个领域,实现了全面、高质量和利益平衡的目标。②

（5）东盟与中日韩"10＋3"合作机制取得重要进展。东盟与中日韩合作已经建立了 65 个对话与合作机制,形成了以领导人会议为核心,以部长会议、高官会、东盟常驻代表委员会与中日韩驻东盟大使会议和工作组会议为支撑的合作体系。1995 年,东盟曼谷首脑会议首次建议举行东盟与中日韩领导人会议。1997 年,首次东盟与中日韩领导人会议在马来西亚吉隆坡举行。2000 年,第四次东盟与中日韩领导人会议在新加坡举行,时任中国国务院总理朱镕基提议将"10＋3"定位为东亚国家之间开展经贸合作的主要渠道。近年来,东盟与中日韩"10＋3"框架下的东亚区域经济合作表现出

---

① 资料来源:中国商务部自由贸易区服务网,http://fta. mofcom. gov. cn/korea/korea_special. shtml。

② 资料来源:中国商务部自由贸易区服务网,http://fta. mofcom. gov. cn/Australia/australia_special. shtml。

趋冷态势,但仍未停止前进的步伐,在金融货币合作方面尤其如此。2015年5月3日,第18届东盟与中日韩财长和央行行长会议在阿塞拜疆巴库举行,重点讨论了全球和区域宏观经济形势以及东盟与中日韩财金合作等议题,并发表了《第18届东盟与中日韩"10+3"财长和央行行长会联合声明》。会议要求,进一步做好清迈倡议多边化(CMIM)的实际运行准备工作,再次强调东盟与中日韩宏观经济研究办公室(AMRO)升级为国际组织的重要性,重申"10+3"合作各方应尽快履行内部核准程序,早日完成升级进程。会议批准 AMRO 设置两个副主任和一个首席经济学家职位,以进一步提升 AMRO 的机构能力。"10+3"合作迄今已拥有 60 多个不同级别的机制,涵盖 24 个领域,在金融、粮食、互联互通、经贸、能源、海上、人文等领域的合作取得了积极成果。①

(6) 中日韩自由贸易区建设取得积极进展。中日韩三国是亚太地区乃至全球的重要经济体,同处于世界经济中最具活力的东亚地区,中日韩三国互为重要的贸易和投资伙伴,在全球生产分工中存在较为紧密的互补合作关系,中日韩三国建立自贸区反映了中日韩三国之间经贸合作的现实需求,对于加强三国之间的经贸联系,促进东亚地区的经济融合具有深远意义。2012 年,中日韩三国在柬埔寨金边召开的东亚领导人会议期间宣布启动中日韩自贸区谈判。但是,近年来,由于岛屿争端及历史遗留问题的干扰,中日、韩日外交和经贸关系均受到不同程度的影响,尤其是中日关系当前正处在"政冷经冷"的状态,不可避免会给三国间的经贸合作带来较为不利的影响。在此背景之下,中日韩合作仍然在持续不断向前推进,中日韩投资协定在完成相关法律程序后于 2014 年 5 月 17 日正式生效。中日韩自贸区自2012 年启动以来已经进行了十轮谈判,中日韩均认为建立三国自贸区有助于充分发挥产业的互补性,挖掘提升三国贸易投资水平的潜力,促进区域价值链进一步融合,符合中日韩三国整体利益,有利于本地区的繁荣与发展。②

---

① 资料来源:中国外交部网站,http://www.fmprc.gov.cn/web/。

② 资料来源:中国商务部自由贸易区服务网,http://fta.mofcom.gov.cn/china_japan_korea/china_japan_korea_special.shtml。

（四）美国为遏制中国加快实施"重返亚太"战略

美国总统奥巴马在 2009 年上台后对美国的外交和经济政策进行了反思和调整,认为美国在中东地区投入了过多战略资源,在亚太地区投入的资源较少,美国认为其在亚太地区的影响力和领导地位受到中国等新兴大国的强力挑战,因此,美国需要主动从欧洲和中东地区事务中抽出神来,将注意力再次集中到亚太地区,以增强美国在亚太地区的存在感和影响力。2009 年 7 月,时任美国国务卿希拉里·克林顿赴泰国参加东亚峰会,代表美国同东盟国家签署了《东南亚友好合作条约》并高调宣称"美国回来了"。事实上,美国从未真正放弃过在亚太地区的参与,"重返"是相对于以前重点打造与欧洲的跨大西洋关系而言的,亚太地区始终是美国的重要利益关切,只是不同历史阶段的资源投入和策略手法随着大战略的利益排序不断地进行调整。2012 年,藉由日本和菲律宾分别挑起的钓鱼岛争端和黄岩岛对峙持续升级,奥巴马政府在这一地区借机多管齐下,军事、政治、经济三大领域的政策都进行了重新部署。

由于中国的快速崛起以及东亚区域经济合作一体化进程的顺利推进,东亚地区正在形成一个将美国排除在外的区域经济新秩序,包括日本在内的东亚国家通过东盟与中日韩"10＋3"合作机制的构建,正在不断强化该地区的凝聚力,毫无疑问,中国由于其庞大的规模和经济影响力将在这一地区构架中发挥主导作用。中国的崛起挑战了美国在亚太地区的战略地位,因此,美国在取得反恐战争的阶段性胜利后,现在必须回过头来重建其在亚太地区的战略支配地位。重返亚太可以看作是美国传统安全战略的回归,而如何防范中国的崛起自然成了美国关注的重中之重。

奥巴马政府以遏制中国崛起为主要目的提出的重返亚太战略面临诸多问题。首先,美国近来在东亚领土与海洋争端问题上不断挑起事端,使东亚地区的地缘冲突风险骤然上升,使得区域内安全环境变得更加复杂,同时美国自身也面临卷入地区冲突的风险;其次,东盟国家普遍奉行全方位的外交政策,不希望恶化与任何一个大国的关系,也不想在中国与美国之间选边站,东盟国家近年来普遍采取"经济上依赖中国,安全上依靠美国"的外交政策;最后,中美两国之间的冲突和对抗不符合两国的利益,也不利于地区和世界的和平与发展。

二、TPP 的发展历程

TPP 的前身是由新西兰、新加坡、智利和文莱四个国家于 2005 年发起成立的跨太平洋战略经济伙伴关系协定(Trans-Pacific Strategic Economic Partnership Agreement,简称"P4")。TPP 从提出到最终签署大致经历了以下四个阶段:

(一) 起步

20 世纪 90 年代是 TPP 的起步阶段,在这一阶段,随着科技革命与信息技术的快速发展,全球区域经济一体化进程不断向深层次迈进,20 世纪 90 年代初,亚太经合组织诞生,极大地促进了亚太地区的经济交流与合作,为亚太区域经济一体化进程打下了基础。1994 年亚太经合组织在《茂物宣言》中阐述了"开放的地区主义"的理念,明确提出发达国家和发展中国家实现贸易投资自由化的时间表和目标。在亚太经合组织的推动下,亚太地区各经济体的开放程度不断提高,经济交流与合作的领域不断拓宽,在此背景下,新加坡、智利等贸易自由化程度较高的国家开始考虑建立高标准的自由贸易区,为后来 TPP 的出现奠定了重要基础。

(二) 初步发展阶段

21 世纪的第一个十年是 TPP 的初步发展阶段,在此期间,以世界贸易组织为代表的全球多边贸易谈判和协调机制陷入停滞,无法跟上国际贸易与经济合作快速发展的步伐。与此同时,同世界贸易组织多哈回合谈判止步不前的状态形成鲜明对比的是地区双边自由贸易协定呈现出快速发展的趋势,区域经济合作成为主流。随着中国—东盟、韩国—东盟、日本—东盟、中国—韩国以及中国—澳大利亚等自由贸易协定的成功签署,亚太地区逐渐成为全球自由贸易区的集中地,亚太地区尤其是东亚地区的经济一体化取得较大进展。在此背景之下,新西兰、新加坡、文莱、智利四国于 2005 年共同签署了《跨太平洋战略经济伙伴关系协定》。

(三) 快速发展阶段

2008 年国际金融危机的爆发使 TPP 进入快速发展的通道。金融危机的爆发使美国经济陷入衰退,出于应对金融危机和美国战略重心向亚太地区转移的需要,加上美国反恐战争和伊拉克战争基本结束,新上台的奥巴马政府将新西兰、新加坡、文莱和智利签署的《跨太平洋战略经济伙伴关系协定》作为美国介入并主导亚太地区经济一体化进程的一个重要切入点。2008 年,美国正式宣布加入该协定,随后,在美国的主导下,《跨太平洋战略经济伙伴关系协定》于 2009 年底被更名为《跨太平洋伙伴关系协定》(英文简称"TPP")。随后,越南、秘鲁、澳大利亚、马来西亚、加拿大、墨西哥、日本等亚太地区国家相继加入 TPP 谈判,从而使 TPP 成员国数量由最初的 4 个国家(P4)迅速扩大到目前的 12 个国家(P12)。

(四) 初步完成阶段

2013 年,日本正式宣布加入 TPP 谈判,至此,参与 TPP 谈判的国家数量达到 12 个,包括美国、日本、澳大利亚、文莱、加拿大、智利、马来西亚、墨西哥、新西兰、秘鲁、新加坡和越南。2015 年 9 月 30 日至 10 月 5 日,跨太平洋伙伴关系协定部长级谈判在美国举行,最终,TPP 各成员方达成基本协议,谈判取得实质性进展。2016 年 2 月 4 日,美国、日本等 12 个国家在新西兰的奥克兰正式签署《跨太平洋伙伴关系协定》,至此,TPP 国家间谈判正式宣告结束,接下来需要在各成员国国内获得法律通过方能生效。

(五) 美国退出 TPP

特朗普总统上台后,美国对 TPP 的态度发生了较大程度的转变,2017 年 1 月 23 日,美国总统特朗普签署行政命令,正式宣布美国退出 TPP。美国的退出使 TPP 遭遇重大挫折,相关进程也陷入停滞。

三、TPP 谈判时间轴

TPP 协定从提出到成员国达成基本一致经历了一个相对较长的时期。

2005 年 5 月 28 日,文莱、智利、新西兰和新加坡四国发起《跨太平洋战略经济伙伴关系协定》,协定承诺成员国彼此之间在货物贸易、服务贸易、知识产权保护以及对外投资等领域相互给予优惠待遇并加强成员国之间的交流与合作。《跨太平洋战略经济伙伴关系协定》对亚太经合组织其他成员国采取开放的态度,欢迎任何亚太经合组织成员国参与,亚太经合组织以外的国家和地区也可以参与该协定。该协定的一个重要目标就是建立亚太自由贸易区。

2006 年 5 月 1 日,《跨太平洋战略经济伙伴关系协定》首先对新西兰和新加坡两国生效,2006 年 11 月 8 日,该协定对智利生效,2009 年 7 月 1 日,该协定对文莱生效。

2008 年 2 月,美国宣布加入《跨太平洋战略经济伙伴关系协定》,各参与方于当年 3 月、6 月和 9 月就金融服务和投资议题举行了 3 轮谈判。在美国的主导下,《跨太平洋战略经济伙伴关系协定》正式更名为《跨太平洋伙伴关系协定》,也即现在的 TPP。2008 年 9 月,美国总统奥巴马决定美国正式参与 TPP 谈判,并邀请澳大利亚和秘鲁一同加入 TPP 谈判。

2009 年 11 月,美国正式提出扩大跨太平洋伙伴关系计划,澳大利亚和秘鲁同意加入。美国开始借助 TPP 已有的协议推行自己的谈判议题,并由此开始全方位主导 TPP 进程,TPP 由此进入美国时间并迅速扩大。

2010 年 3 月 15 日,TPP 首轮谈判在澳大利亚墨尔本举行。参与谈判的共有 7 个国家,包括美国、智利、秘鲁、新加坡、新西兰、文莱和澳大利亚。此轮谈判涉及关税和非关税贸易壁垒、电子商务、服务贸易以及知识产权保护等议题。美国比较关心的议题主要包括推动清洁能源等新兴产业的发展,促进美国制造业、农业以及服务业的出口,强化对美国知识产权的保护等。

2010 年 11 月,美国等 8 个参与 TPP 谈判的国家宣布通过《跨太平洋伙伴关系协定》纲要。同年,TPP 各缔约国接纳马来西亚和越南成为 TPP 谈判成员国,使参与 TPP 谈判的国家数量扩大到 9 个。

2011 年 11 月 11 日,日本时任首相野田佳彦宣布日本正式参加 TPP 谈判。

2012 年 10 月 8 日,墨西哥经济部宣布,墨西哥已完成相关手续,正式加入 TPP 谈判,成为 TPP 的第十个成员国,墨西哥经济部指出,TPP 是具有国际影响力的贸易组织,加入该协定为墨西哥参与亚太地区经济事务提供了平台,为墨西哥产品出口打开了新的机遇之门,也有利于发挥墨西哥在全球供应链中的作用。

2012 年 10 月 9 日,加拿大遗产部长莫尔(James Moore)代表国际贸易部长法斯特在温哥华宣布,加拿大正式加入 TPP 谈判。

2013 年 3 月 15 日,日本首相安倍晋三正式宣布日本加入 TPP 谈判。安倍晋三表示,参加 TPP 谈判符合日本的利益,但可能会对农业领域有一定影响,希望能够得到理解。

2013 年 9 月 10 日,韩国正式宣布加入 TPP 谈判。

2015 年 9 月 30 日至 10 月 5 日,跨太平洋伙伴关系协定部长级闭门谈判在美国亚特兰大举行,美国、日本、加拿大、澳大利亚等 12 国最终达成基本协议。

2016 年 2 月 4 号,TPP 在新西兰最大城市奥克兰正式签署《跨太平洋伙伴关系协定》,自此,TPP 国家间谈判圆满完成,随后将开始各国国内的立法生效过程。

2017 年 1 月 23 日,美国新任总统特朗普签署行政命令,正式宣布美国退出 TPP。TPP 目前正处于停滞状态,下一步进展仍不明朗。

四、TPP 各成员国的利益诉求

(一) 美国

作为目前世界上经济和军事实力都无可匹敌的超级大国和亚太地区最

重要的经济体之一,美国的加入对 TPP 的发展无疑起到了重要推动作用,正是由于美国的加入才使得 TPP 从最初只有几个小国参与的经贸协定转变成为一个具有世界影响力的国际经济合作组织。同样,TPP 也支撑着美国在亚太地区的战略利益及其在全球政治和经济格局中的地位。

首先,从经济利益层面考虑。TPP 能够为美国本土生产的商品消除约 18 000 项出口关税,从而能够显著增加美国对外出口,大幅改善美国的贸易条件。在 TPP 成员国中,这些关税提高了美国商品的价格,成为阻碍美国商品出口的贸易壁垒,例如,这些关税使美国汽车和家禽的出口价格分别提高 59%和 40%,因此,美国的企业和产业工人在全球竞争中处于非常不利的地位。消除这些附加在美国汽车、农作物和消费品上的关税壁垒能够帮助增加美国工人的就业机会以及将美国商品出口到世界上增长较快的亚太市场。由于美国国内市场已经面向全世界开放,所以要想更加便利地参与国际竞争,美国只有通过 TPP 来消除其他市场对美国商品存在的关税和其他非关税贸易壁垒。此外,TPP 还有助于增加美国中产阶级的实际工资收入。2009—2014 年,美国本土生产的商品的出口额增长了近 50%,为总体经济增长的贡献度达到近三分之一,在过去的五年中,美国的出口部门为美国工人增加了 180 万个新就业岗位。TPP 在增加美国的出口的同时还将提供更多高回报的工作岗位,平均来看,美国的商品出口每增加十亿美元能够为国内创造约 6 000 个就业机会。

大量具有活力的中小企业的存在是美国经济繁荣和发展的基石,TPP 能够为美国中小企业打开机会之门。通过消除对美国中小企业特别具有挑战的贸易壁垒,TPP 能够帮助美国中小企业更方便进入亚太地区的新市场。TPP 使美国拥有设定规则的权利,帮助美国制造业公平参与国际竞争,增加美国制造业的就业机会,使更多美国本土制造的商品出口到世界其他地区。美国农业部门的生产率较高,在全世界非常具有竞争力,美国农业高度依赖出口,大约 20%的收入来源于农产品出口。然而,其他国家对美国农产品征收的进口关税通常都比较高,而且远远高于其他商品,TPP 能够帮助美国农业和食品产业打开新的海外市场,提供公平的市场准入机会,推进透明和科学的规则建设。作为全世界最具有创新力的经济,美国受惠于对知识产权强有力的保护和鼓励,这是美国实现创新驱动,创造经济繁荣,增加就业的关键所在。TPP 对知识产权保护采取较高的标准和要求,能够保护美国的创造力,同时确保将亚太地区建设成为开放、创新、技术先进的经济体。TPP 为美国服务业的从业者打开了新的市场,这些产业涵盖电影和娱乐业、物流业、网络和软件服务业、专业服务、金融服务业、科学研究与开放、工程以及电信等产业。TPP 有助于确保其成员国之间的货物贸易是高效和透明的,这对中小企业尤为重要,因为复杂的海关和边境手续常常是中小企业对外出口的严重障碍之一。

其次,TPP 能够重新塑造美国在全世界的领导力。TPP 是美国分享亚太地区繁荣与增长的平台,能够巩固美国与其亚太盟友间的关系,牢牢确立美国在太平洋地区领导者的地位。美国总统奥巴马曾明确表示,美国以往签订的贸易协定并不总是能够达到预期目标,北美自由贸易协定就没有很好地解决工人权益保障和环境保护等问题,而同时包括加拿大和墨西哥的TPP 则显著弥补了北美自由贸易协定的诸多缺陷。TPP 吸取了以往签订的贸易协定的诸多经验和教训,通过升级现有标准以及设定新的标准来反映当今世界经济的现实状况。TPP 还体现了美国的价值观,包括促进和保护人权,这是奥巴马政府的核心价值。通过 TPP 的承诺,美国可以凭借人权问题向各国当局施压。TPP 是美国首次在贸易协定中开辟出独立章节致力于发展和能力建设,承诺实现可持续发展和包容性增长,减少贫困,促进粮食安全,打击非法雇佣童工的行为。TPP 为美国提高亚太地区治理标准提供了一个千载难逢的机会,TPP 为反腐败设定了一个新的、更高的标准,包括采取刑事法律来阻止政府官员腐败,维护促进官员诚信的行为准则,采取法律措施应对财务腐败,更加有效执行反腐败法律。TPP 能够确保外国政府无法利用其国有企业获得相对美国私营企业的不公平竞争优势。TPP 这些具有历史突破性的规则创造了世界先例。实现互联网领域的开放是 TPP 所关注的一个崭新议题,其致力于确保各成员国享有公平的接入互联网的机会,为企业和个人通过互联网提供商品和服务创造了机会,并确保美国在全球市场上继续享有创新优势。

最后,TPP 能够支撑美国的价值体系,帮助美国建立一个全球性的贸易体系,使美国工人有效参与国际市场竞争。TPP 是历史上所有贸易协定中环境保护标准最为严苛和坚实的。TPP 规定其他成员国要想将其商品出口到美国,需要遵守公平的环境保护规则。TPP 为设定更好的食品安全标准提供了一个机会,TPP 遵循更加透明和科学的规则,并允许美国帮助TPP 成员国提高食品安全体系。与此同时,TPP 不需要对美国食品安全法律、法规进行任何修改。美国企业和投资者在海外投资经营时经常遭受当地的歧视,风险较高,TPP 的投资争端解决机制(ISDS)能够提供中立的国际仲裁,确保美国投资者在海外投资时得到有效保护,这种机制提供公正和法治的方式解决国际经济活动中的争端,实现良好的世界治理。[①]

(二) 日本

由于国内存在较强的反对声音,日本加入 TPP 比较晚,但自从美国开始主导 TPP 谈判以后,日本对待 TPP 的态度明显变得更加积极,日本曾经于 2009 年在新加坡举行的亚太经合组织会议期间向美国表达希望加入TPP 谈判的意愿。2010 年,日本召开临时国会,日本在这一届临时国会上首次提出应当加入 TPP 谈判,日本加入 TPP 的目的是要争夺未来亚太地区的经济主导权,为日本拓展未来发展的空间。日本要想提高自身竞争力和未来发展潜力,必须积极主动与亚太其他国家和地区签订自由贸易协定以及其他经济合作协定,如果日本错过 TPP,那么日本将无法全面参与亚太地区未来贸易和投资规则的制定,在亚太地区未来主导权争夺中就会丧失主动权,更无法获得经济发展所需要的庞大市场。2012 年 11 月,日本国内经过长期的激烈辩论之后,时任日本首相野田佳彦力排众议,促使日本政府做出加入 TPP 谈判的决定。2013 年 3 月,日本首相安倍晋三正式宣布日本加入 TPP 谈判。

日本做出加入 TPP 的决定并不仅仅是出于经济利益上的考量,还有日美同盟关系方面的考虑,由于朝鲜核问题近年来不断升级以及中国的全面崛起,日本认为自身的安全保障环境已经变得日益严峻,日美同盟关系的重

---

① 资料来源:美国贸易代表办公室网站,https://ustr.gov/tpp/#text。

要性与日俱增,加入 TPP 谈判有利于维护和巩固日本和美国之间的同盟关系,确保日本地区的安全环境。

(三) TPP 东盟成员国

TPP 成员国中有四个属于东盟国家——新加坡、文莱、马来西亚和越南。东盟国家在国际交往中常常依托集团力量,实行大国平衡战略,捆绑经济利益,在区域经济合作中发挥枢纽作用。东盟国家对外积极实施自由贸易区战略。加入 TPP 的四个东盟国家的利益诉求也有所不同。

新加坡是一个对外开放度比较高的小型城市经济体,是自由贸易的坚定支持者,致力于建设全方位、高质量和透明化的自由贸易区,作为一个连接亚洲、美洲和大洋洲的多边贸易和投资合作机制,TPP 的建立和发展符合新加坡的对外政策和利益诉求。对于新加坡来说,TPP 比亚太自由贸易区在政治上更为可行,也更加具有吸引力。一方面,TPP 的高标准和严要求能够为新加坡自由贸易区建设提供借鉴和动力;另一方面,TPP 将有助于新加坡在亚太地区提高经济和政治影响力,从而在亚太地区未来经济秩序的建构上占据有利地位,为其带来经济和战略等各方面利益。

越南加入 TPP 主要有经济、政治和国内要求三个方面的诉求。从经济利益来看,TPP 是一个较为全面和系统的经贸合作协定,能够克服现有自由贸易区模式的诸多缺陷,是实现亚太自由贸易区的关键,加入 TPP 能够推动越南与亚太地区国家的贸易和投资,有助于越南实现经济发展;在政治上,加入 TPP 有助于改善越南同美国之间的关系,结束两国之间的长期敌对关系,有助于美国解除对越南的经济和军事制裁,帮助越南商品进入美国市场,同时也有助于在未来同美国建立自由贸易区以及美国承认越南的市场经济地位,除此以外,此时加入 TPP 还可使越南占据创始成员的有利位置;在越南国内,大部分人支持越南加入 TPP,越南国内各方普遍认为加入 TPP 将使越南成为一个重要的贸易伙伴和新兴国家,成为其他发展中国家加入 TPP 的榜样。越南加入 TPP 的另外一个考虑是能够推动越南的市场化改革,TPP 能够为越南经济发展与促进出口、贸易便利化和提高供应链效率、服务产业升级、加速国有企业私有化、开放政府采购部门、有效进入其他国家市场等提供新的机遇。

对于文莱来说，TPP 有利于促进文莱经济多元化。目前，文莱尚未与美国、加拿大、墨西哥、秘鲁等 TPP 成员国签署自由贸易协定，加入 TPP 能够帮助文莱拓展上述四国市场。此外，加入 TPP 还能强化文莱与 TPP 各成员国之间的战略与经贸联系，对文莱的经济发展具有非常重要的意义。文莱属于小型经济体，石油与天然气是文莱国民经济两大支柱型产业，加入 TPP 有利于文莱吸引外国投资者投资文莱国内矿业、制造业以及服务业等产业，有利于文莱经济实现多元化发展，符合文莱的国家经济发展政策。同时，文莱也期望在下一代全球多边自由贸易协定中发挥参与者和协调者的作用，以此提升文莱的地区和国际影响力。

对于马来西亚来说，加入 TPP 有利于强化其与 TPP 其他成员国之间的战略与经贸关系，帮助马来西亚开拓全球市场，吸引外国投资，提升马来西亚整体竞争力。目前，美国、加拿大、墨西哥和秘鲁四个 TPP 成员国尚未与马来西亚签署自由贸易协定，TPP 正式实施后，针对马来西亚出口商品的 2 000 至 4 000 项关税将获得减免，其受益较大的产业包括棕榈油、橡胶、木材以及电子产品等产业。另外，TPP 成员国承诺对服务业开放采取负面清单管理模式，①因此，加入 TPP 有利于马来西亚吸引外国投资，尤其是在金融和旅游等服务业部门。②

（四）新西兰

新西兰加入 TPP 既有经济方面的原因，还有战略上的考虑。新西兰是一个比较依赖出口的国家，出口对于新西兰的持续增长和繁荣至关重要。新西兰贸易政策的核心目标即扩大和深化新西兰同其他国家和地区的商业机会，关键是消除和减少贸易与投资壁垒，建立能够扩大贸易与投资联系进

---

① 负面清单管理模式是指政府规定哪些经济领域不开放，除了清单上的禁区，其他行业、领域和经济活动都是允许进入的，凡是与外资的国民待遇、最惠国待遇不相符的管理措施均以清单方式列明。

② 资料来源：跨太平洋伙伴关系协定专网，http://www.tpptrade.tw/member1.aspx?id=_00000010。

而促进经济增长的框架。同主要贸易伙伴建立自由贸易区(如 TPP)是达成此目标的重要举措。TPP 是 21 世纪亚太地区的一个全面的经济合作协定,亚太地区是全球经济的重要驱动力量,新西兰有大约一半的国际贸易和近七成投资是在亚太地区,新西兰的未来取决于其与亚太地区的经贸关系,TPP 为新西兰提供了利用这些经贸联系和成长的机会,为新西兰提供了一个区域供应链集成的平台,为贸易商和投资者在 TPP 成员国市场开展贸易和投资提供较大便利。TPP 为更加广泛的亚太区域经济一体化提供了一个有效的平台,并将支持亚太自由贸易区的形成。[①]

(五) 澳大利亚

澳大利亚作为亚太地区政治经济格局中的重要一环,扮演着连接太平洋两岸的桥梁和纽带作用,长久以来,澳大利亚坚持致力于探索推进亚太地区合作的实现路径。澳大利亚做出加入 TPP 的决定与其近年来所奉行的区域经济合作战略存在密切联系,同时也体现了该国的政治和经济利益诉求。澳大利亚加入 TPP 是建立在同亚太各国长期密切的经贸合作关系基础上的,亚太各国是澳大利亚对外经贸合作的战略重点。除了顾及经济及贸易领域业已存在的密切联系,澳大利亚决定加入 TPP 还有更深层次的战略考虑,即将 TPP 作为其亚太经济合作战略的有机组成部分,推动该地区逐步走向经济一体化。以拓展海外市场,拉动经济及就业增长为主要目的,澳大利亚将推进亚太经济一体化置于对外经济合作战略中的重要位置。TPP 与澳大利亚所一贯遵循的亚太经济合作战略在总体目标上是相符的,与澳大利亚的亚太经济合作战略有着深刻的内在联系。首先,TPP 所追求的长期目标与澳大利亚的亚太经济合作战略相一致,即建立包括太平洋两岸诸多成员的地区经济一体化合作模式,TPP 的主要目标是为建立未来的跨越太平洋两岸的亚太自由贸易区创造条件,这与澳大利亚多年来的努力方向基本一致;其次,TPP 可以对东亚经济一体化进程造成一定程度的干扰和抑制,与澳大利亚的基本立场相一致;最后,TPP 力争建成高质量的诸

---

① 资料来源:新西兰外交部网站,https://www.mfat.govt.nz/。

边自由贸易协定,其基础为各成员国之间已有的各种双边自由贸易协定,这与澳大利亚目前的自贸区政策并不矛盾,并可适当整合自贸区网络,降低管理成本。TPP 为澳大利亚提供了另一个推进亚太地区经济一体化进程,平衡地区经济格局,整合地区市场的可行方案,因此得到澳大利亚的认可和支持,成为其亚太地区经济合作战略的重要组成部分。

(六)墨西哥

墨西哥总统表示,加入 TPP 将为墨西哥带来更多投资和就业机会。TPP 定义了 21 世纪的国际贸易规则,能够确保墨西哥在美国市场上的优惠待遇。2014 年,墨西哥对其他 11 个 TPP 成员国的出口占到其对外出口总额的 85%,仅美国一个国家就占到墨西哥对外出口的 80%,墨西哥当年所吸引的外商直接投资中近 50% 是来自 TPP 成员国。墨西哥与 TPP 国家间经贸往来较为密切,在 TPP 成员国中,墨西哥前十大出口对象国中美国与加拿大占据前两名,墨西哥前十大进口国包括美国、日本、加拿大和马来西亚四个 TPP 国家。

加入 TPP 使墨西哥获得较为显著的关税减免收益,墨西哥在 TPP 谈判中承诺将免去 77% 的关税种类,另外 23% 的税种将分 10 至 15 年减免,其他 11 个 TPP 成员国承诺对墨西哥商品免去 90% 的关税税种,其余 9% 分 5 至 10 年降至零,仅 1% 仍有关税。此外,加入 TPP 使墨西哥增加六个新市场(这六个国家之前没有与墨西哥签署自由贸易协定)。TPP 为墨西哥打开了占全球 25% 的广阔市场,将为墨西哥创造 30% 的贸易增加额,未来五年,墨西哥对外出口有望增加 1500 亿美元。加入 TPP 还将促进外国企业在墨西哥的投资,尤其是汽车产业,日本丰田汽车和马自达汽车公司均已表示将扩大在墨西哥的投资。①

(七)加拿大

加拿大 20% 的工作岗位与出口部门直接相关,加入 TPP 有利于加拿

---

① 资料来源:墨西哥经济部网站,http://www.gob.mx/se/。

大对外贸易的发展,未来五年能够为加拿大创造近 130 万个就业机会。此外,TPP 还有助于深化加拿大与快速发展的亚太地区国家间的经贸联系,同时还能加强加拿大与北美地区贸易伙伴(美国和墨西哥)的关系。TPP目前拥有 12 个成员国,覆盖近 8 亿人口,拥有 28.5 万亿美元的经济规模,市场前景非常广阔。目前,加拿大已经同 51 个国家签订了自由贸易协定,确保加拿大能够融入占世界经济规模超过六成的庞大市场。TPP 以及加拿大与欧盟和韩国的贸易协定使得加拿大成为七国集团中唯一能够与美洲、欧洲和亚太地区开展自由贸易的国家。

(八) 智利

加入 TPP 将为智利带来较为明显的经济和战略利益,据估计,TPP 生效后,能够使智利的国内生产总值增长 0.8 个百分点。虽然智利已经同其他 11 个 TPP 成员国签署了自由贸易协定,但开放程度不一,加入 TPP 将为智利带来更多出口机会,目前,智利尚有 1 600 项农产品被排除在现有的双边贸易协定之外,TPP 有助于智利将农产品出口到日本、马来西亚、越南和加拿大市场。此外,智利政府还希望通过 TPP 促进智利中小企业出口进而支持其发展。[①]

(九) 秘鲁

秘鲁自然资源丰富,其国民经济主要依赖矿产和农林渔产品出口,秘鲁对外积极参与自贸区谈判,目的在于降低秘鲁产品遭受的关税和非关税壁垒,取得新的市场准入机会,提升对外出口。对秘鲁来说,加入 TPP 的最大目的在于吸引投资与增加出口。首先,加入 TPP 有利于创造新的投资机会,吸引外国投资者赴秘鲁投资进而创造更多的就业机会;其次,加入 TPP能够为秘鲁开拓新的市场,增进与澳大利亚、文莱、马来西亚、新西兰、越南五个尚未与秘鲁签署自由贸易协定的国家之间的经贸往来,新的海外市场

---

① 资料来源:智利外交部网站,http://www. prochile. gob. cl/importadores/seleccion-idiomas/。

将为秘鲁企业带来巨大的商机和经济利益;最后,TPP 成员国承诺大幅削减关税有利于提振秘鲁对外出口。[1]

---

[1] 资料来源:秘鲁外交部网站,http://www.rree.gob.pe/SitePages/home.aspx。

第二章 TPP 的主要内容

一、TPP 所要达到的目标

TPP 原则上要求完全废除关税,其涵盖范围比自由贸易协定更为广泛,标准更高,要求也更严。除消除关税等传统贸易壁垒的议题以外,TPP 还致力于实现成员国间商品、人员和资本的自由流动;加强知识产权保护;改善劳工状况;保护生态环境;实现公平竞争;提高治理水平。当然,各国可根据本国实际情况,在磋商过程中争取一定的缓冲期,以保护本国的弱势产业。

二、TPP 主要条款摘要

2015 年达成的 TPP 协议主要包括以下三十章条款:

第一项 初始条款和总定义

如果 TPP 缔约方之间已经签署协定,初始条款和总定义章节确认 TPP 可与缔约方间的其他国际贸易协定并存,包括世界贸易组织协定、双边和区域贸易协定等。本章还对协定各章通用的概念进行了定义。

第二项 货物贸易

TPP 缔约方同意取消或削减工业品的关税和非关税壁垒,以及农产品的关税和其它限制性政策。TPP 提供的优惠市场准入将在拥有 8 亿人口的市场中促进缔约方贸易的增长,并为 12 个缔约方创造高质量的就业机会。绝大部分工业品关税将立即取消,部分产品将享受更长的降税期。各方达成的具体关税削减安排已包含在涵盖所有产品的关税减让表中。缔约方将公布所有关税和其它与货物贸易相关的信息,确保中小企业能和大企业一样受益于 TPP。各国还同意限制本地生产等实绩要求,不实行与世界贸易组织规定不一致的进出口税收和限制措施,包括针对再制造产品的措施。若 TPP 缔约方希望维持进出口许可要求,他们会将相关程序告知其他缔约方,从而提高透明度,以便利贸易往来。

在农产品方面,各方将取消或削减关税和其它限制性政策,促进区域内农产品贸易,确保食品安全。除取消或削减关税外,TPP 缔约方同意推动政策改革,包括削减农业出口补贴,与世界贸易组织一同制定约束国有企业和出口信贷的规则,以及约束粮食出口限制政策可使用的时间,从而为本区域提供更有保障的粮食安全。TPP 缔约方还就加强农业生物技术相关活动的透明度和合作达成一致。

第三项　纺织品和服装

TPP 缔约方同意取消纺织品和服装关税,这一产业是多个 TPP 缔约方经济增长的重要贡献部门。绝大多数产品关税将立即取消,一些敏感产品关税削减将经历更长的过渡期。本章还确定了要求使用缔约方区域内的纱线和纤维织物作为原材料的原产地规则,这将促进区域内的供应链和投资融合。仅对"短缺清单"中的产品允许使用非缔约方所供应的特定纱线和纤维织物作为原材料。此外,本章还包括针对打击偷逃关税和走私行为的海关合作和执行安排,以及应对进口激增可能对国内产业造成严重损害或严重损害威胁的纺织品特殊保障措施。

第四项　原产地规则

为保证原产地规则的简洁性,促进区域供应链,确保 TPP 缔约方而不是非缔约方成为协定的主要受益者,TPP 制定了一套统一的原产地规则,确定某项产品是否有资格享受 TPP 优惠关税。TPP 规定了"累积规则",一般而言,在某一 TPP 缔约方生产产品时,任一 TPP 缔约方提供的原材料将与来自其它 TPP 缔约方的原材料同等看待。TPP 缔约方还制定了一套通行原产地确认体系,以便利本区域内的商业运营。进口商只要能提供证明,就能享受优惠关税。此外,本章规定了相关主管部门对原产地声明的认证程序。

第五项　海关管理与贸易便利化

作为世界贸易组织贸易便利化工作的重要补充,TPP 缔约方就促进贸易便利化、提高海关程序透明度以及确保海关管理一致性等规则达成一致。这些规则将通过便捷的海关和边境程序,促进区域供应链,来推动包括中小企业在内的商业发展。TPP 缔约方同意提高透明度,包括公布海关法规,及时验放货物,在税费未定时允许通过交纳保证金验放等。他们还同意加强海关估价和其它领域的预裁定,帮助各种规模企业发展,增加贸易的可预见性。他们还就海关处罚原则达成一致,确保处罚的公正和透明。鉴于物流对包括中小企业在内的商业部门至关重要,TPP 缔约方同意为物流提供加急海关程序。为打击走私和偷逃关税,TPP 缔约方同意应其他缔约方要求提供相关信息,协助各国执法。

第六项　卫生和植物卫生措施

在制定卫生与植物卫生规则方面,TPP 缔约方对于以科学为基础、确保透明非歧视的规则有共同利益,同时重申各自在本国保护人类、动植物生命或健康的权利。TPP 以世界贸易组织的 SPS 协议为基础,[①]确保风险识别与管理对贸易造成的限制不超过必要的水平。TPP 允许公众就拟议的 SPS 措施发表意见,确保公众的决策权,并确保贸易商理解遵守规则的合理性。各方同意,进口检查项目应基于进口产品风险,且不应不当延误。各方还同意,在通知所有其它缔约方的前提下,一方为保护人类、动植物生命和健康可采取紧急措施,实施紧急措施的一方应在六个月内审议措施的科学依据,并应要求将审议结果告知其它任何缔约方。此外,缔约方还同意改善

---

① SPS 协议全称为《实施动植物卫生检疫措施的协议》,是世界贸易组织在长达八年之久的乌拉圭回合谈判的一个重要的国际多变协议成果。

与等效性和区域化相关的信息交换,并推动系统性审计,以评估出口方监管控制的有效性。为快速解决缔约方出现的 SPS 问题,各方同意建立政府间磋商机制。

第七项　技术性贸易壁垒

在制订技术性贸易壁垒规则方面,TPP 缔约方同意以透明、非歧视的原则拟订技术法规、标准和合格评定程序,同时保留 TPP 缔约方实现合法政策目标的能力。各方同意通过合作确保技术法规和标准不增设不必要的贸易壁垒。为降低交易成本,特别是小企业的交易成本,各方同意建立便利 TPP 缔约方评估机构间对合格评定结果进行互认的规则,使企业更容易进入 TPP 市场。根据 TPP 的规定,各方允许公众就拟议的技术法规、标准和合格评定程序发表意见,使其获知规制程序,确保贸易商了解其所需遵守的规则。各方还同意在技术法规出台与合格评定程序实施之间有合理的时间间隔,使企业有充分的时间适应新规定。此外,TPP 还针对化妆品、医疗器械、药品、信息与通讯技术产品、红酒和精馏酒精、预包装食品和食品添加剂配方、有机农产品等特定产品的规制拟定了专门的附件,以推动区域内立法路径的一致性。

第八项　贸易救济

贸易救济章节在不影响缔约方世界贸易组织权利和义务的前提下,通过对最佳实践的认可,提高了贸易救济程序的透明度和程序正当性。本章规定了过渡性保障机制,允许缔约方在特定时段内,针对因 TPP 实施关税削减引发进口激增导致对国内产业的严重损害,实施过渡性保障措施。这些措施实施期至多可达两年,并可延长一年,但若超过一年则必须逐步实现自由化。保障措施的实施方必须遵守通知和磋商要求。本章还要求保障措施的实施方提供各方均同意的补偿。各方不可同一时间就同一产品实施超过一项 TPP 规定的保障措施。各方不可对关税配额产品进口实施保障措施。对于在世界贸易组织框架下实施的保障措施,若 TPP 缔约方的产品进口并非造成严重损害或损害威胁的原因,则可予以排除。

第九项　投资

TPP 缔约方拟定的规则要求以非歧视投资政策与保护为法律保护的基本规则,同时保障各缔约方政府实现合法公共政策目标的能力。TPP 包含了其他投资相关协定提供的基本保护内容,包括国民待遇、最惠国待遇、符合习惯国际法原则的最低待遇标准,禁止非公共目的、无正当程序、无补偿的征收,禁止当地成分、技术本地化要求等实绩要求,任命高管不受国籍限制,保证投资相关资金自由转移,但允许各缔约方政府保留管理资金流动的灵活性,包括在国际收支危机、威胁、或其它经济危机背景下,通过非歧视的临时保障措施(譬如资本控制)限制与投资相关的资金转移,维护金融体系完整性、稳定性等。

TPP 各方对来自其他成员国的投资采用"负面清单"管理模式,意味着除不符措施外,市场将对外资全面开放。不符措施包括两个附件:一个是确保现有措施不再加严,且未来自由化措施应是具有约束力的;第二个是保留在未来完全自由裁量权的政策措施。

本章还为投资争端提供了中立、透明的国际仲裁机制,同时通过有力的措施防止这一机制被滥用,确保政府出于健康、安全和环境保护目的进行立法的权利。程序性的保护措施包括:透明的仲裁程序;法律之友意见书;非争端方意见书;快速审理和可要求赔偿的律师费;临时裁决的审议程序,TPP 缔约方之间有约束力的共同解释,提出诉求的时效,以及禁止起诉方启动平行诉讼程序等。

第十项　跨境服务贸易

考虑到 TPP 缔约方之间的服务贸易日益重要,TPP12 个成员国对推动区域内自由贸易有共同利益。TPP 包括了世界贸易组织和其它贸易协定所包含的核心义务:国民待遇;最惠国待遇;市场准入,即要求 TPP 缔约方不得对服务提供实施数量限制(例如限制服务提供者或交易数量),或要求特定的法律实体或合资企业;当地存在,即不要求来自另一国的服务提供者以建立办事处、隶属机构或成为居民作为提供服务的前提条件。TPP 缔约方以"负面清单"的形式接受上述义务,这意味着,缔约方市场向其他 TPP 缔约方服务贸易提供者完全开放,但不包括协定两个附件中任一规定的例外(不符措施),即现有措施,一方接受该类措施在未来不再加严的义务,并锁定未来任何自由化措施;以及一方在未来保留完全自由裁量权的部门和政策。

TPP 缔约方还同意以合理、客观、公正的方式实施普遍适用的管理方式,接受对新服务规则制订的透明度要求。本章的优惠不适用于空壳公司或由 TPP 缔约方禁止交易的非缔约方控制的服务提供者。TPP 允许与跨境服务提供有关的资金自由转移。此外,本章还包括一个快递服务附件,以及一个鼓励各方就专业服务资质互认和其它管制事项开展合作的附件。

第十一项　金融服务

TPP 的金融服务章节为各缔约方提供了重要的跨境及投资市场准入机会,同时也确保了各缔约方监管本国金融市场和金融机构以及在危机时期采取紧急措施的能力。本章包含了其他贸易协定中涵盖的核心义务,包括:国民待遇、最惠国待遇、市场准入、以及包括最低标准待遇在内的投资章节条款。协定规定 TPP 缔约方金融服务提供商无需在另一缔约方国内设立运营机构即可向其境内提供服务,除非出于适当管理和监督的需要,该服务提供商须在另一缔约方注册或者得到授权。只要缔约方的国内企业被允许提供某项新服务,其他 TPP 缔约方的服务提供商可以向该缔约方境内提供该服务。TPP 缔约方以"负面清单"的形式接受上述义务,这意味着,缔约方市场向其他 TPP 缔约方服务贸易提供者完全开放,但不包括协定两个附件中任一规定的例外(不符措施),即现有措施,一方接受该类措施在未来不再加严的义务,并锁定未来任何自由化措施;以及一方在未来保留完全自由裁量权的部门和政策。

TPP 制定的规则正式承认监管程序对加速有资质的服务提供者提供的保险服务,以及为实现该目的所实施的程序的重要性。此外,TPP 协定还包含了证券管理、电子支付卡服务以及信息传输与数据处理服务等领域的具体承诺。

TPP 金融服务章节规定,部分特定条款可通过中立和透明的仲裁来解决纠纷。这些条款包括与最低待遇标准有关的投资争端解决条款,要求仲裁员具备金融服务专业知识的条款,以及本章中为便利投资争端解决过程中对审慎例外和其他例外适用的解读,建立的国家间的磋商机制。协定部分例外条款允许 TPP 缔约方金融监管者保留广泛的自由裁量权,包括在追求货币政策或者其他政策方面保留审慎例外和非歧视例外措施,以采取措施促进本国金融体系的稳定和完整。

第十二项　商务人员临时入境

本章鼓励 TPP 缔约方主管机构提供临时入境申请相关的信息,确保申请费用合理,尽快作出决定并通知申请人。TPP 缔约方同意确保公众可获知临时入境的要求等信息,包括及时发布或在条件允许时在网上公布有关信息,并提供解释性材料。TPP 缔约方同意继续就签证受理等临时入境问题开展合作,几乎所有缔约方都在附件中针对商务人员入境内做出了承诺。

第十三项　电信

在确保高效和可靠电信网络方面,TPP 缔约方拥有共同利益。电信网络对提供服务的大、小规模企业都至关重要。TPP 支持网络准入竞争的规则也涵盖了移动通讯服务商。TPP 缔约方承诺,其主要电信服务商能以合理的条件尽快提供互联、线路租赁服务、共享位置服务,允许接入基站和其他设施。各缔约方同时承诺,在提供服务需要许可时,确保监管程序的透明度以及监管措施不对特定技术造成歧视。各缔约方承诺将秉承客观、及时、透明和非歧视的原则管理其频率、号码和通路等稀缺电信资源的分配和使用的程序。TPP 缔约方意识到在电信领域依靠市场力量和商业谈判的重要性。各缔约方同意采取措施促进国际移动漫游服务领域的竞争,促进漫游替代服务的使用。TPP 缔约方同意,如果一缔约方选择对国际移动漫游服务实行管制定价,则其应当允许未实行类似政策的 TPP 缔约方的运营商有机会享受相应的低价。

第十四项　电子商务

在电子商务章节,TPP 缔约方承诺将在确保保护个人信息等合法公共政策目标得到保障的前提下确保全球信息和数据自由流动,以驱动互联网和数字经济。TPP12 个缔约方也都同意不将设立数据中心作为允许 TPP 缔约方企业进入市场的前提条件,也不要求转让或获取软件源代码。本章禁止对电子传输征收关税,不允许缔约方以歧视性措施或直接阻止的方式支持本国类似产品的生产商或供应商。为保护消费者,TPP 各缔约方同意实施并保持针对网上诈骗和商业欺诈行为的消费者保护法,并确保隐私和其他消费者权益保护在 TPP 缔约方市场得到执行。各缔约方有义务采取措施阻止推销性质的商业电子信息。为促进电子商务,本章鼓励各缔约方促进企业和政府间的无纸化贸易,例如电子海关单据。同时,本章还包括了商业交易的电子认证和电子签名条款。TPP 缔约方对本章部分义务做出了不符措施保留,12 个缔约方同意共同帮助中小企业从电子商务中受益。本章还鼓励就个人信息保护、网上消费者保护、网络安全和网络安全能力等开展政策合作。

第十五项　政府采购

对于在透明、可预期和非歧视原则下进入对方庞大的政府采购市场,TPP 缔约方拥有共同利益。在政府采购章节,各缔约方就国民待遇和非歧视两大核心原则做出承诺,同意及时发布有关信息,为供应商预留足够时间获取标书文件及投标,并承诺公平和无偏见地对待投标者,并为其保密。此外,各缔约方同意采用公平和客观的技术规格,以公告和标书文件中明确的规格作为唯一标准进行评标及授予合同,同时,各方将建立相应的程序,允许投标者对某项授标进行质疑并提出投诉。各缔约方都同意在附件中列出一份本章所涵盖的机构和采购活动的正面清单列表。

第十六项　竞争政策

TPP 缔约方在确保区域内公平竞争方面拥有共同利益,要求各缔约方建立相应的法律制度,禁止损害消费者利益的限制竞争行为和商业欺诈行为。TPP 各方同意实施或维持禁止限制竞争行为的法律,致力于在各自国内将该法律适用于所有商业行为,为确保上述法律有效实施,各缔约方同意成立或保留国家竞争法律执法部门,采取或维持法律法规,禁止给消费者利益带来损害或潜在损害的商业欺诈行为。各方同意在适当情况下就互利的竞争活动开展合作。各缔约方同意在程序正当性、程序公正性方面承担义务,允许针对违反一方竞争法导致的损害采取私人行动。此外,各缔约方还同意在竞争政策和竞争执法领域开展合作,包括通知、磋商和信息交换等。本章不适用于争端解决机制,但各缔约方可就与本章有关的关切进行磋商。

第十七项　国有企业和指定垄断

所有 TPP 缔约方均拥有国有企业,国有企业在提供公共服务和其它活动中发挥着重要作用,但各缔约方意识到建立国有企业规则框架大有益处。本章适用于主要从事商业活动的大型国有企业。各方同意确保各自国有企业以商业考虑为基础做出交易决定,除非这么做与其提供公共服务的授权不符。各方还同意确保各自国有企业或指定垄断不歧视其它缔约方的企业、货物和服务。各方同意各自法院对外国国有企业在本国领土内实施商业活动享有管辖权,并确保行政部门以公正的方式管理国有企业和私营公司。各方同意,不通过对本国国有企业提供非商业帮助给别国利益带来不利影响,不通过向在别国领土内生产、销售产品的国有企业提供非商业帮助损害另一缔约方国内产业。各方同意与他国分享本国国有企业名单,并应要求提供关于国有企业中政府所有或控制的内容,以及向国有企业提供的非商业协助方面的信息。本章规定了一定的例外规则,包括国内或全球经济紧急情况的意外以及各国的保留例外。

第十八项　知识产权

TPP 知识产权章节包括专利、商标、版权、工业设计、地理标识、商业秘密以及其他形式的知识产权,同时,还规定了知识产权的实施及缔约方在同意的领域开展合作的内容。知识产权章节将使企业在新的市场上更容易地搜索、注册和保护知识产权,这对小企业而言特别重要。

关于专利权,本章根据世界贸易组织与贸易有关的知识产权协定和最佳国际实践设立了相关标准。关于商标,协定对企业和个人用以区别于其他产品的品牌名称和标识予以保护。该章还对新地理标识保护提出了一些透明度及正常程序保障的要求,包括通过国际协定承认或保护的地理标识。其中包括了对商标和地理标识关系理解的确认,以及确保通用名称的使用。

此外,本章包含了与制药相关的条款,以促进创新和救命药品的研发,促进非专利药的可获得性,同时也考虑不同缔约方达标需要的时间。本章的承诺包括对药品和农业化学品为获得上市批准而提交的未公开的实验和其他数据的保护。各缔约方在本章重申对世界贸易组织 2001 年关于与贸易有关的知识产权协定和公共健康声明的承诺,特别确认各缔约方有权采取措施保护公共健康,包括针对艾滋病等传染病发生时采取的措施等。

本章在出版领域纳入了对作品、表演及歌曲、电影、书籍和软件等音像制品加以保护的承诺,并对技术保护措施和版权管理信息设定了有效且平衡的条款。作为对上述承诺的补充,本章还认为各国有义务继续通过基于合法目的的保留例外和限制,在版权体系中寻求平衡,在数字环境下也是如此。本章要求各缔约方对互联网服务提供商建立或者保持一个版权安全港的框架,但该义务不允许缔约方依赖互联网服务提供商监控自身系统出现的侵权行为而设立类似安全港。

最后,TPP 缔约方同意提供强有力的执行体系,包括民事程序、临时措施、边境措施,以及针对商业规模的商标假冒和侵犯版权等行为采取刑事程序和惩罚等。特别是 TPP 缔约方将采取法律措施防范商业秘密的盗用,建立针对包括网络窃密等方式在内的商业秘密盗窃行为和偷录影像的刑事程序和惩罚制度。

第十九项　劳工权益

所有 TPP 缔约方均为国际劳工组织成员,并认识到推动国际认可的劳工权利的重要性。各方同意在各自法律和实践中采取或维持国际劳工组织 1998 年宣言所承认的核心劳工权利,即结社自由和集体谈判权,消除强迫劳动,废除童工,禁止最恶劣形式的童工劳动,消除就业歧视。各方同意由法律监管最低工资、工时以及职业健康和安全。这些共识同样适用于出口加工区。TPP12 个缔约方同意不为吸引贸易或投资而在减损基本劳工权利法律的实施,不会持续性或经常性地怠于实施劳动法,从而影响缔约方之间的贸易投资。除各国承诺在本国范围内取消强迫劳动外,劳工权益章节还要求阻止强迫劳动或童工生产的产品进口,及包含强迫劳动产品成分的产品进口,包含无论这些成分的来源是否为 TPP 缔约方。12 个缔约方承诺,确保提供公正透明的行政和司法途径,为违反劳动法行为的受害者提供有效救济。各方还同意在劳工章节实施过程中允许公众参与,包括建立机制采纳公众意见。

本章的规定将适用于争端解决机制。为促进 TPP 缔约方之间劳工权益问题的快速解决,本章还建立了劳工对话,各方可选择该方式解决本章节下的任何劳工问题。该对话允许快速研究相关问题,允许缔约方通过一致同意的行动方案解决问题。劳工章节还建立了劳工合作机制,包括为利益相关方提供机会,帮助确定各方一致同意的合作及参与领域。

第二十项　环境保护

作为占全世界相当人口比例、野生动植物和海洋生物的家园,TPP 缔约方郑重承诺保护环境,包括共同应对环境挑战,譬如污染、野生动植物非法交易、非法采伐、非法捕捞和海洋环境保护。各方同意有效实施各自环境法,不为了鼓励贸易或投资削弱环境法。各方还同意履行《濒危野生动植物国际贸易公约》,采取行动打击野生动植物非法贸易并开展合作。此外,各方同意推动可持续林业管理,保护本国领土内濒危野生动植物,保护湿地等特别自然保护区的生态完整性。为保护公共海域,TPP 缔约方同意开展可持续的渔业管理,推动鲨鱼等重要海洋生物保护,打击非法捕捞,禁止某些可导致对渔业资源过度捕捞或非法、未申报、无管制捕捞的有害补贴。各方还同意增强补贴项目透明度,尽最大努力克制引入可导致过度捕捞或捕捞能力过剩的新补贴。

TPP 缔约方同意减少船舶污染,保护海洋环境,减少臭氧层破环物质的排放。各方重申实施多边环境协议的承诺,决定提高环境政策决策、实施和执行透明度。此外,各方同意为公众参与环境章节实施提供机会,包括公众意见书和环境委员会的公开环节。本章适用于争端解决程序。各方还一致鼓励自愿性的环境倡议,例如企业社会责任项目。各方承诺加强合作解决共同关心的问题,包括保护区、生物多样性的可持续利用,以及向低碳和更具适应力的经济转型。

第二十一项　合作和能力建设

TPP 缔约方经济发展水平各异,各方认识到欠发达缔约方在实施协定和利用协定所创造的机会方面面临挑战。为应对这些挑战,合作和能力建设章节建立了合作和能力建设委员会,以寻找和评估可开展合作和能力建设的领域。具体行动将以协商一致为基础,并取决于资源的可获得性。该委员会将就合作和能力建设相关需求促进信息沟通。

第二十二项　竞争力和商务便利化

本章旨在协助提升 TPP 缔约方以及亚太地区整休竞争力,本章将建立一系列正式机制,通过政府间对话以及政府、企业和民间团体的对话评估 TPP 协定对参与各方竞争力的影响,以评估进展情况,把握新机遇,应对新挑战,特别着眼于日益深化的区域供应链。竞争力和商业便利化委员会就是其中之一,将定期举行会议评估 TPP 对区域和国家竞争力的影响,以及对区域经济一体化的影响。该委员会将听取各利益攸关方对于 TPP 如何进一步提升其竞争力的意见和建议,包括促进中小微型企业参与区域供应链等。本章同时确立了一套该委员会评估供应链表现的基础框架,包括促进中小企业参与供应链的方式、利益攸关方和专家意见的审议等。

第二十三项　发展

TPP 缔约方希望确保 TPP 成为贸易和经济一体化的高标准范本,特别是确保所有 TPP 缔约方都可充分获益,能够完全履行承诺,并成为拥有强大市场的更为繁荣的社会。发展章节包括三个特定领域:基础深厚的经济增长,包括可持续发展、减少贫困、促进小企业发展;妇女与经济增长,包括帮助妇女提高能力和技能,进入市场,获得技术和财政支持,构建妇女的领导力网络,找到工作场所灵活性的最佳实践;教育、科技、研究和创新。本章设立了 TPP 发展委员会,该委员会将定期召开会议,以促进各方在这些领域的自愿合作。

第二十四项 中小企业

促进中小企业参与国际贸易、确保中小企业分享 TPP 的利益是各缔约方的共同意愿。作为市场准入、文书削减、互联网接入、贸易便利化、快递等其他章节承诺的补充,中小企业章节要求每一个 TPP 缔约方创建一个针对中小企业的用户友好型网站,提供关于 TPP 的信息并介绍中小企业如何充分利用 TPP 的方法,包括描述与中小企业相关的 TPP 条款、涉及知识产权的法规和程序、外国投资法规、商业注册程序、雇佣法规和税收信息。此外,TPP 决定设立中小企业委员会,该委员会将定期召开会议,审议 TPP 服务中小企业情况,讨论如何进一步扩大中小企业收益,监督出口咨询、协助、培训、信息分享、贸易融资等支持中小企业的合作或能力建设项目。

第二十五项 监管一致性

TPP 的监管一致性章节旨在推动缔约方建立有效的跨部门磋商和协作机制以促进监管一致性,从而确保 TPP 市场上的商业主体享有开放、公平、可预期的监管环境。本章鼓励缔约方广泛采纳良好监管实践,例如针对正在制订的监管措施的影响进行评估,就监管方案选择依据及监管性质进行沟通等。本章还要求缔约方确保法律法规清晰简洁,确保公众能够获取新出台监管措施的信息,如可能通过网络在线发布,确保定期审议现行监管措施,确定其仍是达成预期目标的最佳途径。除此之外,本章还鼓励缔约方就计划采取的所有监管措施发布年度公开通报。为实现上述目标,本章设立了一个专门委员会,该委员会将为 TPP 缔约方、企业和民间团体提供机会通报实施情况,分享最佳实践经验,并考虑潜在合作领域。本章并不影响 TPP 缔约方出于公共健康、安全和其他公共利益考虑进行监管的权利。

第二十六项　透明度和反腐败

TPP 的透明度和反腐败章节旨在推动实现所有缔约方共同的目标,即加强良好治理,应对贿赂和腐败对经济发展造成的不良影响。在透明度和反腐败章节中,各缔约方需保证其与 TPP 覆盖事项相关的法律、法规、行政裁定均公开可得,且在可能的范围内,就可能影响缔约方之间贸易或投资的法规进行通报并允许评论。各缔约方同意确保 TPP 利益攸关方在相关行政审查中的正当程序权利,包括通过中立的司法或行政法庭或程序进行及时审议。各方还同意通过或者保持相关法律,对公职人员提供贿赂以及其他影响国际贸易或投资的腐败行为追究刑事责任。各方还承诺将有效执行各自的反腐败法律法规。此外,各方同意将努力通过或维持公职人员行为准则或标准,并采取措施发现并管理利益冲突,加强对公职人员的培训,采取行动阻止公职人员腐败行为,为检举腐败提供便利,对涉嫌贪腐的公职人员进行处罚。在本章的附件中,TPP 缔约方同意提高与药品或医疗器械目录和报销相关的透明度和程序公平性。本附件中的承诺不适用争端解决程序。

第二十七项　管理和机制条款

管理和机制条款章节建立了各缔约方评估和指导 TPP 实施或运行的机制框架,特别是设立了跨太平洋伙伴关系委员会。该委员会由各成员国部长或高级别官员组成,监督协定的实施和运用,并指导未来升级。该委员会将定期审议各缔约方之间的经济关系和伙伴关系,以确保协定与缔约方所面临的贸易和投资挑战相匹配。本章还要求每个缔约方指定一个总联络点以便利缔约方之间的交流,并设立了一个机制,要求对某一项义务有过渡期的缔约方通报其履行义务的计划和进展。这确保了缔约方义务履行的更高透明度。

第二十八项　争端解决

争端解决章节旨在帮助缔约方迅速解决 TPP 实施中产生的争端。

TPP 缔约方将尽最大努力通过合作和磋商来解决争端，在合适的情况下鼓励使用替代性争端解决机制。当上述方法均不可行时，TPP 缔约方将通过中立的、无偏见的专家组解决争端。除几项特定例外，本章所设立的争端解决机制适用于 TPP 相关的所有争议。TPP 缔约方的公众将可以跟踪整个进程，获得争端解决中提交的意见，参加听证会除非争端方另有约定，还可以获得专家组提交的最终报告。在争端解决进程中，设立于任一争端方境内的非政府组织可要求向专家组提交与争端相关的书面意见，专家组将予以考虑。

如果争议无法通过磋商解决，缔约方可要求成立专家组。专家组将在磋商请求之日起 60 日内或收到与易腐货物相关的磋商请求之日起 30 日内成立。专家组由三名独立于争端缔约方的国际贸易和专业领域专家构成，即使某一争端方未能在规定时间内指定专家组成员，也有相关程序保证专家组成立。专家组成员将服从于一定的行为准则，以确保争端解决机制的公正性。专家组将在最后一名成员确定后的 150 日内或在紧急情况下（例如易腐货物）120 日内向争端方提交初步报告。初步报告将是保密的，供缔约方进行评论。最终报告须在初步报告提交后 30 日内提交，且必须在 15 日内公开，报告中的保密信息将受到保护。

为了确保缔约方尽可能遵守协议，如果某一缔约方被发现未履行义务，且继续不履行义务，争端解决章节允许其他缔约方使用贸易报复手段（如中止优惠待遇）。在贸易报复手段使用前，违反协定的缔约方可通过谈判或仲裁要求一段合理期限以采取救济行动。

第二十九项　例外

例外章节确保了所有 TPP 缔约方为公共利益进行监管的自主权，包括缔约方核心安全利益和其他公共福利。本章纳入了 1994 年关税和贸易总协定第 20 条与货物贸易相关的一般例外，特别指出 TPP 中的任何条款都不应被解释为阻止缔约方采取或实施必要措施保护公共道德，保护人类、动物或植物的生命或健康，保护知识产权，执行与监狱劳动产品相关的措施，以及与不可再生自然资源保护相关的措施。

本章节也包括了与服务贸易总协定第 14 条与服务贸易相关的类似一般例外。本章节包括一项自我判断的例外,该例外适用于整个所有 TPP 缔约方,明确指出一缔约方可采取任何其认为必要的措施,保护其核心安全利益。本章节还界定了一缔约方对协定覆盖的投资可采取临时保障措施(如资本控制)限制资本转移的情形和条件,如出资、利润转移和分红、利息或特许使用费支付、合同项下支付等,以确保政府在收支平衡或其他经济危机或相关威胁下,保留一定灵活性,管理可能急剧波动的资本流。此外,本章节明确了如果在 TPP 下提供信息违反缔约方的法律或公共利益,或者可能侵害特定企业的合法商业利益,则该缔约方没有义务这么做。当投资者对东道国的投诉挑战了某一缔约方的烟草控制措施,则该缔约方可选择否认投资者和东道国争端解决机制赋予的利益。

第三十项　最终条款

最终条款章节定义了 TPP 的生效方式、修订方式、建立未来其它国家或单独关税区加入程序的规则、缔约方退出方式以及 TPP 的作准文字。本章还指定了负责接收和散发文件的交存方。

本条款规定,所有缔约方均同意并各自完成适当的法定程序,并书面通知交存方后,可对 TPP 进行修订。本条款明确指出,所有缔约方均同意并各自完成适当的法定程序后,亚太经合组织成员以及其他国家或单独关税区都可加入 TPP。最终条款章节还详细说明了退出 TPP 的程序。[①]

三、TPP 的主要特点

(一) TPP 首先由区域小国发起,之后由全球大国主导

在 2002 年亚太经合组织会议期间,智利、新西兰和新加坡三国首先发

---

① 资料来源:中国商务部国际贸易经济合作研究院,http://www.caitec.org.cn/article/gzdt/xshd/201512/1453.html。

起自贸区谈判,2003—2005 年,上述三国举行了 4 轮谈判,在 2005 年举行的第 5 轮谈判中,首次接纳文莱参与谈判,此轮四方谈判达成《跨太平洋战略经济伙伴关系协定》,该协定在 2005 年举行的亚太经合组织部长级会议上宣布。《跨太平洋战略经济伙伴关系协定》的三个基本目标是达成一项高质量、全面的协定,促进亚太区域内自由化和合作,支持世界贸易组织的贸易自由化,建立跨太平洋四国间友好的商业贸易协定,为更加广泛的经贸和政治联系提供一个可行框架。该协定对所有亚太经合组织成员国以及非成员国都是开放的。由于上述四国经济影响力较小,该协定并未引起较多关注。

2008 年 9 月,美国贸易谈判代表办公室发表声明,表明加入《跨太平洋战略经济伙伴关系协定》的愿望,此举受到各成员国的欢迎。此后,澳大利亚、越南和秘鲁宣布参加谈判。2009 年 9 月,美国总统奥巴马宣布美国正式加入《跨太平洋战略经济伙伴关系协定》谈判,美国由此开始主导 TPP 谈判进程,《跨太平洋战略经济伙伴关系协定》被更名为《跨太平洋伙伴关系协定》,英文简称"TPP"。2010 年,马来西亚正式宣布加入 TPP 谈判。自此,TPP 官方谈判开始启动。2010 年,在亚太经合组织高峰会议闭幕当天,参会的 9 个 TPP 成员国一致同意美国总统奥巴马的提案,美国事实上主导了TPP 协定的谈判,此后,美国的提案成为 TPP 谈判的议题,TPP 全面反映了美国的战略意图,美国成为 TPP 谈判的核心。美国加入 TPP 谈判的目的是在已有的双边自由贸易协定的基础上再构建出类似《北美自由贸易协定》那种带有多边性质的自由贸易区。TPP 各方虽然已经于 2016 年初正式签署了 TPP 协定,但该协定的实际生效还面临一个较大的变数,即还需要由美国国会投票通过。因此,美国实际上成了 TPP 的幕后推动者和主导者,在美国强力推动下,参与 TPP 谈判的国家由最初的 4 个增加到现在的12 个,其影响力和规模明显扩大。

(二) TPP 协定具有较高的标准和较强的约束力

TPP 的目标是要成为 21 世纪具有里程碑意义的多变贸易合作机制,具体包括:为成员国提供全方位的市场准入,成员国承诺消除阻碍商品、人员和资本自由流动的各种关税和非关税壁垒,以便为成员国的企业和工人创造新的投资和就业机会,为 TPP 成员国的消费者带来福利改进;TPP 能够为成员国之间的生产和供应提供便利,支持成员国创造就业,提高国民的生活水平,实现可持续的增长;TPP 涵盖跨领域的贸易议题,TPP 协定中纳入了四个全新的跨领域议题,① 监管一致性,TPP 成员国承诺通过使贸易更加紧密和高效来促进成员国间的贸易发展;② 竞争和商业便利化,TPP 成员国承诺将提高国内和区域整体竞争力,通过强化区域生产和供应链合作的方式促进区域经济一体化;③ TPP 更加关注中小企业的发展,承诺将重点关注各成员国中小企业所面临的困难,鼓励中小企业开展国际贸易;④ TPP 承诺推进全面而稳健的市场化,改善贸易和投资环境以及其他有助于 TPP 成员国有效执行协定和充分实现其利益的承诺。TPP 带来了新的贸易挑战,将有利于包括数字经济和绿色科技在内的创新型产业的发展,确保 TPP 国家拥有具有竞争力的商业和投资环境。TPP 是一个与时俱进的多变贸易协定,能够确保贸易规则的及时有效更新,以解决未来出现的贸易问题以及随着成员国的增加所产生的一些新问题。

(三) TPP 所涵盖的议题范围比较广泛

TPP 所涵盖的议题范围比较广泛,不仅包含所有核心的贸易及及与贸易相关的传统议题,还包含了一些较新的和跨领域的议题,其中包括:竞争、合作能力建设、跨境服务、海关、电子商务、环境、金融服务、政府采购、知识产权、投资、劳工、法律、货物市场准入、原产地规则、卫生与动植物检疫标准、技术性贸易壁垒、电信、临时入境、纺织业与服装业、贸易救济等。

(四) TPP 成员国具有多样性

TPP 的 12 个成员国中,就经济社会发展水平来看,既有高收入的发达国家,又有中等收入国家,还包括中低收入国家。就社会制度而言,TPP 的绝大部分成员国都是资本主义国家,但越南是社会主义国家。就文化而言,既包括属于西方文化圈的国家,又包括属于儒家文化圈的国家,还包括属于伊斯兰文化圈的国家。各成员国之间政治、经济、文化差异明显,层次分明,充分显示出 TPP 成员国具有多元化的特征。

（五）中国受到区别对待

TPP 的构想实际上源于亚太经合组织,其宗旨就是为了促进亚太地区的经济一体化进程,TPP 理应包括域内经贸大国,否则,TPP 就称不上是全球性的经济合作机制,中国、日本和韩国都是亚太地区具有较大影响力的经济大国,但在美国主导下的 TPP 却对这三个经济大国区别对待,TPP 对日本和韩国采取欢迎态度,对中国则有意排除和忽视。为迎合美国的战略意图以及摆脱经济低迷状态,日本于 2013 年正式加入 TPP 谈判。作为当今世界第二经济大国和第一贸易大国,中国一直未被邀请参与 TPP 谈判,且一直被有意排除在 TPP 框架以外,美国将 TPP 视为抵消中国在亚太地区影响力,遏制中国全面崛起的工具,如果美国不改变这种不合作心态,中国也就难以加入 TPP,多数 TPP 成员国同中国的经贸联系非常紧密,没有中国的参与,TPP 就无法成为一个世界性的经济合作机制,其影响力和未来发展前景也将大打折扣,不容乐观。

第三章　TPP成员国概况

目前,TPP拥有12个成员国,分别是澳大利亚、文莱、加拿大、智利、日本、马来西亚、墨西哥、新西兰、秘鲁、新加坡、美国和越南。各成员国之间政治、经济和文化差异较为显著。以下是对TPP各个成员国经济发展和对外关系(包括对华经贸关系)的基本介绍:

一、澳大利亚

澳大利亚位于南太平洋和印度洋之间,由澳大利亚大陆、塔斯马尼亚岛等岛屿和海外领土组成,国土面积769.2万平方公里,人口2392万,官方语言为英语,居民主要信奉基督教。

澳大利亚农牧业发达,盛产羊、牛、小麦和蔗糖。澳大利亚同时也是世界重要的矿产品生产和出口国。近年来,澳大利亚制造业和高科技产业发展迅速,服务业已经成为澳大利亚国民经济主导产业。2014年,澳大利亚国内生产总值约为1.58万亿澳元,人均国内生产总值约6.8万澳元,进出口总额约为6632亿澳元,外汇储备为657亿澳元。

澳大利亚矿产资源丰富,其中铅、镍、银、铀、锌、钽等矿产的探明储量均居世界首位。澳大利亚是世界上最大的铝矾土、氧化铝、钻石、钽生产国,还是世界最大的烟煤、铝矾土、钻石、锌精矿出口国,世界第二大氧化铝、铁矿石、铀矿出口国,世界第三大铝和黄金出口国。澳大利亚渔业资源丰富,最主要的水产品有对虾、龙虾、鲍鱼、金枪鱼、扇贝、牡蛎等。

澳大利亚工业以制造业、建筑业和矿业为主,2014年,上述三大产业产值占澳大利亚国内生产总值比重分别为6.3%、7.9%、8.5%。农牧业产品的生产和出口在澳大利亚国民经济中占据重要地位,澳大利亚是世界最大的羊毛和牛肉出口国。澳大利亚主要农作物有小麦、大麦、棉花、蔗糖和水果。

　　澳大利亚对国际贸易依赖较大,同全世界 130 多个国家和地区建立了贸易联系,澳大利亚的主要贸易伙伴依次是中国、日本、美国、韩国、新加坡、英国、新西兰、泰国、马来西亚、印度等。澳大利亚对外出口的商品种类主要包括铁矿石、煤、黄金、原油、天然气、小麦、铝矾土、铜矿、牛肉、铜和羊毛制品,进口商品主要包括原油、摩托车、精炼油、航空器材、药物、通讯器材、计算机、汽车和黄金。近年来,澳大利亚对外投资持续增长,其主要投资对象国为美国、英国、新西兰以及日本。澳大利亚吸引的外商直接投资主要来自美国、英国、日本和比利时,外国对澳大利亚投资主要集中于金融保险、制造和采矿等产业部门。

　　澳大利亚在坚持巩固澳美同盟、发挥联合国作用以及拓展与亚洲联系三大传统外交政策的基础上,通过积极参与全球和地区热点问题提升其国际影响力。澳大利亚与美国经贸关系密切,美国是澳大利亚第三大贸易伙伴,2004 年,澳大利亚与美国正式签署双边自由贸易协定。日本是澳大利亚第二大贸易伙伴,2003 年,澳大利亚与日本签署了双边贸易与经济框架协定,2014 年,澳大利亚与日本签署经济伙伴关系协定,也即两国之间的自由贸易协定。韩国是澳大利亚第四大贸易伙伴,2014 年,澳大利亚与韩国签署自由贸易协定。澳大利亚与东盟之间的经贸关系发展良好,双方签署了《紧密经济伙伴关系》协议。2003 年,澳大利亚与新加坡正式签署双边自由贸易协定。2004 年,澳大利亚同泰国正式签订双边自由贸易协定。2010 年,东盟—澳大利亚—新西兰自由贸易协定正式生效。澳大利亚与新西兰之间的安全和经贸关系密切,新西兰不仅是澳大利亚的盟国,还是其第七大贸易伙伴。澳大利亚近年来积极加强同拉美国家在政治、经贸、人文等领域的交流合作,2009 年,澳大利亚与墨西哥、智利、古巴三国签署政治合作谅解备忘录,同年,澳大利亚与智利的自由贸易协定生效。

　　自从澳大利亚与中国建交以来,两国间的经贸关系持续、稳定向前发展。2005 年,中国与澳大利亚启动首轮自由贸易协定谈判,2015 年,中国与澳大利亚正式签署自由贸易协定。目前,澳大利亚是中国第八大贸易伙伴、第九大出口市场和第七大进口来源地。中国是澳大利亚第一大贸易伙伴、出口市场和进口来源地。中国对澳大利亚出口商品主要有家电、计算机、服装、纺织品、鞋类、箱包、玩具等,从澳大利亚进口的商品有铁矿石、煤、氧化铝、铜矿石、羊毛和大麦等。

二、文莱

文莱位于东南亚加里曼丹岛北部,国土面积 5765 平方公里,人口 39.3 万,马来语为国语,通用英语,伊斯兰教为国教。

文莱是东南亚地区重要的产油国和世界主要液化天然气生产国,石油和天然气是文莱国民经济的两大支柱型产业,这两大支柱型产业的产值约占文莱国内生产总值的 67% 和出口总收入的 96%。文莱近年来重点进行油气下游产品开发和港口扩建等基础设施建设,积极吸引外资,促进经济向多元化方向转变。经过多年的努力,文莱非油气产业占国内生产总值的比重逐渐上升,特别是建筑业近年来发展较快,仅次于油气产业。文莱服装业亦有较大发展,已成为继油气产业之后的第二大出口收入来源。

文莱自然资源较为丰富,已探明原油储量 14 亿桶,天然气储量 3 900 亿立方米。文莱工业以石油、天然气开采和提炼为主。建筑业是新兴的第二大产业,其他还有食品加工、家具制造、陶瓷、水泥、纺织等。文莱农业较为弱小,农业在其国内生产总值中的比重仅为 1%。文莱对外出口商品主要包括原油、液化天然气以及甲醇,进口商品包括机器和运输设备、工业品、食品、化学品等。文莱主要贸易对象为日本、东盟国家、韩国、中国、澳大利亚等国。文莱吸引的外商直接投资主要来源于荷兰、日本和英国。

文莱对外关系奉行不结盟和同各国友好的外交政策,主张国家无论大小、强弱,都应相互尊重,重视维护地区和平、安全与稳定。文莱对区域经济合作持积极态度,主张实行自由贸易、投资自由化和开展经济技术合作。

进入 21 世纪,中国与文莱之间的双边贸易额大幅增加。2014 年,中国同文莱贸易额达到 19.36 亿美元,中国从文莱进口的商品主要是原油,向文莱出口的商品主要为纺织品、建材和塑料制品等。中国与文莱在投资、承包劳务等方面合作成效显著,截止到 2014 年 11 月底,文莱对华实际投资累计达 26.2 亿美元,中国对文莱非金融类直接投资累计达到 7 633 万美元。中国与文莱签有《鼓励和相互保护投资协定》(2000 年)、《避免双重征税和防止偷漏税的协定》(2004 年)、《促进贸易、投资和经济合作谅解备忘录》(2004 年)、《农业合作谅解备忘录》(2009 年)。

三、加拿大

加拿大位于美洲北部,国土面积 998 万平方公里,位居世界第二,加拿大人口 3 534 万,英语和法语同为官方语言,居民主要信奉天主教和基督教。

加拿大制造业、高科技产业、服务业发达,资源工业、初级制造业和农业是加拿大国民经济的主要支柱型产业。近年来,加拿大经济增长较为强劲,经济增速在发达国家中名列前茅。2014 年,加拿大国内生产总值为 17 867 亿美元,人均国内生产总值达到 50 273 美元,在国际上名列前茅。

加拿大森林和矿产资源丰富,其中,森林面积 4 亿多公顷,产材林面积 286 万平方公里,木材总蓄积量约为 190 亿立方米,原油储量仅次于委内瑞拉和沙特阿拉伯居世界第三位。2014 年,加拿大制造业总产值 1 732.67 亿加元,占加拿大国内生产总值的 8.8%。加拿大农业比较发达,主要种植小麦、大麦、亚麻、燕麦、油菜籽、玉米、饲料用草等作物。加拿大 75% 的渔产品出口,是世界上最大的渔产品出口国。服务业在加拿大经济中所占的比重较高,服务业产值占到加拿大国内生产总值的近七成。

加拿大以贸易立国,对出口依赖较大,加拿大对外主要出口汽车及零配件、其他工业制品、林产品、金属、能源产品等;主要进口机械设备、汽车及零配件、工业材料、食品等。加拿大的主要贸易伙伴是美国、中国、日本以及欧盟。加拿大经济上受美国影响较深,2014 年,加拿大对美国出口占到其对外出口总额的 75.7%,从美国进口占到加拿大进口总额的 66.7%。截至 2014 年底,加拿大对外直接投资总额累计达到 8 288 亿加元,吸引的外商直接投资总额累计达到 7 323 亿加元。

美国是加拿大的陆地邻国和最为重要的盟国之一,加拿大和美国在政治、经贸、军事等领域保持着密切关系,加拿大历届政府均视对美关系为外交政策基石。在投资和贸易方面,美国是加拿大最大的投资来源国,其与美国互为最大贸易伙伴。加拿大重视发展与亚洲的经济和战略关系,认为亚洲将成为未来的世界经济中心。加拿大还是亚太经合组织成员、东盟地区论坛成员和东盟对话国,亚太地区已成为加拿大重要的贸易伙伴,也是其资金、技术和移民的来源地之一。日本、韩国、新加坡是加拿大的传统贸易伙伴,中国、印度、东盟等也是加拿大重视的新兴市场。2014 年,加拿大与韩国签署自由贸易协定。拉美国家是加拿大重要的贸易伙伴和投资目的地,加拿大加入了美洲国家组织,与拉美国家建立了"加拿大—拉美国家论坛",其与智利已经签署自由贸易协定,与墨西哥同为北美自由贸易区成员。

中国与加拿大之间的正式贸易关系始于 1961 年签订的小麦协定。自 1970 年中国与加拿大建交并于 1973 年签订政府间贸易协定以来,中国与加拿大经济贸易关系发展顺利,友好合作保持良好发展势头。近年来,中国与加拿大经济贸易关系有了较大发展,两国间的经济交流与合作已从单一的商品贸易发展到全方位、跨领域、多元化的贸易和经济技术合作,商品、服务、人员和资本的流动日益频繁,经济联系不断加深。2012 年,中国与加拿大签署《中加投资保护协定》。2014 年,两国贸易额达 552.2 亿美元。其中中国对加拿大出口 300.1 亿美元,从加拿大进口 252.1 亿美元。中国是加拿大第二大贸易伙伴、进口来源地及出口市场,加拿大是中国第十四大贸易伙伴、第十三大出口市场和第十四大进口来源地。加拿大对华投资始于 1980 年,截至 2014 年底,加拿大在华投资项目 13 160 个,对华投资累计 96.6 亿美元,主要涉及石油开发、机械、电子、通讯、化工、轻工、食品、纺织、房地产、金融保险、服务等行业。近年来,中国对加拿大投资增长迅速,截至 2014 年底,中国对加拿大投资额累计达 435 亿美元。

四、智利

智利位于南美洲西南部,安第斯山脉西麓。国土面积 75.7 万平方公里,人口 1 782 万,官方语言为西班牙语,居民主要信奉天主教。

智利是拉美地区经济较发达的国家之一,矿业、林业、渔业和农业是智利国民经济四大支柱型产业。智利经济多年保持较快增长,其综合竞争力、经济自由化程度、市场开放度、国际信用等级等指标在拉美地区排名靠前。智利被视为拉美经济发展的样板。但是,智利经济还存在一些比较突出的问题,如经济结构过于单一、对外依存度较高、能源短缺等。

智利矿藏、森林和水产资源比较丰富,工矿业是智利国民经济的命脉,智利铜储量、产量和出口量均为世界第一,已探明蕴藏量达2亿吨以上,约占世界储藏量的1/3。此外,智利还盛产温带林木,是拉美地区第一大林产品出口国。智利渔业资源丰富。

智利经济在很大程度上依赖对外贸易,进出口总额占其国内生产总值的60%左右。智利实行统一低关税率的自由贸易政策。目前,智利已经与全世界170多个国家和地区建立了贸易联系。智利对外贸易主要伙伴国包括中国、美国、日本和巴西,智利对外投资主要集中在拉美国家,投资领域主要包括零售业和航空运输业。智利外商直接投资主要来源国为美国、加拿大、英国和日本,外国投资主要集中在服务业、矿业和基础设施建设等。

智利在对外政策方面优先巩固和发展同拉美邻国和南方共同市场国家①的关系,积极推动拉美一体化进程,重视与美国、欧盟的传统关系,积极拓展同亚太国家的关系,努力实现出口市场多元化。智利较为重视双边自由贸易谈判,目前已同绝大多数拉美国家及美国、加拿大、欧盟、中国、日本、韩国等64个国家签署了25个自由贸易协定。2011年,智利与秘鲁、哥伦比亚、墨西哥宣布成立"拉美太平洋联盟",以推动实现沿太平洋国家经贸合作和一体化。美国一直是智利最主要的经贸伙伴和外商投资来源国,智利将对美关系视为外交重点,美国同样把智利视为其在拉美地区优先考虑的国家之一。2003年,智利与美国签署双边自由贸易协定。此外,智利把加强同亚太地区国家的关系放在其外交的重要位置。亚太地区是智利最大的

---

① 南方共同市场国家简介:1991年,阿根廷、巴西、巴拉圭和乌拉圭四国总统在巴拉圭首都签署《亚松森条约》,宣布建立南方共同市场,简称"南共市"。南方共同市场成立的宗旨是通过有效利用资源、保护环境、协调宏观经济政策、加强经济互补、促进成员国科技进步和实现经济现代化,进而改善人民生活条件,推动拉美地区的经济一体化进程。资料来源于中国外交部网站。

贸易伙伴,其积极参与亚太地区的区域经济合作,近年来,智利分别同韩国、日本、澳大利亚、马来西亚和越南等亚太地区国家签署自由贸易协定,2016年2月,智利同新加坡、文莱、新西兰共同发起的跨太平洋战略经济伙伴关系协议在新西兰的奥克兰正式签署。

中国和智利于1970年正式建交,智利是第一个同新中国建交的南美洲国家。建交44年来,中国和智利之间的外交和经贸关系发展顺利,智利是第一个就中国加入世界贸易组织与中国签署双边协议、承认中国完全市场经济地位、同中国签署双边自由贸易协定的拉美国家。目前,中国是智利第一大贸易伙伴、第一大出口目的地和第一大进口来源国,智利是中国在拉美地区第三大贸易伙伴和最大的铜供应国。中国主要向智利出口机电产品、纺织品、钢材、家电等,从智利进口铜、铁矿砂、纸浆、鱼粉、水果、葡萄酒等。[①]

五、日本

日本位于太平洋西岸,是一个由东北向西南延伸的弧形岛国,国土面积约37.8万平方公里,人口约1.27亿。

日本是全世界仅次于美国和中国的第三经济大国。日本资源贫乏,90%以上依赖进口,其中石油完全依靠进口。对外贸易在日本国民经济中占有绝对重要的地位,日本同全世界200多个国家和地区建立了贸易联系。日本的主要进口商品包括原油、天然气、煤炭等一次能源、服装、半导体等电子零部件、医药品、金属及铁矿石原材料等,主要出口商品包括汽车、钢铁、半导体等电子零部件、塑料、科学光学仪器、一般机械、化学制品等。日本的主要贸易伙伴分别是中国、美国、韩国、澳大利亚、台湾等国家和地区。日本对外投资主要目的地分别为美国、英国、中国、巴西等,重点投资地区位于亚洲和欧洲。2014年,日本对外直接投资净额约1 182亿美元,仅次于美国,居全球第二位。

---

① 资料来源:中国外交部网站、智利政府网站、智利国家统计局网站。

日本外交政策的基本取向是以日美同盟为基轴,以亚洲为战略依托,重视发展同大国的关系,积极参与地区及全球事务,谋求政治大国地位。日本十分重视同东盟国家的关系。双方沟通往来机制较多,相关合作机制包括:东亚峰会、日本东盟领导人会议、外长会议、经济部长会议等。

中国和日本互为主要贸易伙伴,2014 年,中日双边贸易额达到 3 124.4 亿美元。中国是日本第二大对外投资对象国。截至 2013 年底,日本累计对华投资 955.6 亿美元,日本是中国外资第三大来源地。[①]

六、马来西亚

马来西亚位于东南亚,国土面积约 33 万平方公里,人口约 3 000 万,马来语为国语,国民通用英语,伊斯兰教为国教。

20 世纪 70 年代前,马来西亚经济以农业为主,依赖初级产品出口。70 年代以来不断调整产业结构,大力推行出口导向型经济发展模式,电子业、制造业、建筑业和服务业等产业发展迅速。2014 年,马来西亚国内生产总值为 3 356 亿美元,人均国内生产总值 11 039 美元,对外贸易总额 4 547 亿美元,外汇储备 1 160 亿美元。

马来西亚自然资源较为丰富,盛产热带硬木,橡胶、棕油和胡椒的产量和出口量居世界前列。马来西亚石油储量丰富,此外还有铁、金、钨、煤、铝土、锰等矿产,马来西亚鼓励以本国原料为主的加工工业,重点发展电子、汽车、钢铁、石油化工和纺织品等产业部门。马来西亚矿业以锡、石油和天然气开采为主,农业以经济作物为主,主要有油棕、橡胶、热带水果等。服务业和旅游业是马来西亚的两大支柱型产业。

马来西亚主要出口市场为新加坡、中国、日本,主要进口来源国为中国、新加坡、日本。近年来,马来西亚大力吸引外资,其外商投资主要来源地为日本、欧盟、新加坡、中国、韩国和美国。

马来西亚对外关系奉行独立自主、中立、不结盟的外交政策,视东盟为

---

① 　资料来源:中国外交部网站。

外交政策基石,优先发展同东盟国家的关系,重视发展同大国的关系。马来西亚近年来大力开展经济外交,积极推动南南合作,反对西方国家贸易保护主义。马来西亚于 1997 年主办了首届东盟与中日韩(10+3)领导人非正式会议,2005 年底主办首次东亚峰会,积极参与东盟自由贸易区建设和湄公河盆地经济开发合作。

中国与马来西亚签有《避免双重征税协定》、《贸易协定》、《投资保护协定》、《海运协定》、《民用航空运输协定》等 10 余项经贸合作协议。2014 年,中国同马来西亚的贸易额达到 1 020.2 亿美元,其中中方出口 463.6 亿美元,进口 556.6 亿美元。中国连续 7 年成为马来西亚最大贸易伙伴,马来西亚是中国在东盟国家中最大的贸易伙伴。中国从马来西亚进口的商品主要有集成电路、计算机及其零部件、棕油和塑料制品等,中国向马来西亚出口的商品主要包括计算机及其零部件、集成电路、服装和纺织品等。

七、墨西哥

墨西哥位于北美洲南部,国土面积约为 196 万平方公里,人口 1.2 亿,官方语言为西班牙语,大部分居民信奉天主教。

墨西哥是拉美地区经济大国,北美自由贸易区成员,世界最开放的经济体之一,同 45 个国家签署了自由贸易协定。墨西哥国内工业门类齐全,石化、电力、矿业、冶金和制造业都比较发达,对外主要出口原油、工业制成品、石油产品、服装、农产品等,主要出口对象国为美国、加拿大、欧盟、中美洲、中国等,主要进口食品、医药制品、通讯器材等,进口来源国主要包括美国、中国、德国、日本、韩国等。2014 年,墨西哥对外贸易总额达到 7 975.13 亿美元,其中出口 3 975.35 亿美元,进口 3 999.77 亿美元。

墨西哥在对外关系中长期奉行独立自主的外交政策,主张维护国家主权与独立,尊重民族自决权,推行对外关系多元化。墨西哥是联合国、世界贸易组织、二十国集团、亚太经合组织、经济合作与发展组织、美洲国家组织、拉美和加勒比国家共同体、拉美太平洋联盟、跨太平洋战略经济伙伴协定等组织成员和不结盟运动观察员。

中国是墨西哥第二大贸易伙伴,墨西哥是中国在拉美地区的第二大贸易伙伴。中国向墨西哥主要出口计算机与通讯技术产品、服装、电器及电子产品、机械设备、电视、收音机、无线通讯设备零配件、原油等,从墨西哥主要进口计算机与通讯技术产品、电子技术产品、自动数据处理设备零配件、集成电路及微电子组件、汽车零配件等。[①]

八、新西兰

新西兰位于太平洋西南部,西隔塔斯曼海与澳大利亚相望,国土面积约为 27 万平方公里,人口 464 万,其中,欧洲移民后裔占 74%,官方语言为英语和毛利语,48.9% 的居民信奉基督教新教和天主教。

新西兰国民经济以农牧业为主,农牧产品出口约占总出口的一半,羊肉和奶制品出口量位居世界第一,羊毛出口量居世界第三。新西兰工业以农林牧产品加工为主,主要有奶制品、毛毯、食品、皮革、烟草、造纸和木材加工等轻工业,产品主要供出口。近年来,新西兰陆续建立了一些重工业,如炼钢、炼油、炼铝和制造农用飞机等。新西兰农业高度机械化,主要农作物有小麦、大麦、燕麦、水果等,该国畜牧业较为发达,其中,畜牧业生产占地 1352 万公顷,占到国土面积的一半,乳制品与肉类是其主要出口产品,粗羊毛出口量居世界第一,占世界总产量的 25%。

新西兰经济严重依赖对外贸易。2014 年,新西兰对外贸易总额约为 1 310 亿新元,其中出口额 680 亿新元,进口额 630 亿新元。新西兰主要进口石油、机电产品、汽车、电子设备、纺织品等,出口乳制品、肉类、林产品、原油、水果和鱼类等,主要贸易伙伴分别为中国、澳大利亚、美国、日本、新加坡、韩国。新西兰是传统的资本流入国,其对外国投资实行国民待遇,外资主要分布在银行、电讯、交通、房地产、林业、畜牧业和旅游业等部门。截至 2014 年,外国投资者对新西兰直接投资累计达到 973.19 亿新元,主要投资来源国包括澳大利亚、美国、荷兰、英国、新加坡、日本。

---

① 资料来源:中国外交部网站、商务部网站、墨西哥国家统计局网站。

新西兰将同澳大利亚和太平洋岛国的关系作为对外政治、防务和经济关系的立足点。将亚太地区作为对外关系优先领域，积极改善和发展同美国的关系，维护与欧洲国家的传统关系，强调发展与拉美新兴国家之间的政治和经贸关系。新西兰积极寻求在国际组织中发挥作用，重视参与地区经济合作，积极推动区域全面经济伙伴关系和跨太平洋伙伴关系协定谈判等贸易和投资自由化进程。

美国是新西兰第三大贸易伙伴和第二大投资来源国。2014 年，新西兰与美国之间的双边贸易额为 133.47 亿新元。此外，美国还是新西兰第三大旅游客源国，当年美国赴新西兰旅游人次达到 22.1 万。日本是新西兰第四大贸易伙伴和重要外资来源地，新西兰和日本签署了渔业、民航协定。新西兰同东盟国家关系密切，是东盟对话国和东盟地区论坛、东亚峰会成员，东盟是新西兰重要的贸易伙伴和外国投资的重要来源之一，2014 年，新西兰与东盟双向贸易额为 131.53 亿新元。新西兰以智利、阿根廷、墨西哥、秘鲁、乌拉圭和巴西为重点，积极发展同拉美国家的经贸关系，墨西哥是新西兰在拉美的最大贸易伙伴。

自 1972 年新西兰与中国正式建交以来，中国与新西兰两国之间的经贸关系持续、健康发展。2004 年，新西兰正式承认中国完全市场经济地位。2008 年，中国与新西兰签署自由贸易协定，新西兰成为第一个与中国达成双边自由贸易协定的发达国家。中国是新西兰第一大贸易伙伴、出口市场和进口来源地，中国对新西兰出口的主要商品为服装和机电产品，从新西兰主要进口乳制品、纸浆和羊毛等。2014 年，中国与新西兰双边贸易额达到 142.5 亿美元。随着中国经济的增长和双边经贸合作关系的不断发展，中国与新西兰已从单一贸易关系发展为多领域、多层次、多形式的经贸合作。新西兰在华投资主要涉及农林、轻工、纺织、冶金、食品加工、医药、计算机等领域。中国对新西兰的投资主要涉及乳业、资源开发、保险和建筑等领域。①

---

① 资料来源：中国外交部、商务部、新西兰统计局。

九、秘鲁

秘鲁位于南美洲西部,国土面积约为 129 万平方公里,人口 3 031 万,官方语言为西班牙语,96% 的居民信奉天主教。

秘鲁是传统的以农业和矿产业为主的国家,经济总量位居拉美地区第七位。近年来,搭乘世界能源价格不断上升的顺风车,秘鲁经济持续快速增长,增速位居拉美国家前列。2014 年,秘鲁实现国内生产总值 2 118 亿美元,人均国内生产总值 6 800 美元。

秘鲁矿产资源丰富,富含金、银、铜、锌、锡。此外,秘鲁渔业资源丰富,鱼粉产量居世界前列。秘鲁工业以采掘、加工和装配业为主,石化、冶金、基建、电力、制药等产业发展相对缓慢。秘鲁是世界十大农产品生产国之一,高原藜麦和芦笋产量居世界第一,鳄梨第三,葡萄第五,青椒第四,朝鲜蓟第三。秘鲁还是印加文明的发祥地,旅游资源丰富。

秘鲁对外实行自由贸易政策,主要出口矿产品和石油、农牧业产品、纺织品、渔产品等。2014 年,秘鲁对外贸易总额达到 804.6 亿美元,其中出口 381.1 亿美元,进口 423.5 亿美元。秘鲁的主要贸易伙伴为中国、美国、巴西、加拿大等。1991 年,秘鲁政府修改外资法,取消了对外国投资的某些限制措施,允许外商在能源、电信、自来水等部门投资,利润自由汇出,秘鲁由此成为跨国公司的投资乐土。2014 年,秘鲁吸引外国直接投资额为 81.7 亿美元,西班牙、英国、美国是秘鲁外商投资主要来源国。

秘鲁推行多元外交,积极同其他国家开展自由贸易协定谈判,扩大出口,吸引投资,服务于国内经济发展。秘鲁是不结盟运动、七十七国集团、十五国集团、里约集团、南美国家联盟、安第斯国家共同体、太平洋联盟、拉美一体化协会、拉美经济体系、亚马孙合作条约、太平洋经济合作理事会、南太平洋常设委员会等国际和地区组织的成员国,其重视同美国关系,积极发展同拉美国家关系,支持地区团结和一体化,努力拓展同欧盟及亚太国家关系。

中国和秘鲁经济合作近年来发展迅速,秘鲁是中国在拉美主要投资对象国之一,中国对秘鲁投资主要涉及矿产、石油资源开发等领域。中国是秘鲁全球第一大贸易伙伴和第一大出口市场,秘鲁是中国在拉美第六大贸易伙伴。2014 年,中国与秘鲁实现双边贸易总额 143 亿美元,其中中方出口 61 亿美元,进口 82 亿美元。中国对秘鲁主要出口机电产品、高新技术产品、纺织品、服装等,从秘鲁主要进口鱼粉和铜、铁等矿产品。2009 年 4 月,中国和秘鲁签署双边自由贸易协定。

十、新加坡

新加坡位于马来半岛南端,马六甲海峡的出入口,国土面积 714.3 平方公里,总人口 540 万,其中华人占 75% 左右,官方语言为英语,主要宗教为佛教、道教、伊斯兰教、基督教和印度教。

新加坡是一个典型的小型开放经济体,对国际贸易的倚重较高,新加坡国民经济以电子、石油化工、金融、航运、服务业为主,高度依赖美、日、欧和周边市场,外贸总额高达国内生产总值的 4 倍。2001 年受全球经济放缓影响,新加坡经济出现 2% 的负增长,是新加坡独立之后所遭遇的最严重衰退。为刺激经济发展,新加坡政府提出"打造新的新加坡"计划,努力向知识经济转型,并成立经济重组委员会,全面检讨经济发展政策,积极与世界主要经济体商签自由贸易协定。2014 年,新加坡实现国内生产总值 2 880 亿美元,人均国内生产总值达到 5.1 万美元,跻身高收入国家。

新加坡自然资源匮乏,工业主要包括制造业和建筑业,制造业主要包括电子、化学与化工、生物医药、精密机械、交通设备、石油产品、炼油等产业。此外,新加坡还是世界第三大炼油中心。新加坡服务业比较发达,2014 年服务业产值达到 2 534.4 亿新元,占到新加坡国内生产总值的 70.4%,新加坡服务业包括零售与批发贸易、酒店、旅游、交通与电讯、金融服务、商业服务等。新加坡交通发达,设施便利。新加坡还是世界重要的转口港及联系亚、欧、非、大洋洲的航空中心。

新加坡主要出口商品包括:成品油(占出口总额的 24%)、电子元器件(占 22%)、化工品(占 10%)和工业机械(占 2%)等,主要进口商品包括:成品油(占 22%)、电子元器件(占 17%)、原油(占 10%)、化工品(塑料除外)(占 6%)和发电设备(占 3%)等。主要进口电子真空管、原油、加工石油产品、办公及数据处理机零件等。新加坡的主要贸易伙伴有中国、马来西亚、欧盟、美国和印度尼西亚。近年来,新加坡大力推行区域经济发展战略,积极向海外投资,其对外投资主要集中在金融服务业和制造业,主要投资对象国为中国、英国、马来西亚。新加坡吸引的外商直接投资主要集中在金融服务业和制造业,直接投资主要来源国为美国、荷兰、日本、英国。

在对外关系上,新加坡主要立足东盟,致力于维护东盟的团结与合作、推动东盟在地区事务中发挥更大作用。新加坡注重发展与亚洲国家特别是中、日、韩以及印度等重要国家的合作关系。新加坡奉行"大国平衡"战略,主张在亚太建立包括美国、中国、日本和印度的战略均衡格局。近年来,新加坡积极推进贸易投资自由化,已经同新西兰、日本、欧洲自由贸易协会、澳大利亚、美国、约旦、韩国、印度和巴拿马签署双边自由贸易协定,并与巴林、埃及、科威特和阿联酋就商签双边自由贸易协定达成共识。新加坡倡议成立了亚欧会议、东亚—拉美论坛等跨洲合作机制。

中国与新加坡经贸合作发展迅速,中国在 2013 年和 2014 年连续两年成为新加坡最大贸易伙伴,新加坡连续两年成为中国第一大投资来源国。中国与新加坡的主要合作项目包括苏州工业园区、天津生态城、广州知识城、吉林食品区、川新创新科技园等。新加坡与山东、四川、浙江、辽宁、天津、江苏、广东等七省市分别建有经贸合作机制。1999 年,中国与新加坡签署《经济合作和促进贸易与投资的谅解备忘录》,建立了两国经贸磋商机制。中国与新加坡还签署了《促进和保护投资协定》、《避免双重征税和防止漏税协定》、《海运协定》、《邮电和电信合作协议》、《成立中新双方投资促进委员会协议》等多项经济合作协议。2008 年,中国与新加坡签署自由贸易协定。

十一、美国

美国位于北美洲中部,领土还包括北美洲西北部的阿拉斯加和太平洋中部的夏威夷群岛,国土面积 937 万平方公里,总人口 3.087 亿,官方语言为英语,居民主要信奉基督教新教和天主教。

美国拥有高度发达的现代市场经济,其国内生产总值高居世界榜首。2008 年,美国爆发次贷危机,奥巴马政府实施大规模经济刺激计划应对危机,着力推动经济就业增长,打造新经济增长点,近年来,美国经济实现复苏,总体保持温和增长态势。2014 年实现国内生产总值 17.4 万亿美元,人均国内生产总值 54 678 美元。

美国自然资源丰富,矿产资源总探明储量居世界首位,煤、石油、天然气、铁矿石、钾盐、磷酸盐、硫磺等矿物储量均居世界前列,其他矿物有铜、铅、钼、铀、铝矾土、金、汞、镍、碳酸钾、银、钨、锌、铝、铋等。目前,美国已探明原油储量达 334 亿桶,位居世界第 12。美国已探明天然气储量 7.716 万亿立方米,位居世界第七位;已探明煤储量 4 910 亿短吨,高居世界第一。

2008 年金融危机以来,美国致力于优化国内产业结构,实施"再工业化"战略,推动制造业从海外回流美国,工业生产保持稳定增长,信息、生物等高科技产业发展迅速,利用高科技改造传统产业也取得新进展。美国主要工业产品有汽车、航空设备、计算机、电子和通讯设备、钢铁、石油产品、化肥、水泥、塑料及新闻纸、机械等。

美国是世界上第二大进口国和第三大出口国。奥巴马政府高度重视出口,将扩大出口作为带动美国经济复苏的重要举措之一。美国主要出口商品包括:化工产品、机械、汽车、飞机、电子信息设备、武器、食品、药品、饮料等,主要进口商品包括:食品、服装、电子器材、机械、钢材、纺织品、石油、天然橡胶以及锡、铬等金属。美国前五大贸易伙伴依次为加拿大、中国、墨西哥、日本和德国;前五大货物出口市场依次为加拿大、墨西哥、中国、日本和英国;前五大货物进口市场依次为中国、加拿大、墨西哥、日本和德国。2014 年,美国商品和服务贸易总额约为 5.2 万亿美元,其中出口约 2.35 万亿美元,进口额约 2.85 万亿美元,贸易逆差 5 051 亿美元。2014 年,美国对外直接投资净额约 3 305 亿美元,吸引外国直接投资约 860 亿美元。

奥巴马政府继续巩固与传统盟友关系,并发展同新兴大国的关系,实施亚太"再平衡"战略,积极拓展同非洲和拉美国家间的关系,推进跨太平洋、跨大西洋自贸谈判,拓展全球市场。美国进一步加大了对东盟的关注和资源投入,从政治、经济、军事等方面加强与东南亚国家关系。

近年来,中美双边经贸合作发展较为迅速。2014年,中美两国双边贸易额高达5 551亿美元,同比增长6.6%,创历史新高。其中中国向美国出口、进口分别为3 961亿美元、1 590亿美元,顺差额达2 371亿美元。中美互为第二大贸易伙伴,美国是中国第一大出口市场和第六大进口来源地,中国是美国第三大出口市场和第一大进口来源地,中美双边总投资保持平稳较快发展。截至2014年底,中国和美国双向投资存量超过1 200亿美元,中国企业当年在美国的非金融类直接投资达到52.4亿美元,中国新批准设立的美资企业1 176家,实际使用美国投资23.7亿美元。

十二、越南

越南位于中南半岛东部,国土面积约为33万平方公里,人口9 000万,其中京族占越南总人口的86%,官方语言为越南语,主要宗教为佛教和天主教。

越南属于发展中国家,1986年开始实行"革新开放"。1996年召开的越共八大提出要大力推进越南的工业化和现代化。越共九大确立了建立社会主义定向的市场经济体制,并确定了三大经济战略重点,即以工业化和现代化为中心,发展多种经济成分、发挥国有经济主导地位,建立市场经济的配套管理体制。革新开放以来,越南经济保持较快增长,经济总量不断扩大,三产结构趋向协调,对外开放水平不断提高,基本形成了以国有经济为主导、多种经济成分共同发展的格局。

越南矿产资源丰富,种类多样,主要有煤、铁、钛、锰、铬、铝、锡、磷等,其中煤、铁、铝储量较大,主要工业产品有煤炭、原油、天然气、液化气、水产品等。越南是传统农业国,农业人口约占总人口的75%,粮食作物包括稻米、玉米、马铃薯、番薯和木薯等,经济作物主要有咖啡、橡胶、胡椒、茶叶、花生、甘蔗等。近年来,越南服务业保持较快增长,在越南经济中的比重不断提高。

越南同世界上150多个国家和地区建立了贸易联系,越南对外贸易保持高速增长,拉动越南整体经济实现较快增长。越南主要贸易对象为中国、美国、欧盟、东盟、日本、韩国;主要出口商品是原油、服装纺织品、水产品、鞋类、大米、木材、电子产品、咖啡;主要出口市场为欧盟、美国、东盟、日本、中国;主要进口商品有汽车、机械设备及零件、成品油、钢材、纺织原料、电子产品和零件;主要进口市场为中国、东盟、韩国、日本、欧盟、美国。对越南总投资排名前五位的国家和地区依次是韩国、香港、日本、新加坡、英属维尔京群岛。

越南奉行独立自主、和平、合作与发展的对外路线,实行开放、全方位、多样化的对外政策,积极主动地融入国际社会,做国际社会可信赖的朋友和伙伴、负责任的一员。近年来,越南积极开展对外交往,同美国关系发展迅速,同欧盟合作不断扩大,同日本、俄罗斯等本地区大国关系良好,同东盟成员国的合作加强,多边外交活跃。

2014 年,中国和越南实现双边贸易额约 836.4 亿美元,中国连续 11 年成为越南第一大贸易伙伴,越南成为中国在东盟的第二大贸易伙伴。中国对越南出口商品主要为机电产品、机械设备和面料、纺织纤维以及其他原辅料,从越南主要进口矿产资源和农产品等。截至 2014 年底,中国对越南直接投资累计达到 21.3 亿美元,越南对华实际投资累计 1.2 亿美元。①

---

① 中国外交部、商务部、越南国家统计局。

第四章　TPP 的未来发展趋势

一、TPP 生效条件

TPP12 个成员国虽然已经正式签署协定,但距 TPP 实际生效还有一段距离,TPP 需要至少满足以下三个条件之一时方能生效:

① 在 TPP 协定签署两年后,如果所有缔约方均完成其国内生效程序,则该协定会在新西兰政府(协定文本存放机构)收到所有缔约方通知其已完成国内程序后 60 天生效。

② 如果有 TPP 协定缔约方未能在两年内完成国内生效程序,但已经有 6 个以上缔约方完成国内程序,且这六个国家的国内生产总值总和达到所有 TPP 国家 85％以上时,该协定也同样能在两年期限到期后 60 天对已完成国内生效程序的成员国生效。

③ 如果上述第一个和第二个条件都未能达成,则在不受时间限制下,只要有六个成员国完成国内生效程序,且这六个成员国的国内生产总值之和达到所有成员国国内生产总值总和 85％以上时,协定仍然可以在存放机构收到通知后 60 天生效。①

二、促进 TPP 未来发展的因素分析

TPP 的未来发展受世界经济形势低迷、亚太区域经济合作遭遇瓶颈及美国重返亚太战略等多方面因素驱动。

---

① 资料来源:跨太平洋伙伴关系协定专网,http://www.tpptrade.tw/db/pictures/AdminModules/PDT/01/11/_00000018/TPP 简介.pdf。

（一）亚太地区高速经济增长为 TPP 提供坚实基础

2008 年全球金融危机爆发后,世界经济持续陷入低迷状态,发达经济体普遍遭受重创。为走出经济低谷,发达经济体倾向于增进与新兴经济体的合作。在此背景下,美国加入并推动 TPP 谈判。TPP 成员国中大部分是亚太地区的新兴经济体,亚太地区新兴经济体经济发展迅速,相互之间的交流与合作也日益紧密,正在迈向更高水平。亚太地区新兴发展中国家也都希望通过增进与美国和日本等发达国家间的合作,实现经济增长。此外,亚太新兴国家人口结构普遍较为年轻,人力资源比较丰富,人口素质也在不断提高,同发达国家普遍进入人口老龄化形成鲜明的对比。但是,亚太新兴经济体普遍缺乏资金和技术,TPP 能够使这些国家更容易获得发达经济体的资金和技术,更好地同发达国家在经济上达到互补,实现共赢。

（二）亚太地区现有区域经济合作机制存在缺陷

当前,亚太地区经济交流与合作范围广、领域宽、形式多样,亚太地区的经济合作模式主要存在以下几种:① 以中国—东盟自由贸易区为代表的由浅入深型;② 以日本一系列经济伙伴协定为代表的自下而上型;③ 以亚太经合组织为代表的自上而下型。但是,经过十多年的推进以后,上述三种经济合作模式均遭遇到瓶颈,以中国—东盟自由贸易区为代表的经济合作模式无法解决特定范围内的固有矛盾,且外部环境的影响大大超出了自身的调节范围;而以日本一系列经济伙伴协定为代表的经济合作模式仅适用于东亚产业分工体系,利益分配不均且适用范围较窄,区域以外经济体不容易参与进来;以亚太经合组织为代表的区域经济合作模式又主要以务虚为主,不具有约束力,因此,要取得实质性进展较为困难。

TPP 则尝试打破当前的亚太经济合作瓶颈,该模式的主要特点是以较高的合作水平和特定的标准体系为前提,逐渐扩大合作范围。基于 21 世纪高水平合作范本的设计和应用标准,TPP 确实能够规避以上三种经济合作模式存在的大部分缺陷,针对难以突破固有矛盾这一瓶颈,TPP 采用具有约束力的标准,参与方需做自我调整及外部协调来达到标准,因此,TPP 内部合作在理论上不存在瓶颈限制；针对适用范围过窄的问题，TPP 强调其开放性、合作基于协议、协议条款基于理想标准的特点，不受已有合作的影响，因此能够用明确、统一的标准吸引越来越多的参与方；针对约束力不足导致实际进展较小这一缺陷，TPP 以协议形式保障其约束性及合作成果。

（三）TPP 也是美国"重返亚太"战略的需要

美国"重返亚太"战略无疑对 TPP 的发展起到了强有力的助推作用。分析 TPP 的发展历程可以明显看出美国在其中所起的作用，美国始终与 TPP 保持紧密联系。美国积极推动 TPP 谈判主要有三点考虑：其一是 TPP 根植于美国深层次的战略动因，美国为了重塑和巩固其在亚太地区的霸主地位，建立 21 世纪新的国际经济和政治秩序，对外推行美国价值观，从而最大限度地维护美国的国家利益；其二是经济利益方面的考虑，亚太地区是全世界最具经济活力和发展潜力的地区，加入 TPP 有利于美国开拓亚太新市场，发掘新的合作机会，帮助解决美国国内就业问题；其三是推动区域合作，利用 TPP 倒逼加快亚太地区的经济一体化进程。美国高调力推 TPP 扩容，表现出它对自身相对实力下降和在地区博弈中地位弱化的担忧。

一方面，美国希望通过 TPP 扭转其在亚太区域经济合作中的相对不利的局面。在第二次世界大战后由美国主导的三大世界经济支柱中，[①]世界贸易组织主要致力于推动国际贸易自由化，美国曾多次借助世界贸易组织与其他国家进行协调，也曾要求其他经济体对外开放。自从世界贸易组织多哈回合谈判陷入停滞以来，全球范围内的多变贸易协调与合作机制陷入停滞，难以取得实质性进展，美国意识到仅仅通过世界贸易组织等全球性机制推进亚太地区的经济合作和一体化进程已经远远不够，需要建立新的、更加具有约束力的区域经济合作机制。因此，美国想要藉由 TPP 来推进亚太地区的经济合作，在亚太地区建立新的经贸交流与合作体系。此外，亚洲金

---

① 第二次世界大战后由美国主导的世界经济三大支柱包括：世界银行、国际货币基金组织和世界贸易组织。

融危机后,东亚地区国家在经贸合作领域蓬勃发展,诸多合作机制如雨后春笋般出现,东亚经济体间的联系也日益紧密。然而,美国感到自己被排除在东亚新的区域一体化进程之外,落入被动境地,需要通过 TPP 来扭转被动局势。另一方面,美国也希望 TPP 能够开创区域经济合作的崭新时代,并以此为契机推进全球贸易体系和经济合作模式的变革与调整。TPP 既能够在短期内刺激美国经济增长,增加美国国内就业,还可在长期巩固美国在亚太地区和全球的秩序主导者地位。当前,美国正与欧盟探讨签订自贸协定事宜。由于双方关税水平均较低,自由贸易协定谈判的困难将主要集中于其他贸易标准和行为规范等方面。TPP 与美欧自由贸易协定若均基于美国标准而达成,很有可能会形成以美国为中心、亚太和欧洲为两翼的新型经济合作模式,并在美、欧及亚太强大的经济影响力下散播至全球。

三、阻碍 TPP 未来发展的因素分析

TPP 的快速推进得益于一系列对 TPP 有利的影响因素,虽然 TPP 协定已经正式签署,然而,TPP 的未来并非光明的坦途,其未来发展还面临一系列不容忽视的障碍,这些障碍如果无法得到消弭,那么 TPP 很有可能折戟沉沙,半途而废。

(一) TPP 面临各成员国之间存在较大利益分歧的困境

目前 TPP 共有 12 个成员国,各成员国之间在利益协调上存在三大困难。其一,TPP 各成员国之间的经济社会发展不均衡,对外开放水平差距很大,越南 2007 年才加入世界贸易组织,其在世贸组织框架下的诸多承诺都还没有兑现,要达到 TPP 的高标准难度更大。为此,越南寻求在加入TPP 后做出较少管理承诺,保留较长管理时期等条件。但美国坚持 TPP不能两步走,不愿给予越南特殊和差别待遇;其二,TPP 的规则与谈判各方之间已有的错综复杂的自由贸易协定中的规则之间的协调方式没有达成一致,TPP 各成员国之间已经存在 36 个双边自由贸易协定,另有 11 个已经签署但未生效的自由贸易协定,有的两个国家间不止一个自由贸易协定,新

加坡和新西兰签署并生效的自由贸易协定就有三个,美国也与参与 TPP 谈判的秘鲁、智利、澳大利亚、新加坡、加拿大和墨西哥等国签订了自由贸易协定,上述自由贸易协定的内容和关注点各不相同,按照 TPP 统一梳理耗时耗力;其三,美国对 TPP 的一些要求遭到其他成员国的抵制,例如,美国希望加强国有企业的纪律,消除国有企业获得的各种不公平竞争优势,但新加坡和越南等拥有较多国有企业的成员国都表示反对。美国希望加强对环境、劳工标准和限制特殊产品的原产地规则,都遭到澳大利亚和新西兰的反对。此外,TPP 协定所包括的环境货物和服务、渔业补贴、工艺鱼的保护等规定,也都曾引起其他成员国国内公众的密切关注,出现各种质疑的声音。

(二) TPP 与世贸组织规则上的冲突

TPP 与世界贸易组织之间的关系具有以下几大特点:① TPP 议题包含了世贸组织已有的协议和规则;② TPP 要对世贸组织已有的规则进行深化;③ TPP 中增加了一些世贸组织规则中没有的议题和条款;④ TPP 对世贸组织原有规则和条款的深化以及新议题的谈判成果,都会被融进世贸组织未来的谈判中去。

TPP 对世贸组织的规则构成一定的挑战和威胁。首先,TPP 对世贸组织现有协议的深化有可能违反世贸组织规则,例如在反倾销调查中,世贸组织反倾销协议规定不能采取归零的办法,但美国坚持在 TPP 中要采取归零的办法,TPP 中有关货物贸易、投资和知识产权保护的规定如果与世贸组织现有的规则不一致,将会违背世贸组织协议;其次,TPP 中的新议题,如环境保护以及劳工标准等议题在现有世贸组织规则中并不存在,如果 TPP 成员国推行这些新议题,将会违背世贸组织的整体规则;再次,TPP 在世贸组织中存在合法性问题,高标准、严要求的 TPP 要想纳入世贸组织体系,只能通过协商途径,不能强制要求所有世贸组织成员接受。美国单独左右多边贸易体制的时代已经过去,如果 TPP 不被所有世贸组织成员接受,则TPP 在世贸组织中的合法性就成为问题。2002 年开始的多哈回合谈判就是因为主要成员国在剩余的 20% 议题谈判上纠缠不休才陷入停滞不前的困境,因此,世界贸易组织是否能够接受 TPP 还是一个问题。

（三）TPP 面临新成员采取何种方式加入的问题

区域经济一体化构建中的一个重要特点就是开放型,成员的多少决定其影响力和作用力的大小。TPP 所追求的目标是要达成一项高质量和全面的协定,要实现这样的目标,必须吸引更多的新成员进入才有实现的可能。然而,在吸纳新成员上,TPP 表现得有些力不从心,首先,如何应对发展中国家的诉求,亚太经合组织中非 TPP 国家大部分是经济比较落后的发展中国家,一些国家甚至没有劳工法;没有环境治理;没有透明的法律法规;没有知识产权保护,TPP 所设定的高标准对这些国家来说可谓高不可攀,要他们在短期内达到 TPP 的高标准几乎不可能,如果 TPP 无法给出一些例外和特殊优惠的机制,这些国家很难加入 TPP;其次,亚太地区的经贸大国未来可能加入 TPP,这些具有较大影响力的国家加入 TPP 一方面能够增加 TPP 成员国数量,有助于提升 TPP 的经济实力和国际影响力,另一方面也会加大 TPP 未来进一步向前推进的困难,会对美国在 TPP 中的主导地位提出挑战。

（四）是否接纳中国加入是 TPP 无法绕开的问题

美国出于战略目的的考虑将中国排除在 TPP 以外,使 TPP 未来的发展面临困境,原因有以下几点:其一,作为世界第二经济大国和第一大出口国,无论是在全球还是在亚太地区,中国的影响力在不断提高,没有中国的加入,TPP 显然名不副实;其二,TPP 的多数成员国与中国存在较为紧密的经贸联系,中国与东盟国家双边贸易的增长速度显著快于其他国家,TPP 成员国无法摆脱中国的经济影响;其三,在东亚产业链整合过程中,中国相比美国处于明显优势地位,零部件在货物进出口中的比重可视为生产链相互依存度的重要标志,2009 年,亚洲对亚洲的零部件依存度为 64%,亚洲其他国家对中国的零部件依存度是 20%,对美国的零部件依存度只有 0.09%,而美国对亚洲零部件依存度为 38%;其四,判断自贸区是否成功的一个重要指标是贸易创造和贸易转移的大小,如果自贸区成立后的贸易创造大于贸易转移,则该自贸区即可视为成功的自贸区,反之则不成功,目前,

TPP 带来的贸易创造效应为 34％,带来的贸易转移效应为 27％,如果加入中国,则新的 TPP 产生的贸易创造将达到 101％,贸易转移为 84％;[1]其五,区域全面经济伙伴关系(Regional Comprehensive Economic Partnership,简称"RCEP")已经启动,RCEP 于 2011 年 2 月由东盟十国发起,邀请中国、日本、韩国、澳大利亚、新西兰、印度共同参与,RCEP 的目标是通过削减关税和非关税壁垒,建立 16 国统一市场的自由贸易区,RCEP 成员国拥有近 35 亿人口,国内生产总值总量达到 23 万亿美元,占到全球经济总量的近 1/3。2011 年 2 月 26 日,在内比都举行的第十八次东盟经济部长会议达成了一个综合性的自由贸易协议,产生了组建 RCEP 的草案。在 2011 年举行的东盟峰会上,东盟十国领导人正式批准了 RCEP。2012 年 8 月底召开的东盟十国、中国、日本、韩国、印度、澳大利亚和新西兰的经济部长会议原则上同意组建 RCEP,RCEP 的目标虽然不如 TPP 那样高远,但切合本地区国家发展的实际情况,RCEP 必将推动中国与其他 RCEP 成员国之间的经贸交流与合作。

(五) TPP 制定的标准过高

TPP 是一个覆盖面较广的自由贸易协定,除了贸易,还涉及投资、知识产权、劳工权益等众多敏感议题,TPP 设定的标准明显过高,主要表现在以下几个方面:第一,以农业为核心的货物贸易市场准入问题,农业议题是 TPP 谈判的最大变数之一,美国的主要农业部门曾经多次向奥巴马政府施压,要求维持现有自由贸易协定的市场准入条款,而澳大利亚、新西兰等国则主张通过在成员间进行多边谈判形成统一的降税安排,用 TPP 规则代替现有的贸易规则;第二,原产地规则问题,美国对于纺织品、服装、乳制品等产品通常采取严格的原产地规则要求,试图推广以税目转换标准为主,辅之以价值增值标准和加工工序标准的做法,而其他 TPP 成员国则支持更加自由的原产地规则,反对针对特定产品或特定国家的原产地规则,倡导区域范

---

① 资料来源:世界银行研究报告,《Potential Macroeconomic Implications of the Trans-Pacific Partnership》,2016 年 1 月。

围的原产地规则；第三，投资自由化问题，美国新近签署的自由贸易协定通常包括关于外商直接投资的详细条款，美国希望在 TPP 的投资章节中纳入更全面的内容，提议的投资条款包括投资者的国民待遇和最惠国待遇、政府征收条款、资本的自由转移、非业绩要求以及金融服务的特殊条款，澳大利亚和新西兰对美国的投资需求条款有所保留，澳大利亚和新西兰的工会及其他团体希望政府继续拒绝美国的提议；第四，知识产权保护问题，在知识产权保护领域需要解决的核心问题是 TPP 是否以及如何在现有世界贸易组织关于贸易领域相关知识产权协定的框架下确定知识产权条款，美国知识产权的保护标准比世界贸易组织要高，很难得到其他 TPP 成员国的认同；第五，劳工和环境标准，在 TPP 各成员国以及美国国内，劳工和环境标准都是比较难解决的问题。

（六）TPP 协议在获得各成员国国内批准时可能会受到较大阻挠

虽然美国等 12 个 TPP 成员国已经正式签署 TPP 协议，但这距离 TPP 协议的实际生效还有一段时间。随着美国大选的展开，TPP 已经成为 2016 年美国总统大选的敏感问题，反 TPP 的情绪日益高涨，TPP 被认为会威胁到美国的就业，主要政党候选人对 TPP 协议均持质疑态度，民主党候选人希拉里近来 180 度大转弯反对 TPP，她曾在 2012 年将 TPP 描述为"黄金标准"，而其共和党竞争对手特朗普则将 TPP 称为灾难，警告称 TPP 会鼓励美国公司在海外的生产，会对美国工人的就业造成严重威胁。

此外，很多 TPP 成员国也对该协议的实施不够乐观。新西兰总理约翰·基在前往华盛顿参加核安全峰会时表示，如果美国国会拒绝 TPP，其他国家不会坐以待毙，它们会利用好现有市场。新加坡总理李显龙也对 TPP 表示担忧，对美国国会很快通过 TPP 不抱乐观态度。在 2016 年 4 月 19 日的日本国会会谈中，日本政府和执政党决定放弃在本届国会任期内通过 TPP 法案，日本政府和执政党之所以做出这一决定，一方面是因为熊本地震发生后，众议院的审议时间难以确保，另一方面，也是因为遭到了在野党的强烈抵制。在日美两国国内批准程序不顺的情况下，TPP 能否按时生效前景不明。最终可能会有两种可能的结果，一是在国会审议中为换取在野党的支持,修改协议内容,在承诺的市场开放方面后退。但这会引起其他成员国的不满,重新谈判还会进一步拖延 TPP 生效的时间;二是日本和美国两国中只要有一个国家无法通过,TPP 就无法满足生效条件,就会名存实亡。

四、TPP 给成员国国内各产业带来的利弊分析

(一) 澳大利亚

在货物贸易方面,自由贸易有利于实现资源的有效配置,因此,澳大利亚从 1980 年起主动下调关税,2014 年,澳大利亚的平均关税率仅为 3%。澳大利亚农产品、能源和矿产品具有较大的出口竞争优势,TPP 削减关税要求对澳大利亚不会造成较大冲击。TPP 有利于澳大利亚企业参与全球供应链体系,并有利于增加农产品、高附加值制造业产品出口。

服务业产值占到澳大利亚国内生产总值的 75%,加入 TPP 能够给澳大利亚具备竞争优势的服务产业带来出口机会,尤其是对发展中经济体的出口。澳大利亚的会计税务、教育以及通讯等服务业可以更方便地进入文莱、马来西亚、加拿大、秘鲁等市场。

在投资方面,TPP 成员国承诺解除对服务业市场的管制,有利于澳大利亚参与越南、马来西亚等发展中国家的基础设施建设和能源开发等领域。

TPP 将成为亚太地区新的贸易规范,将会加强澳大利亚与美国在亚太地区的政治和经济联系。此外,TPP 是一个开放的经济合作框架,韩国、菲律宾等亚太经合组织国家也都有意加入 TPP,中国也对 TPP 持开放态度,因此,从长期来看有利于实现亚太自由贸易区的目标。[①]

(二) 文莱

1. TPP 给文莱带来的经济利益

美国、加拿大、墨西哥、秘鲁四个 TPP 成员国尚未与文莱签署自由贸易

---

① 资料来源:澳大利亚外交与贸易部网站,http://dfat. gov. au/trade/agreements/tpp/outcomes-documents/Pages/outcomes-documents. aspx。

协定,加入 TPP 能够帮助文莱进入上述国家的市场。文莱可能受益的产业包括:原油、天然气与化学品。此外,文莱对于纺织产品、汽车零配件、生活用品等少数种类产品的进口关税将免除,由于文莱国内没有以上产业,所以对文莱几乎没有影响,文莱国内消费者也将因此获益。

文莱国内服务业因加入 TPP 而有望获益的产业有油气钻探与相关服务业和旅游业等产业。吸引外国投资是文莱重要的经济政策,加入 TPP 有利于文莱吸引更多来自发达国家和新兴发展中国家的投资。

另外,加入 TPP 能够加强文莱与其他 TPP 成员国在区域产业链上的合作,提高贸易便利化程度和海关程序透明度。文莱还可借助 TPP 同其他成员国建立协调和协商机制,加快与国际接轨。

2. TPP 给文莱带来的挑战

目前,文莱对外国投资者从事金融等服务业限制较多,TPP 使外国批发零售业、金融保险业等进入文莱更加便利,文莱国内金融服务业等相关产业将面临激烈竞争。此外,文莱国有企业也将面临较大挑战,文莱 80% 的国民从事的职业都与国有企业相关,加入 TPP 会使文莱石油、金融、印刷等国有企业在同外国企业竞争时处于劣势地位。文莱政府采购机制较为封闭,TPP 生效后,TPP 其他成员国企业进入文莱市场将对文莱相关产业带来较大的不利影响。TPP 要求开放成员国间的人才流动,有可能对文莱本国的就业造成一定程度的冲击。此外,文莱国内知识产权保护较差,文莱需要大幅度修改知识产权方面的法律法规才能满足 TPP 的要求。加入 TPP 虽然有助于提升文莱中小企业的竞争力,但很多中小企业可能由于无力与跨国企业竞争而被市场淘汰。①

(三) 加拿大

(1)农业。虽然加拿大在 TPP 谈判中争取到继续维持现行农产品供应管理制度,但仍被迫开放部分农产品市场。目前,加拿大近 50% 的牛肉对外出口,而加拿大牛肉出口到日本的关税高达 39%,TPP 生效后,日本承

---

① 资料来源:文莱外交与贸易部,http://www.mofat.gov.bn/site/Home.aspx。

诺将于 15 年内逐年调降至 9％,加拿大牛肉出口有望增加三倍,其余农业和渔业产品也将于 TPP 生效时立即免税,或者在 5 到 15 年内减免。木材是加拿大主要出口产品,目前加拿大每年出口至其他 TPP 成员国的木材产品总值超过 226 亿美元,TPP 生效后,日本、越南、马来西亚、文莱、澳大利亚以及新西兰将在三年内取消对木材及相关产品的进口关税,这将有利于加拿大木材产品出口。

（2）工业。TPP 允许汽车整车及核心零部件的区域原产地比例只需达到 45％,其他一般汽车零部件只需达到 40％即可享受零关税进入 TPP 市场。TPP 生效后,非 TPP 成员国的汽车零部件产业将冲击加拿大汽车产业,可能导致加拿大近两万名汽车产业工人失业。另外,加入 TPP 还将使加拿大酿酒产业和矿产业受益。

（3）服务业。TPP 正式生效后,各成员国承诺进一步开放金融、建筑与工程、研发、环保、交通等服务业市场,消除成员国间的投资障碍,提高竞争公平性和规则透明度,有利于加拿大跨国企业更好开展跨国经营。[1]

（四）智利

加入 TPP 将为智利带来较大利益,尤其是对于智利的农林产业和制造业。TPP 生效后,智利乳制品和肉制品未来可以更加便利地进入日本和加拿大市场。除了开发新市场,加入 TPP 还能提高智利的政治透明度以及更大程度参与国际经贸规则的制定。

智利同所有其他 TPP 成员国都已签署自由贸易协定,智利在市场准入方面获得的利益相对比较有限。投资方面,目前智利仅与马来西亚签署了双边投资协定,加入 TPP 对智利吸引外国投资非常有利。智利在全球竞争力指数排名中位列拉美第一,在国际透明组织的全球清廉指数排名中,智利也高于其周边国家。智利矿产资源丰富,基础设施完备,具有较大的吸引力,目前智利采矿业主要依赖对中国出口,加入 TPP 有助于其原材料出口分散风险。

---

① 资料来源:加拿大外交与国际贸易部网站,www. international. gc. ca。

智利同所有其他 TPP 成员国均已签署自由贸易协定,因此,TPP 并不会给智利带来十分显著的贸易和投资收益,但会在政治、经济、制度以及同国际接轨方面给智利带来可观的间接收益。根据美国彼得森国际经济研究所的估计,智利在所有 TPP 成员国中的受益程度仅高于文莱,到 2025 年,TPP 给智利带来的经济利益仅为 30 亿美元,出口收益仅为 37 亿美元。[①]

(五) 日本

(1) 工业部门。日本在工业产品方面具有较大的品质和效率竞争优势,加入 TPP 将扩大日本商品在亚太区域的市场。汽车零配件、化学、家电等日本的优势产业将受惠于 TPP 带来的关税减免。日本最重要的汽车出口市场——美国将于 TPP 协定生效后 25 年内废除现行的 2.5% 的汽车进口关税,此外,美国还将废除部分化学品进口关税。

(2) 农业部门。农业方面,TPP 生效后,日本将逐步废除 1885 项农产品关税,日本农业将面临较为严峻的国际竞争,而日本的消费者则能够享受到农产品价格下降带来的好处。然而并非所有日本国内农业从业者都视 TPP 为摧毁日本农业的洪水猛兽,一些农业相关人士认为随着日本老龄化进程的不断加快,日本人口不断减少,国内市场不断萎缩,TPP 正好为日本农产品扩大出口提供了契机。

(3) 日本各界反应。日本政府高度肯定 TPP,尤其强调日本政府成功将稻米、牛肉、猪肉、乳制品等主要农产品纳入关税废除的例外项目。日本经济界大都对 TPP 持欢迎态度,但有部分产业界人士对废除关税和统一投资规范是否能够给日本带来实际利益持保留意见。[②]

(六) 马来西亚

1. TPP 给马来西亚带来的利益

加入 TPP 有利于马来西亚扩大商品出口市场,尤其是进入尚未与其签

[①] 资料来源:智利外交部网站,http://www.minrel.gov.cl/。

[②] 资料来源:日本内阁官房网站,http://www.cas.go.jp/。

署自由贸易协定的美国、加拿大、墨西哥和秘鲁市场。TPP 正式生效后,马来西亚预计将获得 2000 至 4000 项出口关税减免,马来西亚国内因此受益的产业包括棕榈油(当前 TPP 成员国进口关税约为 11%,下同)、橡胶(2%—14%)、木材(6%—10%)、电子(3%—15%)等产业。

TPP 承诺对服务业开放采取负面清单管理模式,这有利于马来西亚吸引外国投资,尤其是金融服务业和旅游产业的投资。

2. TPP 给马来西亚带来的挑战

政府采购方面,马来西亚在 TPP 谈判中承诺开放政府采购市场,马来西亚本土企业将丧失竞争优势而遭到市场淘汰。药品专利保护方面,TPP 规定生物制药专利拥有五加三年专利保护期,而马来西亚对新药品的专利保护期为五年,可能会对药价产生一定影响。商品贸易方面,马来西亚的稻米、蔬菜水果、乳制品等农产品将面临较大竞争,目前,马来西亚乳制品的进口关税介于 0 到 50% 之间,如果未来降低关税,不可避免会对其本国企业造成一定冲击。此外,马来西亚的林业、采矿、钢铁、汽车与零部件、机械等产业也将面临较为严峻的竞争形势。[1]

(七) 墨西哥

1. TPP 给墨西哥带来的利益

TPP 生效后,墨西哥将会获得较明显的关税减免收益,其他 11 个 TPP 成员国对墨西哥商品开征的 90% 的进口关税税种将立即降为零,其余 9% 的税种分 5 至 10 年减免,此外,墨西哥还将拓展六个尚未与墨西哥签署自由贸易协定的 TPP 成员国市场,TPP 为墨西哥打通全球 25% 的市场铺平了道路。总体估计,加入 TPP 将使墨西哥的对外贸易额增加 30%,未来五年墨西哥对外出口将增加 1 500 亿美元。

除了获得关税减免利益,墨西哥还能获得非关税收益,为防止非 TPP 成员国搭便车,已经针对多项产品制定了严格的原产地规则。为避免不公平竞争,TPP 专门制定了劳工权益保障和环境保护标准,如果越南或马来

---

[1] 资料来源:马来西亚国际贸易工业部网站,http://www.miti.gov.my/。

西亚对墨西哥出口的纺织品违反劳工保护标准,墨西哥可以诉诸争端解决机制并有权采取贸易报复措施。

2. TPP 给墨西哥带来的挑战

汽车工业方面,TPP 所规定的汽车原产地规则较北美自由贸易协定更为宽松,且允许出口商选择采用其认为较为合适的计算方式,一些非 TPP 成员国的汽车零部件生产商可能采取搭便车的行为,通过在越南或马来西亚设厂生产并进入 TPP 市场,进而对墨西哥相关产业造成冲击。钢铁及金属产业方面,TPP 将造成钢铁价格进一步下滑,将对墨西哥汽车产业整合产生不利影响。纺织业方面,由于美国在 TPP 谈判中给予越南纺织业特殊待遇,此举将打击墨西哥的纺织产业。制药产业方面,TPP 增加了药品的专利保护年限,将延缓墨西哥新药的上市时间。乳制品方面,虽然 TPP 以配额的方式限制新西兰和澳大利亚的乳制品出口,墨西哥国内乳制品产业仍将面临新西兰和澳大利亚的激烈竞争。①

(八) 新西兰

1. TPP 给新西兰带来的利益

TPP 生效后,据估计在 2030 年前每年将使新西兰国内生产总值增加27 亿新元,而且能够帮助新西兰企业开发新市场。TPP 完成全面关税减免后,新西兰出口到其他 TPP 成员国的商品中有近 93% 将会获得零关税待遇,估计每年可以为新西兰出口企业节省约 1.68 亿美元。TPP 实际生效后,新西兰出口到美国的牛肉将取消配额限制,五年后将全面开放牛肉进口。新西兰销往日本的牛肉关税将由目前的 38.5% 分 15 年降至 9%,其他TPP 成员国在过渡期后也都将进口关税全面降至零。TPP 成员国将增加进口新西兰乳制品配额,新西兰出口到日本的乳制品也将于 15 年后降至零关税,销往美国的乳制品在 TPP 正式生效后即降为零关税。此外,新西兰销往其他 TPP 成员国的水果、蔬菜、羊肉、水产品、酒类及工业产品在协定生效后也将全面降为零关税。

---

① 资料来源:墨西哥经济部网站,http://www.gob.mx/se/。

TPP 承诺开放服务业,新西兰获益的服务行业包括:全球供应链相关服务业(运输、仓储、营销与零售业)、教育服务、会计服务、其他专业服务(工程、建筑、管理咨询及外国法律服务)、环境服务、旅游产业等。

2. TPP 给新西兰带来的挑战

TPP 在给新西兰带来经济利益的同时也会带来一些挑战,例如,TPP 要求新西兰延长著作权保护期限,这将会是新西兰加入 TPP 最大的成本支出,新西兰未来每年需要增加约 3575 万美元的版权费用。此外,TPP 还要求给予新药品 12 年专利保护期,由于新西兰国民长期以来购买的都是新西兰政府补贴的低价处方药,TPP 关于药品知识产权方面的保护规定会在一定程度上增加新西兰人购买药品的成本。[①]

(九) 秘鲁

1. TPP 给秘鲁带来的利益

TPP 中的劳工和环保标准是目前世界上所有贸易协定中最高的,将促进成员国提供更加明确和透明的法制环境,有利于创造新的投资机会,吸引更多外国投资者赴秘鲁投资,进而为秘鲁创造更多就业机会,减少贫困人口。此外,秘鲁是一个以贸易出口为主的外向型国家,加入 TPP 将有助于增加秘鲁的商品和服务出口,增进与澳大利亚、文莱、马来西亚、新西兰、越南等五个尚未与秘鲁签署自由贸易协定成员国之间的经贸往来,新的海外市场将为秘鲁创造更大的商机。TPP 生效后,秘鲁的农林渔产业与金属矿产业将会显著受益。由于秘鲁国内市场开放程度较高,加之秘鲁属于发展中国家,秘鲁的中小企业可在参与全球供应链、原产地规则、贸易便利化、食品安全与动植物检疫等方面获得额外收益,提高国际竞争力,增加对外出口。

2. TPP 给秘鲁带来的挑战

TPP 要求各成员国建设明确、透明的法制环境,秘鲁的官僚体制与法制透明度因此将会受到严格考验。由于 TPP 的累积原产地规则,秘鲁企业将面临来自越南纺织业和墨西哥汽车组装及零部件产业的强大威胁。在药

---

① 资料来源:新西兰外交贸易部网站,https://www.mfat.govt.nz/。

品专利保护期方面,秘鲁国内有很多质疑的声音,认为 TPP 使大型跨国制药企业占据更加有利的位置,将推升秘鲁国内药品价格,损害秘鲁国民的利益。[①]

(十)新加坡

(1)商品贸易。新加坡以贸易立国,对外开放水平较高,是全世界签署自由贸易协定最为积极的国家之一,迄今为止新加坡已经签署了 21 个自由贸易协定和经济伙伴关系协定,总共涵盖 32 个贸易伙伴,出口覆盖率超过 80%。TPP 生效后,关税下降的商品种类达到 90% 以上,但由于新加坡已经同 9 个 TPP 成员国签署自由贸易协定,只有墨西哥和加拿大还未签署,可以预计 TPP 给新加坡带来的关税减免收益较为有限。此外,TPP 原产地规则采取区域累积制度,相较双边自由贸易协定更受企业欢迎,新加坡的食品加工以及纺织成衣等产业将显著受益于 TPP 创造的关税减让,便于将产品出口到美国和日本等主要市场。

(2)服务贸易。新加坡服务业出口对经济发展的重要性日益增加,2010—2014 年新加坡服务业出口年复合增长率高达 6.7%,而同期商品出口的年复合增长率仅为 2%。TPP 承诺在服务业市场开放上采取负面清单管理模式,有利于新加坡服务业企业进一步拓展业务,新加坡贸工部预计加入 TPP 将会给新加坡服务业企业带来新的商机,包括:澳大利亚开放运输物流业(航空、公路、铁路)、墨西哥开放能源与电信市场、加拿大开放专业技术服务市场等。此外,新加坡在金融和法律服务业上具有较强的竞争优势,TPP 将带动成员国实现新一波经济发展,这对于新加坡金融和法律服务业来说是一个巨大的潜在市场,可谓商机无限。

(3)投资与政府采购。在 TPP 成员国中,新加坡对外投资主要集中在澳大利亚、马来西亚和越南等国,随着投资进一步自由化,越南、马来西亚及文莱等国将废除对本国医疗保健、电信、快递及环境服务业的外商投资限制,新加坡投资者将因此受益。此外,TPP 同样能使新加坡获得更多外国

---

① 资料来源:秘鲁外贸部网站,http://www. acuerdoscomerciales. gob. pe/。

投资,这有利于推动新加坡中小企业整体实现发展。TPP 强调知识产权保护,这给技术水平较高的新加坡企业带来保障,不必担心知识产权遭到大规模剽窃,同时进一步巩固新加坡国际仲裁中心的地位。

(4) 数字经济。据估计,新加坡总计有高达 15 万专业人士从事与数字经济相关的工作,为新加坡国民提供丰富的高科技产品和便利的电子商务服务,这对新加坡具有非常重要的意义。TPP 不仅承诺促进网络和数字经济发展,更将许多高科技产品列入关税减免列表,有利于新加坡信息技术产业发展,同时也为新加坡消费者创造更多福利。[1]

(十一) 美国

(1) 服务业。服务业为美国提供了近 80% 的就业机会,TPP 将为美国服务业向海外市场发展扫除障碍,避免美国服务业企业在海外投资时受到歧视。此外,TPP 还将有助于美国服务业企业直接提供跨境服务,无需设立海外分支机构,为美国企业降低成本。

(2) 制造业。TPP 成员国承诺逐步减免对美国本土生产商品所征收的进口关税。2014 年,美国向 TPP 成员国出口的汽车整车及零部件总价值高达 890 亿美元,TPP 成员国以后对这部分进口商品将不再课征关税。由于日本也将逐步消除相关产品的非关税壁垒,美国的汽车及零部件今后进入日本等国市场将变得更加便利。此外,美国向 TPP 成员国出口的通讯类产品的总价值达 360 亿美元,目前面临最高 35% 的关税,未来智能手机、路由器以及电脑等都将免征关税,显著利好美国相关企业。

(3) 农业。以前,部分 TPP 成员国为保护本国农业免受冲击对美国农产品征收高额关税,TPP 生效后,这些高额关税将会被取消,或者改为进口配额的形式。另外,美国在 TPP 谈判中首次加入农业生物科技议题,TPP 成员国承诺提高本国农业生物科技决策过程的透明度,增强核准生物技术产品的时效性。[2]

---

① 资料来源:新加坡贸工部网站,https://www.mti.gov.sg/Pages/home.aspx。
② 资料来源:美国商务部网站,https://www.commerce.gov;美国贸易代表办公室网站,https://ustr.gov。

（十二）越南

1. TPP 给越南带来的利益

对越南而言，TPP 生效后，一方面有利于将其产品出口到其他 TPP 成员国，由于越南劳动力成本在 TPP 成员国中相对较低，其劳动密集型产业具有一定的国际竞争力，加入 TPP 将有利于越南纺织成衣、制鞋、汽车与电子零部件、农业、渔业以及木材加工等产业对 TPP 成员国的出口。TPP 不仅能够帮助越南拓展对外出口市场，增加贸易收益，还将帮助越南吸引等多外国投资。据估计，到 2025 年，越南对外出口金额将增加至 680 亿美元。

TPP 生效后，许多纺织产品关税将降为零。越南纺织业对美国具有出口竞争优势，目前美国对越南成衣征收 5％—25％的进口关税，随着关税逐渐削减，越南对美国纺织品出口将不断增加。此外，随着外资企业在越南建立纺织业上下游产业链，越南纺织业的地位将更加巩固，更具竞争优势。

美国和日本分别占据越南水产品出口市场的 19％和 16％，TPP 生效后，对越南水产品征收的进口关税将由目前的 1％—10％降为零，越南水产品将更具竞争力。除了美国和日本，澳大利亚、新加坡以及墨西哥等国市场也很有潜力，将成为越南水产品下一步重点关注的出口市场。

越南木制品原材料的进口来源国主要是 TPP 成员国，TPP 生效后，越南的进口成本将显著下降，从而提高其市场竞争力。越南木制品的主要出口市场为美国和日本，目前美国对越南木制品的进口关税率为 2.5％—5％，日本对越南木制品进口关税率在 5％以下，TPP 将使这些关税降为零，为越南木制品出口创造有利条件。

目前，越南已经成为世界重要的电子产品出口国，电子产品已经超越纺织品、稻米、咖啡等传统出口商品成为越南第一大出口商品。近年来，韩国三星公司不断加大对越南的投资力度，越南成为其全球生产基地。TPP 将进一步为越南吸引外国投资创造有利环境，给越南电子产业带来新的发展机会。

制鞋业是越南第三大出口产业，仅次于电子产业和纺织业，越南每年出口近八亿双鞋，出口金额高达 85 亿美元，其中美国市场占据越南制鞋业对外出口的 13.9％，仅次于中国市场，TPP 减免鞋类进口关税将进一步促进越南制鞋业的发展。

2. TPP 给越南带来的挑战

越南加入 TPP 还将面临诸多挑战及压力。TPP 对贸易、投资、知识产权保护以及劳工权益等设定了较高标准,越南需要大幅度调整国内产业结构,修改不符合要求的各项管制措施及法律法规,必将影响越南国内部分既得利益者的利益,给改革带来阻力。此外,贸易自由化将导致越南国内众多竞争力较低的中小企业破产倒闭,造成失业率上升。TPP 还设定了较高的劳工标准,也会对越南国内劳动市场和社会的稳定造成一定程度的影响。

越南企业的国际竞争力普遍较弱,产业技术较为落后,管理方式较为陈旧,不符合现代市场经济的要求,TPP 生效后,越南国内一些产业不可避免将面临较为严峻的竞争形势。[①]

五、TPP 对未来全球经贸体制的影响

TPP 未来能否成为促进区域与全球经济一体化进程将取决于 TPP 以外关键国家的反应,亚洲主要经济大国如中国、印度和韩国以及整个南亚、非洲和拉丁美洲地区的发展中国家尚未成为 TPP 成员国,这些国家主要关注 TPP 给他们带来的贸易和投资转移效应。部分国家和地区已经在谋划加入 TPP,以避免带来不利后果,但这些国家仍然担心 TPP 将会损害现有的多变贸易体制。

TPP 最为显著的短期影响是整合亚太地区现有的经济合作机制,促进亚太各国的经济改革。TPP 将提升各成员国间的双边贸易,加强跨境贸易改革,大量削减其他自由贸易协定普遍存在的例外措施,创建更有凝聚力的经济合作样本。当然,完全整合尚未实现,各成员国间已签署的自由贸易协定仍将继续存在,此外,TPP 成员国还未形成一致的关税减免列表和市场准入的例外承诺,但总体而言,TPP 已成为各国未来制定自由贸易协定的

[①] 资料来源:越南外交部网站,http://www.mofa.gov.vn/vi/;越南计划投资部网站,http://www.mpi.gov.vn/en/Pages/default.aspx。

标杆和样板。

TPP 也在深刻影响亚太地区正在推进的贸易谈判,为地区性贸易倡议起到相辅相成的作用,也为区域经济一体化进程提供推动力。TPP 的签订能够有效推动正在进行的全面经济伙伴关系协定(RCEP)、中日韩自由贸易区以及亚太自由贸易区建设。由于 TPP 排除了部分亚太地区国家,因此可能会对东盟以及拉美地区四个 TPP 成员国正在推行的太平洋联盟产生一定的不利影响。

TPP 在创新议题上形成的规则有助于世界贸易组织未来谈判的议题设定。当前正处于全球供应链时代,存在许多新的挑战,比如投资自由化、数字产品贸易、国有企业不正当竞争优势、劳工权益保障和环境保护等议题,这些新的议题能够丰富和完善世界贸易组织的议程,成为未来谈判的努力方向。此外,TPP 所涉及到的劳工议题同样需要引起关注,但由于会受到许多成员国的抵制,短期内不太可能会纳入世界贸易组织的谈判议程。总体而言,TPP 对全球经贸体制的最大影响是促进竞争自由化,通过 TPP 推动各成员国的经贸改革,促进未加入 TPP 的国家通过双边和区域贸易协定消除贸易与投资障碍。如果 TPP 规则成为未来世界贸易组织谈判的基础,必将对全球经贸体制产生积极而深远的影响。[①]

六、TPP 在各个成员国生效过程及分析

2016 年 2 月 4 日,美国、日本等 12 个 TPP 成员国在新西兰的奥克兰正式签署 TPP 协定,至此,TPP 国家间谈判正式宣告结束,接下来 TPP 将在各成员国陆续进行国内生效程序。现将 TPP 各成员国国内审核流程进展情况及重要时间节点汇总如下:

---

① 资料来源:美国彼得森国际经济研究所,https://piie.com/。

表 4.1 TPP 各成员国审核进展及重要时间节点说明

国家名称	当前进展	重要时间节点说明
澳大利亚	2016 年 2 月 9 日国会启动 TPP 审议程序。	2016 年 7 月进行参议院改选。
文莱	暂无进展	经文莱苏丹主持召开内阁会议审议通过后,再提交立法部门背书。
加拿大	暂无进展	加拿大众议院于 2016 年 4 月 18 日当选起开始就 TPP 谈判结果展开全国性公众咨询。
智利	暂无进展	2016 年 3 月送众议院外交委员会审议。
日本	日本执政党于 2016 年 4 月 25 日决定放弃本年国会例会通过 TPP 协定批准案及相关法案。	日本将于 2016 年秋天召开临时国会重新审议 TPP 协定批准案及相关法案。
马来西亚	TPP 协定批准程序仅需马来西亚内阁通过,目前尚未完成国内审批程序。	马来西亚国内共计 17 项法令和 26 项条款修正案,马来西亚国内正就修正案进行质询,预计将于 2018 年 2 月修正完成。
墨西哥	墨西哥经济部于 2016 年 4 月底将 TPP 法案送交参议院审议。	墨西哥经济部长建议 TPP 审议日程与美国国会审议日程同步,该建议已被参议院采纳。墨西哥参议院已安排于 2016 年下半年会期(9 月至 12 月)交付全院审议。
新西兰	2016 年 2 月 9 日已经提交国会进行国际条约审议,国会于同日将 TPP 协定送交外交、国防与贸易委员会审议。	政府于 2016 年中提出相关国内法律修正案。预计 2016 年底或 2017 年初通过国内法律修改。2017 年 9 月国会改选。预计于 2016 年底完成国会法律修改程序,再提请新西兰总督签署批准书。
秘鲁	暂无进展	2016 年 4 月 10 日总统及国会举行大选。2016 年 7 月 28 日新任议员就任。预计国会审议时间可能长达两年。
新加坡	暂无进展	新加坡贸工部指出,期待 TPP 协定能尽快获得新加坡国会批准,其预测 TPP 有望在两年内生效。

（续表）

国家名称	当前进展	重要时间节点说明
美国	暂无进展	2016 年 11 月美国将举行总统大选。根据美国 2015 年最新 TPA，行政部门需要在 TPP 协定签署后 105 天内向国会提交经济影响评估报告。美国国际贸易委员会(USITC)已于 2016 年 5 月 18 日向美国国会提交了 TPP 协定对美国经济影响的分析报告。
越南	越南共产党第 11 届中央委员会第 14 次会议(2016 年 1 月 13 日)同意批准及签署 TPP 协定。已经提交越南国会审议。	越南工商部认为越南国会审议通过 TPP 协定、完成相关立法程序及国内生效需要 18 至 24 个月时间。

注:当前截止时间为 2016 年 8 月。

资料来源:跨太平洋伙伴关系协定专网以及本书作者整理得到。

第五章　我国对待 TPP 的立场探讨

中国国务院总理李克强曾表示，中国对 TPP 持开放态度，只要有利于世界贸易的发展，有利于公平开放的贸易环境，中方乐见其成。中国坚持维护世界贸易组织等多边贸易体制在全球贸易发展中的主导地位，RCEP 和 TPP 应成为多边贸易体制的重要补充，二者可以并行不悖、相互促进。①

中国商务部部长高虎城表示，中国历来都对各区域中的投资和贸易自由化安排持开放和包容的态度，中国希望有关方面能够以包容、开放、透明的心态来推进区域贸易安排，从而为多边贸易体制增添新的活力。中国高度关注 TPP 进程，同时也在评估 TPP 的进展及未来发展状况，与此同时，中国同 TPP 主要谈判方保持在信息上的沟通，中国同美国建立了各自参与的区域性自贸协定谈判进程的有关信息安排，已经作为中美经贸联委会中的一个制度安排确定下来了，中国对 TPP 是高度关注的，也是包容开放的，中国正在积极地做出评估。②

中国外交部发言人华春莹也表示，中国对促进亚太区域经济一体化的区域贸易安排持开放态度，主张相关贸易安排应当遵循世界贸易组织规则，有助于加强多边贸易体制，推进世界贸易组织多哈回合谈判，服务全球发展议程。亚太各经济体发展阶段和发展水平有较大差异，应当在充分考虑发展的差异性、尊重发展中经济体特殊需求基础上，由各方在平等参与、充分协商、开放包容的基础上合力推进本地区自贸区建设，各自由贸易安排之间应相互促进。中国积极致力于同本地区各方一道，本着互信、包容、合作、共赢的精神，积极推进亚太自贸区进程，打造开放型亚太经济格局，为全球经济健康发展注入新动力。③

---

① 新华网，http://www.xinhuanet.com/。
② 中国商务部网站，http://www.mofcom.gov.cn/。
③ 外交部网站，http://www.fmprc.gov.cn/web/。

在经济全球化的背景下,国际经贸规则的区域化、拓展化、差异化发展趋势深刻地影响到我国参与国际经济秩序构建策略的选择。我国应当顺应国际经贸规则的发展趋势,立足于国家利益,从容应对 TPP。

一、积极发展和维护全球多变经贸体制

尽管区域贸易合作安排正以前所未有的速度迅猛发展,但世界贸易组织所构建的多边贸易体制涵盖了全球 97% 以上的贸易量,其地位短期内仍难以被取代,世界贸易组织规则仍将是新的国际经贸规则的基础。近年来,中国参与各类多变和双边贸易协定谈判,成效显著,截至 2015 年,中国已经签署的自由贸易协定有 13 个,分别是中国—澳大利亚、中国—瑞士、中国—哥斯达黎加、中国—新加坡、中国—智利、中国—东盟、中国—东盟("10＋1")升级、中国—韩国、中国—冰岛、中国—秘鲁、中国—新西兰、中国—巴基斯坦以及中国大陆与港澳更紧密经贸关系安排。正在谈判的自贸区有 8 个,分别是中国—海合会、中国—挪威、中日韩、《区域全面经济合作伙伴关系协定(RCEP)》、中国—斯里兰卡、中国巴基斯坦自由贸易协定第二阶段谈判、中国—马尔代夫以及中国—格鲁吉亚自贸区。中国正在研究的自贸协定包括:中国—印度、中国—哥伦比亚、中国—摩尔多瓦、中国—斐济以及中国—尼泊尔自由贸易协定。此外,中国还参与一个优惠贸易安排——亚太贸易协定。[①]

对外开放是我国必须长期坚持的一项基本国策,为中国经济在过去几十年中取得跨越式发展提供了坚强的保障,积极参与全球化是中国经济未来实现可持续发展的重要依托,中国应当成为多边贸易体制的坚定捍卫者。当前多边贸易体制受挫的重要因素在于美国对全球利益的重新布局,20 世纪末,在经济全球化的背景下,美国通过采用资本输出、政治渗透、文化交流、国际规则制定甚至战争等方式,不断对外输出美国的文化与价值体系,巩固和扩大其在国际社会的话语权和影响力,维持其超级大国的地位。当

---

① 资料来源:中国商务部自由贸易区服务网,http://fta. mofcom. gov. cn/index. shtml。

前,以世界贸易组织为代表的全球多变贸易体系停滞不前,全球和区域经济一体化进程陷入停顿,难以取得进一步的实质性进展,美国产生了重建新的国际贸易规则的想法,特别是 2008 年国际金融危机以后,随着新兴国家的不断崛起,美国加快了建构全球新型经贸规则和框架的脚步。

毋庸置疑,区域贸易安排的蓬勃发展减缓了符合发展中国家利益的多边贸易体制的影响,同时也提高了全球性经贸规则谈判和执行的难度,使得作为支撑世界贸易组织运作的最惠国待遇机制形同虚设,世界贸易组织成员方因签署不同的区域贸易安排协定而享有不同的贸易待遇,容易造成贸易歧视,特别是对自由化水平相对较低的发展中国家。如果不加以严格约束,不仅损害多边贸易体制,也将严重影响分属不同区域贸易安排国家之间的经济合作与发展。因此,应当适时推进协调世界贸易组织多边贸易体制与区域贸易安排关系的相关条款,以减少 TPP 对全球经济自由化的负面影响,减小其对多边贸易体制的压力。

二、努力增强国际经贸规则话语权

随着经济全球化和区域经济一体化进程的不断深入,我国应当充分利用国内和国际两种资源、两个市场,通过实施"走出去"和"引进来"获得战略和经济利益。但是,需要明确的是,我国仍是世界上最大的发展中国家。在部分领域,我国具备发达国家和发展中国家利益的双重性。我国应当以拓宽自身发展空间作为主要目标,立足于发展中国家这一最大实际,这决定了我国的对外经济发展战略。

规则的制定者往往是规则的受益者。我国正处于经济结构调整和发展转型的关键时期,在经济实力得到显著提升的基础上,应当积极应对和适应国际经贸规则变革,逐步从过去被动接受由他国设定的经贸规则转向主动参与未来经贸规则的谈判和制定。在国际法治进程不断加速的背景下,中国应该以更加积极的姿态参与世界贸易组织等国际组织的相关议程,积极主动参与相关国际规则的完善和制定,推动国际经贸规则不断进步,促进国际政治、经济新秩序的建构。同时,我国也应当以积极的姿态对待诸如

TPP 等新的国际经贸规则,切实立足于发展中国家的利益,一方面,要通过 TPP 的倒逼机制主动调整国内相关劳工、环境与竞争政策,与国际规则发展趋势接轨;另一方面,积极研究和参与新规则的谈判和制订,争取更多的权益,推动制定公正和合理的国际经贸新规则,为我国经济社会的全面协调可持续发展提供制度保障和强大动力。

三、主动争取区域经贸合作主导权

当前,区域经贸安排普遍存在差异化的特征,域外国家经常会受到歧视,有可能会产生国家间隐性的贸易壁垒,从长远来看不利于全球自由贸易的发展。作为发展中的新兴大国,我国应当不断扩大和强化同我国具有重要地缘政治和经贸联系国家和地区之间的经贸合作,积极参与区域贸易安排谈判,避免被边缘化和遭受贸易歧视。

在新的国际经贸规则不断发展的大趋势下,我国对外经贸战略可以区域经贸安排为突破口。近年来,我国同部分周边国家的贸易争端时有发生,主要原因在于我国在区域内的影响力还不够大,同时也还欠缺明确和清晰的对外关系原则。以中国—东盟自由贸易区为例,东盟与我国拥有较强的地缘政治和经贸联系,我国在自贸区中的主导权仍有待提高。尽管我国同东盟十国均签署了双边投资协定,但各个双边投资协定之间的差异比较明显,尤其是在投资待遇和争端解决方面,这将损害该协定的实施效果。中国—东盟自由贸易区建设的现状与区内缺乏核心主导力量有密切关联。此外,我国对东盟的重视程度也有待加强。

综上所述,在新的发展阶段下,我国应当积极主动发展和维护同其他国家和地区的双边贸易和投资联系,以缓解和抵消美国实施"亚太再平衡"战略给我国带来的不利影响。中国要加快构建全球和地区层面的经贸合作平台,①维护地区稳定和经济发展。积极参与能源、农业、电信、交通运输和金融服务等在多边体制下短期难以完成的议题规则的制定。此外,中国要加

---

① 例如,"一带一路"战略,亚洲基础设施开发银行、金砖银行、"丝路基金"等。

大对一般贸易议题以外的新型贸易议题的研究,如劳工权益保障和环境保护等议题。通过创建区域经贸合作机制发挥主导权和影响力,提升我国在构建全球经济秩序中的地位,维护我国的国家利益,从而实现我国经济社会的长远发展。

第二篇

TPP 对当前及未来亚太区域经济合作的影响

第六章　TPP 对亚太区域一体化格局的影响

一、亚太区域经济合作机制现状

当前，亚太区域经济合作机制呈现出多样化和复杂化的发展趋势，存在多个区域经济合作机制同时推进，且这些区域经济合作机制大量交叉重叠的状况，可称得上是"意大利面碗"现象。下图 6.1 所示即为目前亚太地区存在的各类经济合作机制交织形成的"意大利碗面"现象，由图 6.1 可知，最外层的大圈即为构想中的亚太自由贸易区，其成员包括目前亚太地区所有经济合作组织，此外，目前亚太地区尚未生效的经济合作组织还有跨太平洋伙伴关系协定（TPP）、区域全面经济伙伴关系协定（RCEP）和中日韩自由贸易区。亚太地区已经生效的经济合作组织包括：北美自由贸易协定（NAFTA）、太平洋联盟（PA）、亚太经合组织（APEC）、以及东盟（ASEAN）。亚太地区各个经济合作组织成员存在较为普遍的交叉重叠关系，表 6.1 汇报了截止到 2016 年 6 月亚太地区各个国家参与区域经济合作组织情况，由表 6.1 可以明显看出，东南亚地区的柬埔寨、老挝、缅甸和南亚的印度是亚太地区参与区域经济合作不活跃的国家。

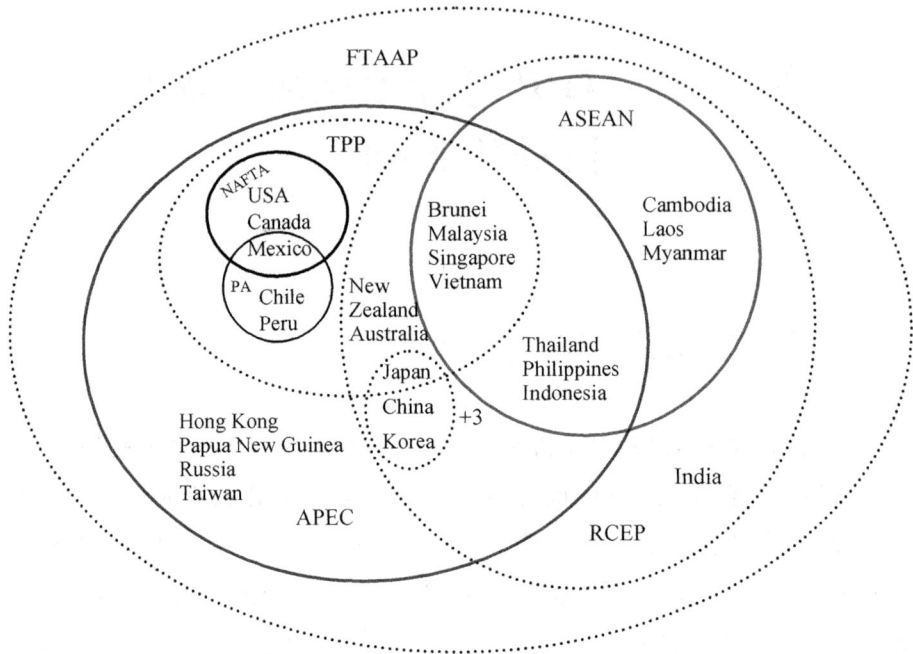

图 6.1　当前亚太地区经贸合作"意大利碗面"现象

注:实线代表已经生效的区域经济合作机制,虚线代表尚未生效的区域经济合作机制。

① NAFTA:北美自由贸易协定,North American Free Trade Agreement;② APEC:亚太经济合作组织,Asia-Pacific Economic Cooperation Forum;③ TPP:跨太平洋伙伴关系协定,Trans-Pacific Partnership;④ FTAAP:亚太自由贸易区,Free Trade Area of the Asia-Pacific;⑤ ASEAN:东盟,Association of Southeast Asian Nations;⑥ PA:太平洋联盟,4-member Pacific Alliance(including Colombia);CJK:中日韩自贸区,China-Japan-Korea trilateral;⑦ ASEAN+3:东盟与中日韩,ASEAN plus China,Japan,Korea;⑧ RCEP:区域全面经济伙伴关系,Regional Comprehensive Economic Partnership。

资料来源:美国彼得森国际经济研究所

表 6.1　亚太地区国家加入区域经济合作组织情况汇总

国家	亚太地区经济合作组织								
	TPP	NAFTA	APEC	FTAAP	ASEAN	PA	CJK	ASEAN+3	RCEP
美国	参加	参加	参加	参加	未参加	未参加	未参加	未参加	未参加
加拿大	参加	参加	参加	参加	未参加	未参加	未参加	未参加	未参加
墨西哥	参加	参加	参加	参加	未参加	未参加	未参加	未参加	未参加
智利	参加	未参加	参加	参加	未参加	未参加	未参加	未参加	未参加

（续表）

国家	亚太地区经济合作组织								
	TPP	NAFTA	APEC	FTAAP	ASEAN	PA	CJK	ASEAN＋3	RCEP
秘鲁	参加	未参加	参加	参加	未参加	参加	未参加	未参加	未参加
新西兰	参加	未参加	参加	参加	未参加	未参加	未参加	未参加	参加
澳大利亚	参加	未参加	参加	参加	未参加	未参加	未参加	未参加	参加
日本	参加	未参加	参加	参加	参加	未参加	参加	参加	参加
文莱	参加	未参加	参加	参加	参加	未参加	未参加	参加	参加
马来西亚	参加	未参加	参加	参加	参加	未参加	未参加	参加	参加
新加坡	参加	未参加	参加	参加	参加	未参加	未参加	参加	参加
越南	参加	未参加	参加	参加	参加	未参加	未参加	参加	参加
中国	未参加	未参加	参加	参加	未参加	参加	参加	参加	参加
韩国	未参加	未参加	参加	参加	未参加	参加	参加	参加	参加
泰国	未参加	未参加	参加	参加	参加	未参加	未参加	参加	参加
菲律宾	未参加	未参加	参加	参加	参加	未参加	未参加	参加	参加
印度尼西亚	未参加	未参加	参加	参加	参加	未参加	未参加	参加	参加
中国香港	未参加	未参加	参加	参加	未参加	未参加	未参加	未参加	未参加
巴布亚新几内亚	未参加	未参加	参加	参加	未参加	未参加	未参加	未参加	未参加
俄罗斯	未参加	未参加	参加	参加	未参加	未参加	未参加	未参加	未参加
中国台湾	未参加	未参加	参加	参加	未参加	未参加	未参加	参加	未参加
柬埔寨	未参加	未参加	未参加	参加	参加	未参加	未参加	参加	参加
老挝	未参加	未参加	未参加	参加	参加	未参加	未参加	参加	参加
缅甸	未参加	未参加	未参加	参加	参加	未参加	未参加	参加	参加
印度	未参加	未参加	未参加	参加	未参加	未参加	未参加	未参加	参加

注：TPP表示《跨太平洋伙伴关系协定》；NAFTA表示北美自由贸易区；APEC表示亚太经合组织；FTAAP表示亚太自由贸易区；ASEAN表示东南亚国家联盟；PA表示太平洋联盟；CJK表示中日韩自由贸易区；ASEAN＋3表示东盟与中日韩合作机制；RCEP表示区域全面经济伙伴关系。

资料来源：美国彼得森国际经济研究所，以上资料截止日期为2016年6月。

二、TPP 对亚太经济合作组织发展进程的影响

（一）亚太经济合作组织当前存在的问题

亚太经济合作组织（Asia-Pacific Economic Cooperation，简称"APEC"）成立于 1989 年，目前拥有 21 个成员。亚太经合组织成员无论在政治利益上，还是在经济发展水平、文化传统乃至地理位置上都存在较大差异，在承认成员的多样性和兼顾共同利益的基础上，亚太经合组织都采取了有别于其他区域经济合作组织的特有运行机制。亚太经合组织强调多样性、开放性、灵活性和渐进性，在自愿与协调的基础上推进亚太经济一体化进程。非约束的谈判方式能够让成员国在各自的单边行动计划（IAP）和集体行动计划（CAP）中充分体现自己的意见和观点，并给各成员的决策留出余地，有利于促进贸易与投资自由化。但是，近年来亚太经合组织的运行模式也面临发展困境，其制度缺陷主要表现在法律方面和经济运作方面。首先是缺乏具有法律约束力的章程，从传统意义上看，亚太经合组织还不属于正式国际组织，其代表性的首脑会议也定位为非正式；其次是亚太经合组织的组织架构比较松散，特别是秘书处规模比较小，权力限制较多，未设专职秘书长，使得整个组织的运作缺乏活力，亚太经合组织秘书长每年由主办国担任，缺乏连续性；最后，争端解决机制不健全，从法律方面对于成员的约束力难以行使。亚太经合组织在经济运作方面的不足包括：缺乏明确的长远目标，仅有阶段性措施；亚太经合组织在推动贸易投资自由化和经济技术合作时欠缺协调性，致使经济技术合作发展水平较为滞后；单边承诺的监督机制不够完善，自愿成分过多且可随意修改，从而降低规则的效力。亚太经合组织存在的这些制度缺陷使得该组织无法获得快速而有效的发展。

另一方面，由美国主导的 TPP 正在成为亚太地区未来经济贸易合作机制的新动力，TPP 对亚太经合组织的影响是多方面的，既存在有利影响，同时也包含不利影响。

（二）TPP 对亚太经合组织合作进程的有利影响

1. TPP 对亚太经合组织进程具有促进作用

TPP 同亚太经合组织之间存在密切联系，TPP 的 12 个成员国都是亚太经合组织成员。亚太经合组织坚持开放性和非排他性的原则，TPP 各成员国也支持亚太经合组织广泛的自由化进程。TPP 第 1.2 条规定，经成员国协商同意，TPP 可以吸纳新成员加入，即可以吸纳亚太经合组织非 TPP 成员加入 TPP，因此，TPP 被视为亚太经合组织范围内的自由贸易协定，TPP 的发展将有效推动亚太经合组织谈判进程。综合分析，TPP 生效将对亚太经合组织带来以下促进作用：① 就 TPP 产生的福利效应分析，越南等小国将从 TPP 中获得较大利益，而非 TPP 成员国的利益将会受损，小国在 TPP 中获益将有效缩小与大国之间的差距，从而能够拉近亚太经合组织成员国之间的距离；② TPP 较强的约束力能够有效促进一些疑难议题的谈判进度，同亚太经合组织谈判采取自愿以及非约束性的承诺相比，TPP 则是寻求约束性承诺的贸易谈判，很多谈判议题都是最先由亚太经合组织提出来的，后来成为 TPP 谈判中的议题。由此可见，TPP 与亚太经合组织之间存在协同效应，两者可以在一些敏感议题的处理上相互借鉴，以加深亚太经合组织成员之间的经贸合作；③ 随着 TPP 成员国间经贸交流和合作的不断深入，可以将其中已经实施的贸易自由化措施应用于亚太经合组织的单边行动计划中，TPP 的发展将有利于促进亚太经合组织成员国内部的贸易发展，使贸易自由化的成果扩展到所有亚太经合组织国家，有助于该组织走出目前的发展困境，促进亚太区域经济一体化进程。

2. TPP 有助于巩固和发展亚太经合组织所取得的成果

当前，亚太地区存在多层次经济合作机制同步推进的现象，无法形成统一的模式，各种区域经贸合作机制和自由贸易协定发展迅速，区域经贸合作总体模式需要进行进一步的明确和整合。

近年来，世界贸易组织多哈回合谈判陷入僵局，无法取得实质性进展，亚太经合组织茂物目标难以落实，该组织成员将更多注意力放在小规模双边或多边区域贸易协定（Region Trade Agreements，简称"RTA"）①上，而不是综合的、涉及整个区域的贸易自由化安排。大量区域贸易协定的出现一方面有效降低了缔约国之间的贸易和投资壁垒，促进商品和生产要素的自由流动，有利于提高亚太地区的贸易、投资自由化和经济一体化水平；另一方面，为数众多的区域贸易协定同时也使亚太地区的贸易和投资环境变得更为复杂，形成了"轮轴-辐条"式的交叉重叠区域经济一体化合作模式，不仅使"轮轴国家"和"辐条国家"出现利益分配不均衡现象，还容易出现"意大利面碗"现象，②自由贸易协定会使得成员国的关税设置与规则变得比较复杂，一个国家面临多种不同的关税水平，将显著提高该国的贸易成本，而且考虑到伴随不同的关税水平而导致其他贸易规则的不同，如原产地规则等，会导致亚太地区的贸易条件进一步恶化，不利于该地区经济一体化的深入发展。TPP 被定位为一个横跨太平洋的"21 世纪新型、高水平自由贸易协定样板"，其在规模上具有超越亚太地区现有任何区域贸易协定的潜力，随着未来新成员的不断加入，一旦 TPP 整合其成员内部现有的贸易协定，TPP 将会为亚太地区乃至全世界提供一个崭新的经济合作模式。

3. TPP 有利于推进亚太地区经济一体化进程

亚太经合组织最早于 2003 年提出建立亚太自由贸易区（Free Trade Area of the Asia-Pacific，简称"FTAAP"）的目标。作为该组织框架内一个非常大胆的贸易投资自由化方案，亚太自由贸易区为亚太区域经济一体化的未来发展提供了一个较为清晰的发展蓝图。但是，亚太经合组织各成员国在经济发展阶段、政治和社会制度等诸多领域存在较大差别，各成员国在实现茂物目标方面的努力及进展情况不尽一致，亚太经合组织所有 21 个成员国直接就缔结亚太自由贸易区进行讨论和谈判具有一定的难度。随着 TPP 在亚太区域的影响力不断扩大，加之其与别的贸易协议相比所具有的

———————

① 所谓区域贸易协定，是指政府之间为了达到区域贸易自由化或区域贸易便利化的目标所签署的贸易协定。

② 意大利面碗现象（Spaghetti bowl phenomenon）一词来源于美国经济学家 Bhagwati 于 1995 年出版的《美国贸易政策》一书，是指在特惠贸易协定（双边自由贸易协定、区域贸易协定）下，各个协定的不同优惠待遇和原产地规则就像碗里的意大利面一样，一根根的搅在一起，剪不断，理还乱。

高标准、高质量的鲜明特征,TPP很有可能在未来成为建立亚太自由贸易区的雏形。

(三) TPP对亚太经合组织合作进程的不利影响

1. TPP会对亚太经合组织的领先地位造成一定冲击

下表6.2汇报了亚太经合组织成员国和TPP成员国,由表6.2可以明显看出,TPP的12个成员国全部为亚太经合组织成员国,目前,还没有加入TPP的亚太经合组织国家和地区包括中国香港、韩国、印度尼西亚、中国、巴布亚新几内亚、俄罗斯、菲律宾、泰国和中国台湾。TPP的迅速扩张将显著削弱亚太经合组织在亚太区域经济合作中的领导地位。作为一个新兴的经济合作机制,TPP在美国的推动下无疑将在亚太经合组织成员中引起强烈的竞争效应。TPP对亚太经合组织成员实行开放性的政策,预计未来将会有更多的经合组织成员为避免被边缘化带来的损失而寻求加入TPP,TPP未来存在全面架空亚太经合组织的可能性。TPP很有可能在未来的亚太自贸区建设中发挥主导作用,同时也可能促使亚太地区部分现有区域贸易协定寻求扩张或合并,从而形成更大规模的经贸合作机制。例如,近年来中日韩自贸区与区域全面经济伙伴关系协定(RCEP)的突破性进展使亚太地区形成了目前的亚太经合组织、中日韩自贸区、东盟与中日韩("10+3")、区域全面经济伙伴关系协定(RCEP)以及TPP等多个区域经济合作机制共存的局面,这对亚太经合组织的合作进程会产生一定程度的不利影响。

表6.2　APEC和TPP成员国

亚太经合组织成员国			TPP成员国		
澳大利亚	加拿大	马来西亚	澳大利亚	加拿大	马来西亚
美国	秘鲁	墨西哥	美国	秘鲁	墨西哥
日本	文莱	新加坡	日本	文莱	新加坡
新西兰	越南	智利	新西兰	越南	智利
中国香港	韩国	印度尼西亚			
中国	巴布亚新几内亚	俄罗斯			
菲律宾	泰国	中国台北			

资料来源:商务部网站,亚太经合组织官方网站

2. TPP 的高标准、严要求会与亚太经合组织的自愿原则产生冲突

TPP 对成员国的严格要求会对亚太经合组织软约束机制带来冲击,削弱亚太经合组织成员间的凝聚力。长期以来,亚太经合组织主要采取自主自愿、协商一致的合作原则,其做出的任何决定都必须经由各成员国一致同意方能施行,且亚太经合组织的会议成果文件并不具有法律约束力,各成员国只是在政治上和道义上有责任尽力予以实施。经合组织的非约束性机制与其贸易自由化目标之间存在的协调问题一直是各方讨论的焦点。就开放市场的关税和非关税措施而言,有效的监督和执行机制往往是必须的,事实也证明在经合组织框架下,以单边自愿方式推进的经济一体化往往难以达到预期目标。在此背景下,TPP 的迅速发展将对亚太经合组织的运行机制形成较大的外部调整压力。因此,亚太经合组织要想在贸易自由化方面取得突破性进展,必须改变现有模式,而这又将使该组织的发展面临更多的谈判障碍和更为复杂的发展环境。

3. 美国对外贸易政策的重点会向 TPP 不断倾斜

美国是亚太经合组织创始成员之一,在该组织的发展进程中发挥过重要作用,作为积极进行各项活动议程的倡议者和行动者,美国在客观上促进了亚太经合组织的发展,为全球多边贸易体制的进展做出了重要贡献。近年来。随着中国在世界上的影响力逐步扩大,各国开始密切关注中国在国际经贸合作中所扮演的角色,尤其是现有国际经贸合作事实上的领导者美国更为关注中国将要发挥的作用。如果美国继续在亚太事务中扮演旁观者的角色,那么中国将在亚太地区迅速取代美国成为新的领导者,而美国在亚太地区将逐渐被边缘化。因此,美国要想维护其在亚太地区的主导地位,就需要另辟蹊径,将区域贸易政策的重点从亚太经合组织转向 TPP,美国的目的是通过 TPP 对亚太经合组织形成制衡,抵消中国在区域内日益上升的影响力,将中国排除在未来国际贸易体系以外。

三、TPP 对亚太自由贸易区的影响

作为亚太经合组织框架下衍生出来的一种全新的区域合作模式,亚太

自贸区的设想最早是由学者在 2003 年提出来的,并得到了经合组织工商界的积极响应和支持。从 2006 年开始,历届亚太经合组织领导人峰会都对亚太自贸区议题给予较大关注,并成立有关机构对亚太自贸区的实现模式和实施路径开展可行性研究。亚太自贸区如果能够建成,将成为迄今为止世界上最大的自由贸易协定,对国际政治和经贸格局、亚太区域经济一体化和经合组织各成员间的政治、经济利益都将产生长久而深远的影响。从发展趋势来看,TPP 将给亚太自贸区的未来发展带来较大的不确定性。美国认为 TPP 将构建一个大规模、宽领域和高标准的国际经贸交流与合作平台,能够成为整合亚太地区众多自由贸易协定的契机。新加坡、智利等 TPP 成员国也明确表示,亚太自贸区应当采取两阶段的推进方式,TPP 只是其中的第一个阶段,此后逐渐吸引更多的亚太经合组织成员国加入,按照这一思路,TPP 无疑将成为亚太自贸区未来发展进程中的一块"铺路石"。但是,如果 TPP 最终未能吸引到经合组织成员参与,而是和亚太地区,尤其是东亚地区现有的或正在酝酿的贸易集团形成竞争关系,甚至是直接对抗,那 TPP 将成为亚太自贸区建设进程中的一块"绊脚石"。

四、TPP 对东亚区域经济一体化的影响

东亚区域经济一体化进程开始于 1997 年的亚洲金融危机,以东盟和中日韩"10＋3"合作机制为开端,东亚区域经济一体化进程由此启动。此后,东亚地区各类双边自由贸易协定不断涌现,使东亚地区成为全球第三次区域经济一体化浪潮的主角。但是,东亚区域经济合作进程并非像如人们预料和期待的那样顺利,东亚经济一体化的前景尚不明朗,区域内外各大国纷纷提出各种构想,展开政治和经济角逐,东亚区域经济合作机制变得越来越复杂,也越来越难以继续向前推动。当前,由美国主导的 TPP 将对东亚经济一体化进程产生深刻的影响。

(一) TPP 将改变东亚地区的政治和经济格局

由美国主导的 TPP 将对东亚地区的政治和经济格局产生重要影响。

这种影响主要表现在美国与东亚各国之间特殊的政治、军事和经济关系上。就政治和军事而言,美国与东亚各国之间存在着比较密切的关系,这种紧密关系被许多东亚国家视为区域内防范军事冲突的安全保障。日本和韩国是美国在东亚地区的盟友,东盟内部的许多国家也都同美国存在着某种形式上的军事合作;就经济而言,东亚各国对美国市场存在较高的依赖性,长期以来,美国都是东亚各国重要的海外出口市场,东亚各国的经济增长与美国市场之间存在直接关系。此外,东亚地区是目前全世界经济最具经济活力和发展潜力的地区之一,吸引了大量来自美国的投资资本,对美国政治、军事和经济上的依赖必然会对这些国家的经济和战略决策产生影响,一旦其追随美国主导的 TPP,有选择地与一些东亚国家发展经贸关系,最终将东亚纳入美国所主导的政治经济体系中,形成一种与其亚太军事同盟体系相类似的经济同盟体系,东亚国家几十年来所追求的经济一体化合作机制将面临失效风险,东亚共同体的构想也将化为泡影,将重新回到美国霸权主导下的亚太体系。因此,东亚国家如果不能理性而合理地处理好同域外国家间的关系,那么该地区多年来苦心经营的区域合作框架将面临解体的风险,东亚经济一体化进程将被打破。

(二) TPP 协议将会对东亚地区的贸易格局带来长久而深远的影响

TPP 刚成立时,只有新加坡、文莱、智利和新西兰四个成员国,2008 年 TPP 扩容以前,上述四国的国内生产总值分别为 1 928 亿美元、146 亿美元、1 815 亿美元、1 357 亿美元,总计约为 5 246 亿美元;而整个亚太经合组织框架下 21 个成员国的经济总量约为 324 081 亿美元,TPP 成员国的国内生产总值总量在经合组织所有成员国总量中所占的比重仅为 1.62%,这种经济规模难以在亚太地区产生重要影响。

但是,美国在 2008 年正式宣布加入 TPP 谈判,在美国的影响和推动下,TPP 不断扩容。2016 年 2 月,美国、日本等 12 个亚太国家在新西兰的奥克兰正式签署 TPP 协议,至此,TPP 成为超越北美自由贸易区、欧盟以及中国-东盟自由贸易区的世界最大自由贸易区。如果 TPP 协议能够顺利执行,其所带来的贸易转移和贸易创造效应较为可观,TPP 内部成员之间的贸易量将显著增长,将会深刻影响亚太地区乃至世界的贸易格局。

(三) TPP 将为东亚区域经济一体化提供新的标杆和模式

目前在东亚地区已有的自由贸易协定中,绝大多数为存在地缘关系的两个国家之间签订的双边协定,多边协定较少,尤其是像 TPP 这样涉及太平洋东西两岸,连接亚洲、大洋洲及南北美洲的多边自由贸易协定更为少见。TPP 将对亚太经合组织产生较大影响,亚太经合组织今后可能不再讨论如何走向亚太自由贸易区的问题,而将以 TPP 为基础,实施亚太经合组织以往提出的"21-X"战略,推进东亚地区贸易投资自由化进程。由此可见,TPP 成员的地区分布结构将为东亚区域经济一体化进程提供新的演变机制。

(四) TPP 在一定程度上会对亚太经济一体化进程产生阻碍作用

美国向来反对任何将其排斥在外的东亚区域经济合作机制,反对任何可能有损美国全球影响力的区域经济合作机制。东亚合作的系统性问题是一个由中国领导的亚洲和一个由美国领导的西方在争夺全球经济领导权的一场潜在冲突,只有通过建立跨越太平洋的自由贸易协定,才能将东亚和美国共同嵌入到亚太地区,才有可能消除亚太经合组织发生分裂的风险。为此,美国一方面反对将其排斥在外的东亚区域合作方案,不仅反对马来西亚前总理马哈迪尔所倡导的东亚经济集团构想,同时也对日本所倡导的东亚货币基金和东亚共同体构想表示严重关切,另一方面美国又积极介入东亚经济一体化建设。2003 年,美国率先与新加坡签订自由贸易协定;2007 年又与韩国签订自由贸易协定,并同泰国进行自由贸易协定谈判,此外,美国还将整个东盟纳入考虑范围。美国积极推动亚太自由贸易区建设,在无法取得进展的情况下宣布加入新加坡等国发起的跨太平洋战略经济伙伴关系协定谈判,其战略意图明显是想将美国同东亚地区固定的联系起来。美国加速与东亚地区国家签署双边自由贸易协定,推动 TPP 谈判,成为深深打入东亚区域经济一体化的一个楔子,一方面会增强美国在东亚地区的影响力,另一方面会削弱东亚地区的内部凝聚力,并最终增加东亚经济一体化建设的难度,阻碍东亚区域经济一体化进程。因此,当前东亚地区国家争相与域外国家签订自由贸易协定的做法与东亚区域一体化的目标是背道而驰的。

第七章 TPP 与亚太区域其他
FTA 的比较分析

一、TPP 对中国-东盟自由贸易区的影响

中国-东盟自贸区是由发展中国家建立的全球最大自由贸易区,在东亚经济一体化进程中扮演着十分重要的角色。目前,中国是东盟的第一大贸易伙伴和出口市场,中国与东盟国家之间的服务贸易和投资近年来增长较为迅速。但是,中国-东盟自贸区的发展也面临着国际及地区环境变化带来的诸多挑战,尤其是由美国主导的 TPP 吸纳了新加坡、文莱、越南、马来西亚四个东盟国家以及日本、澳大利亚、新西兰等亚太地区国家加入,意欲在亚太地区建立新的、更高要求的贸易和投资规则,这会对中国-东盟自贸区多年形成的贸易和投资格局产生冲击。TPP 的出现将削弱中国-东盟自贸区的先发优势,加深该区域内不同国家间的固有矛盾,给中国-东盟自贸区的进一步发展带来不容忽视的挑战。

(一) TPP 将重新塑造中国与东盟各国的贸易关系

亚太区域经济一体化进程错综复杂,形式多样,当前已经形成了多个相互交叉的区域经济合作机制,TPP 的成立使这一局面变得更加复杂,带来更多不确定性。目前,东盟区域内菲律宾和泰国的态度对 TPP 的态度比较积极,未来不排除更多东盟国家加入 TPP 的可能性。如此一来,中国-东盟自贸区成员就分为 TPP 成员和非 TPP 成员两类,一旦 TPP 正式生效,将给文莱、新加坡、马来西亚和越南等 TPP 成员国带来更多海外出口市场,尤其是增加对美国和日本等发达国家市场的出口。同时,由于 TPP 产生的贸易和投资转移效应,还将给非 TPP 成员的贸易和投资格局带来不利影响。

中国与现有 12 个 TPP 成员的贸易联系紧密,同时与 TPP 中的美国、日本、加拿大等经济大国尚未签署任何双边自贸协定,因此,中国未来将面临较大压力。

(二) TPP 将刺激中国与东盟国家之间的出口产业竞争

中国和东盟国家的总体经济发展水平较为相近,产业结构比较相似,产业重合度较高,在国际产业链上的位置也比较接近,都是以劳动密集型和部分资本技术密集型产业为主,而美国和日本等发达经济体同为中国与东盟国家主要的贸易伙伴和外资来源地,由于出口商品结构和市场结构重合度相对较高,中国与东盟国家相关产业在国际市场上存在着较强的竞争关系。如果未来有更多东盟国家加入 TPP,那么中国与东盟国家在国际出口市场上的竞争将会更加激烈,TPP 给中国带来的贸易转移效应也会比较明显。

(三) 中国对东盟出口会受到 TPP 原产地规则的不利影响

区域贸易协定中的贸易自由化政策的实施与原产地规则密切相关,不同区域贸易协定有不同的原产地认定标准。美国在 TPP 中推行一种更为严格的原产地规则,并对特定产品制定特殊的原产地规则,例如,在 TPP 纺织品和服装原产地规则谈判中,美国为保护其国内纺织产业的利益,建议实行严格的"纱后原则",即规定判断货物是否符合原产地规则的标准是从纺纱、织布、剪裁、缝制等一系列程序都必须在 TPP 国家内部完成,否则服装出口不能享受 TPP 成员国所享有的优惠关税待遇。更加严格的原产地规则将深刻影响东盟国家业已形成的生产网络,中国对 TPP 成员国的中间产品出口将会受到一定程度的不利影响。中间品贸易规模和结构体现出国家或地区的产业结构以及在国际生产价值链中的分工与合作。TPP 协议的签署将对目前中国与东盟国家间的中间品贸易产生影响,进而给中国与东盟国家已经形成的全球价值链分工与协作体系带来冲击。

(四) TPP 使东盟成员国在承接美日投资方面获得优势

美国和日本不仅是中国和东盟的重要出口市场,同时也是中国和东盟的重要外资来源地。2012 年,日本对东盟投资额为 106.7 亿美元,是东盟地区除欧盟外的第二大投资来源地。同年,日本对中国投资额为 73.8 亿美元,是仅次于中国香港的第二大投资来源地。美国则是东盟第三大外资来源地和中国的第五大外资来源地。TPP 所倡导的高水平准入前国民待遇和负面清单管理模式等贸易和投资便利化规则将进一步吸引美国和日本等发达经济体对东盟内 TPP 成员国的投资,相应的会相对缩减对中国的投资。随着东盟国家投资环境的日益改善,其劳动力成本优势会进一步显现,预计 TPP 将给该区域带来更为明显的贸易和投资转移效应,而依赖中国广阔市场的日美跨国公司,也会利用中国-东盟自贸区较为宽松的贸易规则,通过在东盟国家投资间接达到增加对中国出口的目的。

二、TPP 对中韩自贸区建设的影响

韩国在东亚自贸区建设中比较活跃,近年来,韩国同中国的经贸往来十分密切,中韩两国经贸合作不断迈上新台阶,而韩国也是中国推进东亚自贸区战略的重要一环。虽然韩国暂时没有加入 TPP,但考虑到东亚自贸区建设现状、中韩经贸关系和 TPP 本身的特点,预计韩国未来加入 TPP 的可能性较大,韩国加入 TPP 必将对中国与韩国之间的自贸区建设产生一定的影响。

在东亚经济一体化进程中,韩国原本是想以中日韩自贸区建设为基础实现东亚经济一体化,这样比较符合韩国的利益,但由于中国和日本对区域全面经济伙伴关系协定主导权的激烈争夺,导致出现由东盟主导该协定谈判进程的状况,这意味着韩国在该协定中难以发挥关键作用。如果以中日韩自贸区为基础推进东亚经济一体化,韩国则可以继续发挥平衡作用,获得较多实际利益,因此,与区域全面经济伙伴关系协定相比,韩国认为有必要更加积极推进中日韩自贸区建设。此外,日本原本积极推进区域全面经济伙伴关系协定和中日韩自由贸易区建设,但由于日本随后加入 TPP 阵营,其推进区域全面经济伙伴关系协定和中日韩自贸区建设的动力明显有所减弱,今后该协定和中日韩自贸区建设有可能会进一步放缓甚至搁浅。韩国

于是决定从优先推进中日韩自贸区建设和区域经济伙伴关系协定转变为同时推进中日韩自贸区、TPP 和区域经济伙伴关系协定,调整为多轨道战略,采取遍地撒网、全面开花的方法,为本国提供更多的选择余地,争取在任何情况下都能确保韩国利益最大化。

如果未来韩国决定加入 TPP,必将会对东亚经济一体化进程产生重要影响,韩国高度重视中韩自贸区建设,将之置于本国自贸区战略的优先位置。中国目前是韩国最大的出口市场,两国间的经贸联系较为紧密,中韩自贸区的实际经济效果将远远大于包括韩美自贸区在内的韩国同其他经济体建立的自贸区。但韩国却迟迟无意启动自贸区谈判,而是在同美、欧建立自贸区后的 2012 年才正式启动中韩自由贸易协定谈判,一个重要原因就是韩国希望通过与主要发达国家缔结自贸协定,取得战略制高点,将其作为砝码在中韩自贸区谈判中获得更大利益。2013 年,韩国朴槿惠总统访问中国,中韩双方在共同发表的《中韩面向未来联合声明》中指出,中韩自贸区的目标应是一个包含实质性自由化、广泛领域的高水平、全面的自由贸易协定,韩国总统朴槿惠在清华大学发表演讲时称,"如果能够签署韩中自由贸易协定的话,两国经济关系将进入更成熟的阶段,将为两国经济合作实现新的飞跃奠定良好基础,成为引导东北亚共同繁荣和区域经济一体化的力量。"中韩两国出于对农产品和部分制造业产业部门的担忧,并未像一般自贸区谈判那样直接对全部税目展开谈判,而是分成模式和出要价两个阶段。第一阶段首先确定敏感产品的保护范围,第二阶段进行全部税目产品的协商谈判。2013 年 9 月模式谈判结束后,双方就商品贸易的开放程度达成一致,同意将产品分成一般产品、敏感产品和超敏感产品,仅对一般产品和敏感产品进行自由化。一般产品采取立刻或 10 年以内取消关税,敏感产品在 10 年以上最高 20 年以内逐渐取消关税,这两类商品占税目总数的 90%,占韩国从中国进口额的 85%。超敏感商品将采取例外安排、TRQ、季节关税等方式,在市场开放时进行保护。如果韩国未来选择加入 TPP,将对现有中韩自由贸易协定带来更多不确定性。

第八章　亚太区域其他经济体未来加入 TPP 前景分析

目前,TPP 共有 12 个成员国,分别是新加坡、文莱、智利、新西兰、美国、澳大利亚、秘鲁、马来西亚、越南、日本、加拿大和墨西哥。首先,着重分析日本参加 TPP 谈判的原因以及 TPP 在日本获得法律效力的前景。接下来对亚太地区其他暂时尚未加入 TPP 的国家和地区未来加入 TPP 的前景进行分析。

一、日本加入 TPP 的原因及其前景

(一)日本加入 TPP 的原因

具体来看,日本加入 TPP 存在以下几种原因:

1. TPP 是日本进一步开拓亚太市场的直接需要

第二次世界大战结束以后,亚太地区始终是全世界最具经济活力和发展潜力的地区之一,亚太地区在日本对外贸易和投资中占有较为重要的地位。目前,日本 65% 以上的对外进口、60% 以上的出口以及约 70% 的对外直接投资都是集中在亚太地区,在日本的前 15 大贸易伙伴中,有 10 个是亚太地区经济体。因此,进一步开拓亚太地区市场,促进本国商品出口成为日本加入 TPP 的直接目的,这在日本当前面临国际产业分工比较优势逐渐减弱、中国和韩国等主要竞争对手的出口竞争力不断增强以及韩美自由贸易协定已经签署并生效的背景下显得愈发紧迫。TPP 作为一个高水平的区域自由贸易协定,承诺将绝大多数商品实现完全的自由化,这对日本制造业商品产生显著的促进作用,与其他 TPP 成员国相比,日本制造业商品平均关税率较低,从具体产品类别来看,日本最具国际竞争力的运输机械、电机

产品等大宗产品的关税已达到或接近于零,远远低于除新加坡以外的其他 TPP 成员国。因此,加入 TPP 将有利于日本扩大汽车、家用电器等传统优势制造业商品的出口。

2. 提升日本自由贸易战略实施水平

日本依照既定的自由贸易战略,已经陆续与 13 个国家或地区签署了经济伙伴关系协定,但从总体来看,除了东盟和印度以外,同日本签署经济伙伴关系协定的经济体的规模普遍都较小,与日本的贸易规模也比较小。因此,按照贸易额统计,日本通过缔结现有经济伙伴关系协定所实现的贸易自由化率较低,与美国、欧盟甚至韩国相比都处于比较落后的地位,这对以贸易立国的日本而言是非常不利的。鉴于此,如果 TPP 最终生效,那么日本将在自由贸易区战略实施方面取得跨越式发展,不仅意味着日本与其最大贸易伙伴美国以及澳大利亚、新西兰等重要经济体达成了新的自由贸易协定,而且还可以使日本与新加坡、马来西亚、越南、秘鲁、智利等现有贸易伙伴之间的贸易自由化水平得到进一步提高。

3. TPP 能够为日本国内农业改革提供外部推动力

对于日本而言,在自由贸易协定框架下面临开放压力最大的是农业部门,日本的农产品问题是一个涉及复杂政治和经济因素的综合性问题。首先,对于国内资源匮乏、人口众多的日本来说,粮食安全是极为重要的国家安全层面问题;其次,日本经济及产业发展不平衡,日本农业生产成本很高,获得了大量政府出口补贴和国内政策支持,再加上各种显性和隐性的贸易保护措施,使得日本农业发展较为畸形,国际竞争力薄弱,难以在短时期内完成结构改革和体制调整;再者,日本开放国内农产品市场已不仅仅是一个经济问题,更是一个敏感的政治和社会问题,日本 1300 多万农村人口是任何党派都无法忽视的一个群体,日本国会议员中的农林水产派具有强大实力,在日本政坛拥有举足轻重的地位。正是迫于国内政治压力,日本政府虽然一再承诺推进农业改革,开放农产品市场,却一直没有实质性进展,使日本农业陷入"保护-衰退-保护"的恶性循环之中。日本国内很多官员和学者都认为有必要通过外部压力来促进日本农业部门改革,而 TPP 恰恰提供了这样一个契机。在 TPP 框架下,成员国之间的农产品贸易将实现高度自由化,虽然短期来看会使日本农产品进口增加,影响日本国内农业部门的利益,但从长期来看却有助于提高日本农业的竞争力和生产效率,有利于增加日本农产品出口,使日本农业走上良性发展的道路。

4. 加入 TPP 能够强化日美同盟关系,有助于提升日本的政治地位

日本加入 TPP 并不仅仅是出于经济利益上的考虑,同时还有政治上的诉求,体现出日本在亚太地区事务上积极向美国靠拢的趋势。TPP 由美国主导是美国战略重心向亚太地区转移的重要体现,也是美国推进实施亚太区域经济一体化新战略的务实而有效的工具,对于日本政府而言,日美同盟关系是其对外政策的主要方面,面对中国强势崛起以及朝鲜半岛紧张局势不断升级等现实安全情况,日本对美国重返亚太持欢迎态度,希望通过加入 TPP 来向美国表明其支持美国亚太地区新战略的立场,并进一步巩固日美同盟关系,提升日本的政治地位,增加同中国相抗衡的筹码。

5. 日本希望借助 TPP 来参与未来国际经济新规则的制定

20 世纪 90 年代以来,日本希望同亚洲地区相对发达国家一起建设一个高水平的经济合作机制,发挥日本的经济和制度优势。作为区域经济合作的一个重要载体,TPP 符合日本的合作机制设想,包括大幅降低区域内关税,对竞争政策、知识产权、技术和贸易壁垒、争端解决、劳工权益及环境保护标准等方面作出明确规定。根据日本政府经济产业省就日本加入 TPP 后的经济发展状况进行的估计,加入 TPP 后,日本国内生产总值每年将增长约 0.48—0.65 个百分点。TPP 这一具有里程碑意义的区域自由贸易协定被日本政府视为建立亚太自由贸易区和亚太经济共同体的最有效途径,有望扭转美韩自由贸易协定对日本汽车、消费电子等产业在美市场份额造成的挤压,对当前日本的国家利益选择而言,逃避 TPP 的现实需求会使日本将规则制定的主动权拱手让给前期参与 TPP 谈判的国家。

(二) TPP 协议获得日本国会批准的前景分析

日本国会众议院为审议 TPP 协议成立了特别委员会,从 2016 年 4 月 5 日开始审议 TPP 协议以及与 TPP 有关的 11 个法律的修改和 1 个补偿法律的立法。日本政府希望凭借执政党在参众两院的多数席位,在 2016 年 4

月获得众议院的认可通过,在 2016 年 6 月 1 日本届国会结束前在参议院通过,完成立法程序。日本政府之所以如此着急,一是想早日通过,避免美国提出新的要求;二是考虑到国内的政治日程。本次国会期间无法通过的话,下次国会继续审议将拖到明年才会有结果。

结果事与愿违,在众议院特别委员会的审议一开始,就受到在野党的猛烈抨击。在野党认为日本政府没有认真应对质询,没有提供相关资料而中止了审议。一周后,虽然审议重新开始,但 2016 年 4 月 14 日发生的熊本地震使得政府无力全力以赴应对 TPP 协议的审议。因此,日本政府试图在本届国会期间完成 TPP 协议的国内批准手续已经无望,只能等到秋季国会时才能重新审议,即使一切顺利也要到 2017 年才能通过,而如果执政党在新一届参议院选举中失去多数席位的话,TPP 协议甚至有可能被日本国会否决。

综上所述,TPP 在日本能否按时生效前景尚不明朗,存在两种可能,其一,日本政府在国会审议中为换取在野党的支持,修改协议内容,在市场开放方面收紧,这会引起 TPP 其他成员国的不满,如果重新谈判还会进一步拖延 TPP 生效的时间;其二,根据 TPP 生效条件,只要 TPP 在日本和美国两个国家中有一个国家无法获得通过,TPP 就很有可能会名存实亡,半途而废。因此,TPP 实际生效还面临一定的不确定性,前景难言乐观。①

二、亚太地区其他国家和地区未来加入 TPP 的前景分析

(一) 泰国未来加入 TPP 前景分析

目前,新加坡、文莱、马来西亚和越南等东盟成员国已经正式加入TPP,相比之下,泰国政府的态度始终处于"有待研究"、"静观其变"和"戒急

---

① 朱炎,日本经济新闻中文网,http://cn. nikkei. com/columnviewpoint/column/19361 - 20160503. html。

用忍"之间,反应出奇的谨慎——甚至称得上是相当冷淡。对于 TPP,泰国有一定的担忧,一方面是担心自身达不到 TPP 的高标准;另一方面又担心加入 TPP 会打断东盟一体化的布局。

首先,作为亚太地区最新发展的区域自由贸易协定,TPP 对成员国市场开放的要求比较高,在知识产权保护、环境保护、劳工权益等方面的高标准和严要求远远超过东南亚诸国的现实条件,一旦加入 TPP,势必会对泰国部分产业产生较大的不利影响。以药品为例,根据泰国消费者基金会估计,按照 TPP 的规则,药品专利保护期将从目前的 20 年增加至 25 年,这意味着在加入 TPP 后的五年内,泰国购买药品的成本将增加 200 亿泰铢(约合 6.6 亿美元),在 30 年内增加 1 200 亿泰铢(约合 39.3 亿美元),这对广大泰国消费者来说是一笔不小的福利损失,所以泰国消费者的反对呼声比较高。

当然,加入 TPP 同样会使泰国获得较大利益,TPP 生效后,一些泰国商品将以更低的关税进入美国等 TPP 成员国市场。然而,TPP 关于劳工权益和环境保护等领域的高标准又会部分抵消泰国在服务业和劳动密集型产业方面的比较优势。泰国航空业和渔业近期接连遭到国际惩罚和制裁,特别是渔业,因为大量使用非法劳工而遭到欧盟的严厉制裁,泰国政府急于整顿渔业,又造成国内渔民的反弹,甚至一度因渔民的大罢工而酿成"海鲜危机"。这样的经历让泰国政府记忆犹新,平时尚且如此,如果贸然加入 TPP,泰国各行各业又要经历较多挑战。泰国政府对国内文化、电信,金融等领域一贯的保护性措施也将难以为继。TPP 对于泰国的利弊得失,确实有待权衡。

另外一个关键角色就是东盟,泰国的长远战略就是推动建立一个团结的东盟共同体,以一个东盟主导者的姿态在国际舞台上拓展泰国的政治和经济空间,获得更大的话语权。但问题是 TPP 却造成了东盟内部的分裂,如果泰国未来加入 TPP,就必须以相同的标准向所有 TPP 成员开放市场,由于东盟成员国被分为 TPP 成员和非 TPP 成员,因此东盟内部可能会产生双重标准,并由此引发诸多矛盾和分歧,架空原有的东盟合作框架,削弱东盟组织内部的协作。因此,尽管早在 2012 年英拉政府时期泰国就已经开始为是否加入 TPP 而进行论证,但直到巴育政府上台执政的 2015 年下半年,泰国政府仍然没有做出最终决定,始终与 TPP 保持距离,而把重心继续放在推动东盟一体化事业上,以实现 2015 年建立东盟经济共同体的既定目标。从更宏观的视角来看,TPP 实际上是美国企图主导亚太地区经济一体化进程的一部分,而泰国的外交原则素来是"独立自主,左右逢源",为了自由贸易而卷入美国外交轨道,损害与周边国家尤其是同中国的友好关系显然不是泰国政府希望看到的结果。随着中国在东盟地区影响力的不断增强,美国在长达 20 年里作为泰国最大出口市场的局面正在改变,美国目前在泰国对外出口中的比重已经下降到 10%,而东盟其他国家对泰国出口的贡献率也仅为 7.5%,加入 TPP 这一由美国主导的区域性经济合作组织显然并不符合泰国的利益,也有悖于泰国长远的国家利益。此外,巴育政府上台以后,泰国与美国之间的关系有所降温,在倡导所谓"普世价值"外交的美国人眼中,已经不确定泰国是"普世阵营"中的一员,还是"一带一路"里的新欢,对于美国主导的 TPP,泰国就更不能说进就进了。

泰国选择审慎对待 TPP 的原因主要有以下几点:产业冲击的风险;难以达到的高标准;外交重心的失衡以及东盟一体化进程有可能被迫中断等。基于相似的原因和逻辑,泰国也始终审慎面对一切由别国主导的区域经济一体化进程,归根到底,泰国不愿意被任何国家或集团主宰,不管对方是谁,也不管对方开出的价码有多高,都难以吸引泰国加入其中。当然,作为全球化的忠实参与者,泰国出口和旅游部门比较关注 TPP,另一方面,TPP 虽然打上了浓厚的围堵中国的色彩,但毕竟也是国际经贸合作领域未来的发展方向,既然社会主义的越南、采用伊斯兰教法的文莱、一党独大的新加坡、对本国农业采取严格保护措施的日本都能加入 TPP,有朝一日泰国选择加入 TPP 也并不奇怪,美国很有可能为拉拢泰国加入围堵中国阵营而对泰国大开绿灯。

因此,泰国需要仔细考虑,而中国则应当争分夺秒,充分利用泰国这一 TPP 的重要缺口,巩固中泰两国的友好合作传统,强化中国-东盟自贸区框架下的亚太区域经济一体化建设,并在此过程中充分考虑泰国独立自主、合纵东盟的核心战略,以"一带一路"建设促进整个东盟内部的融通与团结,唯有如此,才能赢得东盟的青睐,在亚太地区日益白热化的经济合作机制竞争中抢占先机,赢得主动。①

(二)菲律宾未来加入 TPP 的前景分析

近年来,菲律宾官方言论中表现出的加入 TPP 的意愿较为明显,而且菲律宾国内各方也一直在为加入 TPP 做准备。此外,菲律宾与墨西哥的出口产品结构具有比较高的相似性和重合度,如果菲律宾不加入 TPP,那么其在 TPP 成员国原有的市场份额很可能会被墨西哥抢占,将给菲律宾对外贸易带来较为不利的影响。综合推断,菲律宾未来成为 TPP 成员国的可能性比较大。

(三)印度尼西亚未来加入 TPP 的前景分析

印度尼西亚作为东南亚最重要的经济体和世界第四人口大国,一直被认为是 TPP 未来发展中的一个重要国家。然而,根据印度尼西亚各大媒体的报道和众多政界人士和专家学者的言论来看,印度尼西亚国内多数分析认为当前印度尼西亚并不完全具备加入 TPP 的条件,若强行加入必定会给本国带来较大不利影响。印度尼西亚对加入 TPP 的兴趣不大,预计其短期内不会加入 TPP,而是会致力于东盟一体化进程和东亚地区的经济合作。

(四)台湾地区未来加入 TPP 可能性分析

迄今为止,台湾当局已多次明确表达了希望加入 TPP 的政策倾向,而美国政府对于这一议题的公开表态虽然不多,但显然是持欢迎态度。究其原因,主要在于接受台湾加入 TPP 可以为美国带来较大的战略和经济利益,首先,在地缘战略上牵制东亚经济一体化进程,遏制中国崛起;其次,增加美国对台湾的贸易出口,促进美国实现贸易和经济增长,帮助美国解决国内就业问题。另外,加入 TPP 能够给台湾经济发展带来好处,首先,台湾同

---

① 广西大学中国-东盟研究院网站,http://cari.gxu.edu.cn/。

多数 TPP 成员国之间存在较为紧密的经贸和投资联系,加入 TPP 等于同时与美国、日本、澳大利亚、越南以及马来西亚等多个主要贸易伙伴签署自由贸易协定;其次,加入 TPP 能使台湾获得关税减免和服务业开放的利益,确保台湾企业拥有公平竞争的环境,避免被排除在亚太区域经济整合以外;再者,台湾在亚太供应链中扮演重要角色,如果台湾能够加入 TPP,将有效提高亚太供应链效率,并扩大经济规模;最后,TPP 无论是在经贸自由化的深度还是广度上均超过传统的自由贸易协定,目前,台湾经济正处在转型期,TPP 能够提供强有力的外在刺激,促使台湾加快经济结构改革及市场化,并提振台湾的经济信心。

然而台湾未来能否如愿以偿加入 TPP,还取决于多方面的制约因素:

首先是中国大陆的态度和政策。台湾问题的特殊性在于,无论台湾当局是试图加入何种国际组织,抑或是签署何种国际协定,中国大陆的态度和反应都是最具决定性的影响因素,这不仅牵涉到台湾与对象国的利益调整和分配问题,更直接关系到如何在国际社会维护"一个中国"原则的政治问题,任何一个与中国大陆建交的国家都会顾及到中国大陆的态度,不会轻易损害甚至牺牲与中国大陆的关系而贸然与台湾展开协商,只有在中国大陆同意,至少是不反对的情况下才会与台湾启动相关谈判进程。

其次,台湾能否顺利加入 TPP 还取决于美国的对台政策。作为台湾的"安全支柱"和重要的贸易伙伴,美国无疑希望将台湾纳入 TPP 这一由其主导的多边贸易体系,进一步提高台湾对美国的经济依赖,同时借助贸易安排,降低美国和台湾之间的关税壁垒,帮助美国企业拓展台湾市场。但是,在实际操作层面,美国是否接纳台湾加入 TPP 还取决于美国对台湾的通盘考虑,换言之,美国必须充分考虑到允许台湾加入 TPP 将对中美关系造成的影响。随着中国成为国际舞台上举足轻重的权力中心之一,中美两国的共同利益日趋广泛,在全球层面,无论是促进全球经济复苏和增长、应对全球气候变暖,抑或是防止大规模杀伤性武器扩散以及打击恐怖主义都需要中美携手合作才能有效加以应对和解决。在亚太区域层面,中国与美国也拥有一系列重要的共同利益,包括亚太地区的和平与稳定、应对和解决朝鲜核问题等。因此,美国对台政策始终取决于中美关系这个大局,服从于美国的全球利益。目前,在美国国家利益的天平上,中国大陆与台湾的重要性早已不可同日而语。对于台湾加入 TPP 这一问题,如果中国大陆采取坚决反对的政策立场,很难想象有哪一位美国总统有足够的意愿罔顾中国的核心国家利益和关切而贸然接受台湾加入 TPP,从而导致中美关系横生波折,破坏中美合作的大局。

第三,台湾自身也存在一些制约因素。台湾试图以加入 TPP 作为其参加地区经济整合的敲门砖,进而推动台湾融入亚太自由贸易网络,降低经济上被边缘化的风险。但是,作为一个涵盖领域广泛、高度自由化的多边贸易合作机制,TPP 树立了一系列超越世界贸易组织规则以及传统自由贸易协定的高标准,试图达成一个包括所有商品和服务在内的综合性、高质量的自由贸易协议,而如何达到这些标准,对于台湾而言无疑是一项严峻的挑战。由此可见,为了达到 TPP 所确立的近乎苛刻的准入门槛,台湾需要在市场开放、产业政策、劳工权益保护、环境保护以及政府透明度等多个方面做出较大的调整,甚至要为之付出相当高昂的政治、经济和社会成本。同日本相似,农产品开放也是台湾实现贸易自由化最重要的软肋之一,TPP 成员国中的美国、澳大利亚、新西兰、智利均是农牧业产品出口大国,一旦台湾加入 TPP,后果很有可能是台湾农产品进口出现激增,对台湾农业带来较大不利影响,损害数百万农民和渔民的利益。如何妥善应对这一问题势必对台湾当局构成较为严峻的挑战。由此可见,至少在可预见的未来,台湾要迈向 TPP 所要求的全面贸易自由化之路依然任重而道远。

(五) 俄罗斯未来加入 TPP 可能性分析

对于俄罗斯而言,目前加入 TPP 并没有太大必要,当前,俄罗斯最主要的贸易伙伴是欧盟与亚太经合组织国家成员,即使加入 TPP,短期内对俄罗斯的外贸出口也不会带来较大影响,因此,俄罗斯在可预见的未来加入 TPP 的可能性并不大。此外,美国也是一个不得不考虑的影响因素,俄罗斯要想加入 TPP 必须经由美国这一 TPP 事实上的"盟主"的同意,作为美国的主要战略竞争对手,俄罗斯显然很难拿到美国的"通行证",其未来加入 TPP 的可能性比较渺茫。从俄罗斯近期的对外实际行动来看,其正在积极同亚太经合组织国家加强经济合作,并致力于推动东亚地区的经济合作,对于 TPP 也没有表现出加入的意愿,综合推测,俄罗斯在中短期内不太可能会加入 TPP。

第三篇

TPP 与中国

第九章　TPP 对中国经济的影响分析

一、TPP 与中国对外贸易

（一）TPP 零关税规则对中国外贸进出口的影响

TPP 全面零关税规则有可能会给中国外贸进出口带来一定程度的不利影响，但即便 TPP 提出要实现全面零关税，也并不能即刻就开展，而是要分阶段实施，在短时间内不会对中国外贸造成太大的影响。此外，TPP 成员国中新加坡、马来西亚、文莱和越南是东盟成员国，中国与东盟之间已经签署了中国-东盟自由贸易协定，超过 90% 的商品同样实行零关税，随着中国与东盟之间相互合作的不断深入，中国与东盟之间在未来同样可实现全面零关税。从动态角度来看，未来 TPP 实行全面零关税将给中国外贸进出口带来较大的不利影响，中国同 TPP 成员国中的新兴经济体在国际市场上属于竞争关系，当前，中国凭借自身规模、劳动力素质、基础设施等优势在国际市场竞争中占据有利位置。TPP 的全面零关税将促进 TPP 成员国中的新兴经济体加快进行自身产业结构的优化调整，加强对优势产业投资扶持力度，未来势必会降低中国的市场竞争优势。

（二）TPP 原产地规则对中国外贸进出口的影响

原产地规则指的是货物原产地规则，是某个国家结合自身法律法规或者国际规则对商品的原产地予以规定，确定商品生产或者制造的国家及地区的原则。推行原产地规则的目的是要避免第三国产品享受自由贸易协定中的相关优惠待遇，因此，TPP 中商品原产地规则被认为是该商品的特定"经济国籍"，原产地规则在自由贸易协定中扮演着十分重要的角色，基本上任意一种自由贸易协定均含有原产地规则的相关规定。目前,TPP 拥有 12 个创始成员国,具有标准设定高、覆盖范围广、产业领域宽的特征,TPP 成员国内部又都实行零关税策略,不可避免会带来亚太区域的投资和贸易转移效应。当前及今后一段时期,新一轮国际产业转移正在进行,随着 TPP 成员国中新兴经济体的不断发展,未来会吸引更多的外国投资。鉴于此,从长远角度来看,TPP 中的原产地规则对中国外贸进出口的影响较为显著。

(三) TPP 劳工权益保护规则对中国外贸进出口的影响

TPP 生效后,中国企业将面临来自 TPP 成员国企业的强有力竞争,为增强竞争优势,一些中国企业可能会缩减涵盖劳动用工在内的一系列成本开支,会对中国劳工保护及劳动者权益保护带来一定程度的影响,引发"逐底竞争",[①]有可能会导致中国劳资关系变紧张,出现各式各样的劳动争议事件。随着中国生产成本的不断攀升,中国正在远离"价值洼地",部分跨国公司以及国内企业就会认为在中国生产不再具有竞争优势,他们便会将生产地点转移到 TPP 成员国,就会出现中国的资本和工作机会流向 TPP 成员国的状况,这对中国经济发展和产业转型是极为不利的,此外,还可能会出现大量工人失业的现象,不利于社会的稳定。另一方面,TPP 劳工保护条款还会给中国快速增长的对外投资带来一些不利影响,在一定程度上会提高中国在 TPP 成员国进行投资的成本,相对严苛、复杂的环境保护规则一定程度上还会加大中国企业的管理压力。

(四) TPP 环境保护规则对中国外贸进出口的影响

作为一个正在快速发展的发展中大国,中国的经济、技术发展水平仍然较低,快速工业化过程中所存在的高能耗、高污染和高排放问题短期内还难以消除,环境保护压力还比较大。TPP 的环境保护标准比较严苛,涉及商

---

① 逐底竞争(race to the bottom)是国际政治经济学的一个著名概念,指的是在全球化进程中,资本变得没有国界,在世界各国之间流动,为了寻求最高回报率,当地政府在有关福利体系、环境标准和劳工保障方面会受到一定程度的限制,广大发展中国家为了吸引国际投资,实现经济增长,需要竞相削减工人的工资水平和福利待遇乃至牺牲国内环境标准来吸引跨国公司在本国投资。

品从生产到销售的几乎全部环节。TPP 成员国进出口产品需要接受诸多复杂而严格的检验检疫和认证等流程,必然会增加成员国出口商品的成本,出口企业在产品生产和制造期间由于增添了环保因素提升了自身直接成本投入。这会带来两个直接后果:其一,发达国家企业掌握先进的环保技术,而发展中国家的企业环保技术较为薄弱,导致发展中国家的企业在同发达国家企业竞争时处于不利地位;其二,由于发达国家在环保技术方面占有绝对优势,TPP 较为严苛的环境保护标准使发达国家在向发展中国家转让相关技术时掌握较多主动权,有利于从发展中国家那里获取更多的垄断收益。中国也将面临较大的挑战。

二、TPP 对中国国内主要产业发展的影响分析

从整体上看,TPP 的框架及规则是美国出于维护其在全球价值链中的竞争优势,为维护其自身利益而设计的,因此,对处于全球价值链中下游的中国来说,TPP 将为中国国内产业的发展带来较多挑战。系统分析中国国内产业发展在 TPP 规则下可能遇到的挑战并采取适当的方式积极应对具有十分重要的现实意义。具体来讲,中国国内的产业发展未来有可能面对以下几个方面的挑战:

(一) 服务贸易全方位开放

2001 年中国加入世界贸易组织,开启了中国对外贸易的黄金十年,大量中国产品被出口到世界各地,中国因此成为世界工厂。但随着劳动力成本的增加,企业在中国进行生产的成本也在不断攀升,中国商品在国际市场上的价格优势正在逐渐消失。扩大服务贸易出口将成为中国对外贸易新的战略支撑点。TPP 提高服务贸易开放程度与中国的对外贸易政策和自由贸易区的战略重点是一致的。然而,金融和电信服务的开放与商品和其他服务业的开放有所不同,对国家金融体系稳定和信息安全具有重要影响。TPP 要求成员国在服务业开放上对外资和国内资本一视同仁,将导致国内银行失去现有垄断优势,其竞争力将面临严峻考验。与此同时,如果将现有

的国内银行业对外资银行同等开放,那么外资银行对国内金融业的参与度和影响力也将随之提高,这对金融监管也提出了更高的要求。电信服务贸易的开放将导致对国家安全的较大威胁,2014 年 8 月新修订的《中华人民共和国电信管理条例》规定,外商在中国设立电信企业,其股权比例不得超过 49%,而且对合资电信企业的经营业务范围进行了限制。《上海自由贸易试验区总体方案》降低了要求,允许外资持股比例超过 49%,甚至允许外资独立经营电信事业,并且对外企开放网络内容提供(ICP)等原来未曾开放的业务,但仍需要严格的审查制度。

(二) TPP 会限制国有企业行为带来的不利影响

2008 年国际金融危机发生后,中国迅速推出四万亿经济刺激计划,其中多数刺激政策惠及国有企业。美国和欧盟曾因此在世界贸易组织的争端解决机制内对中国国有企业享受低利率贷款和政府补贴等问题提出过诉讼。TPP 单独设定了的国有企业条款,限制成员国国有企业的不公平竞争优势,TPP 成为美国限制其他成员国国有企业行为的重要手段。TPP 提出的限制国有企业行为的相关条款实质上是通过限制政府对国有企业的补贴和优惠政策,从而消除国有企业在市场竞争中因与政府的直接或间接关系而占据优势地位。实际上,作为世界上私营部门发育最好的市场经济国家,美国需要借助 TPP 来抵消其他成员国国有企业的竞争优势,进而维护美国企业在国际市场竞争中的有利地位。作为国民经济的重要组成部分,中国的国有企业担负着在国际竞争中树立民族品牌和增强中国产品核心竞争力的重要责任。TPP 要求削弱政府对国有企业的支持并提高企业决策的透明度,这对中国的所有制结构和国有企业长期以来的治理模式提出新的挑战。此外,部分国有企业在失去来自政府的支持后能否继续维持在国际市场上的竞争力也是一个有待解决的问题,这是中国未来所要面临的一个重大考验。

(三) TPP 引入环境保护和劳工权益保障标准带来的挑战

在 TPP 之前,环境保护和劳工权益保障并未被纳入国际贸易规则体系,TPP 对环境保护和劳工权益保障标准作出明确规定,要求各成员国建立强有力的保障机制。中国的环境问题日益突出,所面临的环境保护压力越来越大,但环境保护并未作为要素投入反映在企业的生产过程中,环境问责机制相对比较欠缺。对于劳工权益保障,中国虽然实施了《劳动法》,建立了劳动仲裁制度,但劳工权益保障机制还有待进一步完善,侵害劳工权益的现象仍然存在。TPP 在现有国际贸易规则体系中首次引入环境保护和劳工权益保障标准,实际上抬高了企业的竞争门槛,这将使中国部分高污染、高排放企业以及部分劳动密集型企业受到较大冲击。具体来讲,TPP 提高了对环境保护和劳工权益的保障要求,短期内会推高企业生产成本,那些依靠廉价劳动力或降低环境保护成本的企业将不再具有竞争优势,中国东南沿海地区处于全球价值链低端,以初级原材料加工作为主营业务的出口企业将面临较为严峻的挑战。此外,TPP 框架下的争端解决机制可受理成员国间关于环境保护和劳工权益保障等相关问题的诉讼。许多发达国家的非政府组织将利用这一争端解决机制来向中国施压,敦促中国政府和企业执行相关标准,使中国面对更广泛的国际监督。

(四) 政府和企业将面临适应新规则的挑战

TPP 争端解决机制的引入有助于外商投资企业维护自身合法权益免受东道国政府侵害,在东道国政府相关政策和行为不符合其承诺时,企业有权诉诸仲裁解决争议。目前中国各地方政府对于遵守国际规则的意识还比较淡薄,很多政策的制定和出台缺乏详实的论证。TPP 争端解决机制的引入将使地方政府的各种政策和行为置于外商投资企业的监督之下,一旦出现争议,各级政府应提交相关证据,积极应诉。这无疑给地方政府的行政和管理水平提出了更高要求。另外,随着中国企业"走出去"进程的不断加快,企业在面对复杂情况以及在东道国违反相关法律规定时,要积极利用法律手段维护自身合法权益,这同时又对企业适应各国法律制度,参与全球竞争提出了更高的要求。

三、TPP 对中国吸引外商直接投资的影响

TPP 的核心条款是零关税政策,导致 TPP 各成员国不仅会在传统领域进行互利合作,对于非传统领域的一些问题也能通过国家间的谈判达成共识,从而促进成员国之间的贸易发展。TPP 为各成员国设置了比较高的市场准入门槛,这些门槛恰恰是有利于发达国家企业占领发展中国家市场,不利于发展中国家的经济发展。TPP 生效后,将会在亚太地区产生比较明显的投资转移效应,会对中国吸引外国直接投资带来较多不确定性,具有潜在的不利影响。

首先,TPP 的生效会导致中国吸引外商直接投资的优势进一步减弱。TPP 协定的达成不仅会使亚太地区的发展趋向一体化,同时也会使中国相对于 TPP 成员国来说在吸引外商直接投资方面的优势减弱,随着中国产业结构不断转型升级,中国逐渐失去劳动力的比较优势,部分劳动密集型产业正在向劳动力成本更加低廉的东南亚、南亚和非洲地区转移。TPP 协定由于具有较高的进入门槛,其在知识产权保护、劳工权益保障等方面提高了准入门槛,限制进出口商品的原产地,中国没有加入 TPP,因此会丧失部分出口优势,难以再像过去那样以庞大的国内市场来吸引外商直接投资。

其次,TPP 的核心内容是自由贸易原则,成员国之间进行贸易享受较低的关税甚至零关税,导致 TPP 成员国商品价格下降,使其拥有更强的竞争优势。中国不是 TPP 成员国,所以无法享受关税减免待遇,中国出口商品的价格将会比 TPP 成员国出口商品价格高出不少,从而丧失部分价格优势。跨国企业在 TPP 成员国进行投资的成本会低于中国,导致中国吸引的外商直接投资规模下降,从长期来看不利于中国经济的发展。

再者,TPP 是美国实现其"亚太再平衡"战略的重要载体,美国积极拉拢中国以外的亚太地区其他经济体,意图将中国拒之门外,实现其遏制中国崛起的战略目的。对于 TPP 成员国来说,各种优惠条款使得他们认为美国是比中国更有优惠的潜在替代市场,使中国在进出口方面遭遇壁垒,从而使中国吸引的外商直接投资下降,对中国经济发展产生不利影响。

最后,TPP 的核心目标之一是实现成员国之间服务贸易的自由化,TPP 生效后,必然会对中国国内服务业形成较大冲击。此外,TPP 推行的准入前国民待遇和负面清单管理模式以及投资争端解决机制对中国相关部门的管理水平和实践能力提出了更高的要求。

四、TPP 对中国对外直接投资的影响

近年来,中国对外直接投资增长迅速,2015 年,中国对外直接投资首次超过吸引的外商直接投资,中国迎来投资净流出时代。美国所主导的 TPP 的主要目的之一就是为了消除成员国间的贸易和投资壁垒,促进贸易和投资自由化,TPP 将给中国对外直接投资带来两种截然相反的效应:其一,TPP 成员国之间的贸易享受较低关税,由于美国和日本等 TPP 成员国是中国的重要出口市场,因此,中国企业为增加对 TPP 成员国出口,享受低关税便利,就需要将商品生产环节转移至生产成本较低的 TPP 成员国,进而导致中国对 TPP 国家直接投资增加;其二,TPP 的投资条款会削弱中国企业的竞争优势,不利于中国企业对外开展投资,因此会在一定程度上对中国对外直接投资带来不利影响。综合以上考虑,TPP 生效后对中国对外直接投资的具体影响尚不确定,取决于以上两种效应的相对大小关系,需要我们密切关注 TPP 的最新进展及其对中国外向型直接投资的影响,及早采取相应的应对举措。

五、TPP 与中国经济结构转型

TPP 给中国带来的既有挑战也有难得的机遇,应对 TPP 的关键是要继续坚持对外开放,对内改革,才能有机会尽早参与到全球经贸规则的制定过程之中,变被动为主动,更好地迎接挑战与机遇。TPP 给中国经济结构转型可能带来以下几点影响:

(一) TPP 加速中国经济由出口和投资拉动向国内消费驱动转变

美国主导的 TPP 的一个重要目的在于遏制中国崛起,中国目前由出口

和投资拉动的经济增长模式将会受到较大制约。但同时也应当看到,中国的优势是拥有庞大的国内市场和消费潜力,消费对中国经济增长的带动作用相对不足。TPP 使中国国内市场的重要性得以凸现出来,在外部需求增速逐渐下滑的情况下,国内消费市场还有较大的开发空间,目前,相当一部分国内企业已经将注意力从海外转向国内,随着国内市场分割的藩篱逐渐被打破以及物流和运输成本的大幅下降,国内市场对企业的吸引力越来越大,在一定程度上能够抵消 TPP 给中国企业出口带来的不利影响,因此,国内市场是我们应当加以关注的重点。

(二) TPP 将倒逼人民币加快国际化步伐

TPP 将倒逼中国加快推进人民币国际化,减少对美元的依赖,降低 TPP 导致贸易顺差减少的影响。同时分散外汇储备,避免外汇储备被美国冻结。加速推进人民币国际化关键是要改善和处理好同周边国家的关系,维持好中国香港这一人民币主要离岸中心的地位。

(三) 加快国有企业改革,提高企业竞争力

中国可以以 TPP 为契机,参考 TPP 国有企业条款,倒逼国有企业加快改革,提高经营管理水平和市场竞争能力,培养一批具有较强竞争力和创新力的民族企业,带动中国经济实现可持续发展。

综上所述,TPP 对中国是挑战,同时也充满机遇,挑战在于 TPP 对中国贸易的强大冲击和体制改革的难度,机遇则碍于 TPP 能对中国国内改革和转型产生倒逼作用,推动中国加快市场化改革,逐渐适应国际经济新规则。

六、TPP 对中国区域经济发展的影响

(一) TPP 对中国区域经济发展的潜在影响

对于尚处于快速发展阶段的中国而言,拥有全球最高标准的 TPP 对中

国经济发展的潜在挑战和影响不容忽视。虽然我国已经和大多数 TPP 成员国签署了自由贸易协定,但 TPP 还是会给中国的区域性经济发展带来持久而深远的影响。

一方面,一旦 TPP 生效实施,会对中国参与东亚区域经济合作产生影响,东南亚国家加入 TPP 后,可能会放缓同中国等尚未加入 TPP 的传统贸易伙伴之间的经贸合作步伐;另一方面,TPP 还会对中国同亚太地区国家的自由贸易协定产生影响,目前,中国在亚太地区已经签署的自由贸易协定包括:中国-智利、中国-东盟、中国-新加坡,以及中国-新西兰、中国-秘鲁、亚太贸易协定、中国-澳大利亚自贸协定。TPP 实际生效后,会对中国产生如下影响:其一是贸易转移影响,基于 TPP 的高标准与高质量,在贸易自由化的深度合作背景下,与中国拥有较多经贸往来的亚太地区国家可能会带来贸易对象的调整和改变;其二是发展受阻,TPP 生效后,TPP 成员国对与中国建立自由贸易协定的兴趣会降低,导致中国在与东亚国家开展自由贸易协定谈判时主动权下降。

(二) TPP 对中国区域发展的启示

1. 中国需要增强研究能力,提高决策水平

目前,与中国签署自由贸易协定的国家大都处于东亚及亚太地区,表明中国对外经贸合作发展的核心区域即在亚太地区,所以对于涉及东亚国家较多的 TPP 协议的研究是提高决策水平的前提条件。目前,中国经济发展正处在“新常态”,对内面临较大的通缩压力,对外则面临人民币贬值风险及国际竞争的局面,中国经济与对外贸易的发展需要开辟新的路径,需要增强对新的国际经贸规则的研究能力,提出科学的、具有可操作性的应对方案,变被动为主动,维护好国家利益。

2. 积极发展国内经济,加快产业结构转型升级

我国现阶段的社会与经济发展模式,尤其是农业发展较为落后的现状暂时不允许中国加入到类似 TPP 的高标准多边自由贸易协定之中,中国农业产业基础十分薄弱,人多地少的实际情况使得国内的粮食安全问题面临比较严峻的形式。以家庭生产为主的小农经济生产效率越来越低,导致中

国农业产业无法与欧美的现代化农业竞争。自从加入世界贸易组织以来，中国农业产业在市场开放方面已经取得了较为显著的进步，中国农产品关税虽然在入世后的十年时间里下降了 22.1%，但中国农业产业的开放水平依然低于大部分发展中国家，甚至比不上日本与韩国。因此，提高农业生产力和竞争力仍然是未来一段时期中国需要关注的重点。制造业方面，近年来，随着中国产业转型和经济结构调整的不断推进，加工贸易在中国对外贸易中的占比呈现出不断下降的趋势，但其绝对额仍然比较高，这部分贸易发展非常容易受到 TPP 的影响，TPP 生效后，其成员国具有零关税优势，很可能会出现贸易转移，而加工贸易比较容易转移出去，我国产业转型升级刻不容缓。与此同时，由于中国金融市场的发育水平不高，金融市场监管能力和水平相对比较低下，暂时尚无能力有效应对金融市场的全面开放，政府的宏观监管与调控依旧是稳定市场的核心手段。

3. 加快推进中日韩自贸区与亚太自贸区建设

后金融危机时代，世界经济整体增速显著放缓，依旧处于阴影之中，许多国家经济形势仍然不容乐观，贸易保护主义在许多地方出现抬头的趋势。在此背景下，亚太地区的经济合作比较活跃，伴随中国-东盟自贸区的不断发展，中国与东盟国家之间的双边贸易取得较快增长。与 TPP 相比，东盟与中国"10＋1"、东盟与中日韩"10＋3"、东盟"10＋6"①合作机制以及中日韩自由贸易区凭借稳健的经济基础、紧密的地缘和经贸联系更容易实现区域合作与发展。基于东亚地区的经济发展与中国存在密切关系，所以在该区域推动经济一体化将对世界经济产生积极的影响。中国作为东亚区域经济合作的积极推动者和实践者，加快推动东盟与亚太自贸区建设有利于中国扩大对该区域的外贸出口，有助于增进中国在该地区的影响力，有利于进一步推动中国国内产业结构实现升级转型。

4. 加强同美国的对话与沟通

作为全球第一和第二大经济体，美国和中国拥有广泛的共同利益，中国和美国经济存在较大的互补性，虽然目前中国与美国在人民币汇率及贸易

---

① 东盟"10＋6"合作机制包括东盟 10 国与中国、日本、韩国、印度、澳大利亚和新西兰。

逆差等方面存在分歧,但两国需要开展及时的对话和沟通,消除误解和疑虑,增大利益公约数,这样才有利于相互促进发展。目前,中国与美国已经互为最重要的贸易伙伴,两国之间的贸易失衡状况已经得到了较大改善,中国增加了从美国的进口。中美两国之间的对话与沟通有利于双方的贸易合作和经济发展,可谓"合则两利、分则俱损"。

5. 加快与 TPP 成员国签署双边自由贸易协定

从长远来看,TPP 会对中国造成一定程度的不利影响,且会产生一系列的连锁反应。中国要积极采取正确的应对举措,努力将 TPP 的不利影响降到最低,目前情况下,中国可加快同亚太区域以外国家(主要指欧盟)以及 TPP 成员国之间展开双边自由贸易协定谈判,积极拓展世界其他国家市场。随着近年来经济的飞速发展,中国在欧盟、非洲及拉丁美洲地区的影响力呈现出快速上升趋势,中国可以加快推进同上述地区国家间的经贸合作。根据全球经济发展动态和趋势,结合自身的综合利益,选择恰当的发展路径,构建新的全球化发展战略。

第十章 TPP 对中国的地缘政治影响与中美博弈

一、TPP 对中国的地缘政治影响

TPP 是美国和部分亚太国家之间签署的自由贸易协定,但经济和政治之间的关系从来都是密不可分的,特别是考虑到 TPP 在亚太地区当前正在进行的深层次权力转移的大背景下,美国着眼于遏制亚太地区新兴经济大国的重要经济和外交战略,TPP 的达成对于亚太地区的地缘政治会产生比较明显的影响。

(一) 以中国为主导的大陆体系同以美国为主导的海洋体系之间的竞争关系

很多学者都认为在亚太地区实际上存在以中国为主导的大陆体系和以美国为主导的海洋体系,这两大体系反映到地缘政治关系中就表现为东亚合作路径和亚太合作路径这两种不同的区域经济合作模式。东亚合作路径是从地理结构出发,主张东亚地区国家内部之间进行合作,而亚太合作路径则首先要承认美国在东亚地区的利益,将美国作为能够发挥关键影响的战略行为者。此前,东亚合作路径主要通过采取东盟与中日韩"10+3"以及中日韩自由贸易区的形式进行,区域合作取得了较大进展。美国比较担忧被以东亚经济合作为中心的区域合作体系排斥在外,因此力图通过 TPP 来强化海洋国家之间的经济联系,进而提升由其主导的海洋体系国家之间的政治联系。而东盟则主张优先推动以区域全面经济合作伙伴关系为代表的东亚合作路径将会受到一定冲击,一些地区国家即使没有立刻加入 TPP,也会进一步采取观望立场和对冲措施,在两种区域经济合作模式中获取最大利益。

（二）TPP 有助于强化美国亚太同盟体系

美国亚太同盟体系是美国在亚太地区的重要战略支撑。冷战结束后，美国试图强化亚太同盟体系，但由于前苏联这一共同安全威胁的消失，美国亚太同盟体系存在的基础受到越来越大的质疑，亚太地区不少美国盟友选择在安全上依靠美国、在经济上依赖中国的对外政策。其中以韩国和澳大利亚为代表，韩国和澳大利亚是美国在亚太地区的两个重要盟友，但在经济上，中国已经成为他们的第一大贸易伙伴。如果这种发展趋势继续保持下去，这种仅仅建立在军事安全上的同盟关系将难以持续，美国必须保障与其亚太盟友之间的经济联系，TPP 是美国从经济角度切入、巩固其亚太同盟体系的一个重要抓手。美国在东亚地区的重要军事盟国如日本和新加坡同时也是 TPP 的首批成员国，菲律宾和韩国等其他亚太盟国也很有可能成为 TPP 下一阶段扩容的首选对象。通过 TPP，美国能够在贸易和投资机制上加强与其亚太盟国之间的关系，构建一个以经济规则为纽带的政治和经济合作组织。

（三）加入 TPP 体现出日本中短期内的地缘战略选择

作为亚太地区的一个大国，综合来看，日本的地缘战略选择有三个：其一是成为真正的正常国家，在东亚地区事务中保持较高的独立性；其二是和中国、韩国等国家一道，共同推进东亚地区新秩序的构建；其三是密切保持同美国的同盟关系，继续成为美国在东亚地区的战略支柱。从此前的政策实践来看，日本在上述三个选择中均有推进，存在着一定的战略模糊性。然而，TPP 的达成则在一定程度上表明日本在美国的压力下，放弃了对于若干核心经济利益的坚持，选择加入并支持美国所主导的亚太区域经济合作体系。再加上此前美日新版《日美防卫合作指针》的公布，进一步向地区国家明确了日本在未来一段时间内的地缘战略选择，即日本将继续强化日美同盟关系，考虑到日本在亚太地区中的重要影响力，日本的选择将会对该区域内的地缘政治关系产生持久而深远的影响。

二、TPP 与中美博弈

TPP 是由美国所主导的亚太区域经济合作机制,中国目前没有加入 TPP。从地区未来发展的角度来看,TPP 的真正要害不仅在于 TPP 的上述经济以及地缘政治方面的影响,更在于中美之间的大国博弈,TPP 在很大程度上是美国为应对中国在亚太地区日益上升的政治和经济影响力而提出的重大战略倡议。

(一) TPP 对美国具有重要意义,但对中国的实际影响比较有限

TPP 的达成毫无疑问对美国具有重要意义:首先,美国重返亚太战略有了较为实质性的进展,增加了美国战略调整的可信度,美国重返亚太战略虽然已经提出了很长一段时间,但此前并没有取得实质性的进展,亚太地区国家对于美国重返亚太的实际效果一直存在疑问,TPP 的签署至少在经济领域表明美国重返亚太战略取得了重大进展;其次,美国在亚太地区未来经济体系构建中拥有了 TPP 这一重要的平台和工具,TPP 使得美国有能力对亚太地区的经济合作施加影响,进而有助于服务美国亚太地区经济秩序的构建;最后,TPP 能够确保美国在亚太地区仍然具有较大影响力,提升其与中国在各项区域经济合作倡议中相互竞争与合作的信心。

综合来看,TPP 对中国的实际负面影响比较有限:其一,近年来,中国经济实力快速提升,经济总量稳居世界第二,对外贸易总量位居世界第一,不仅贸易总额增速明显,贸易多元化和出口商品附加值都有了较大发展,在国际和地区贸易体系中的影响力持续上升,总体上,中国消化 TPP 贸易转移影响的能力要比前几年大为增强;其二,中国在地区经济合作方面的主动性有了较大程度的提高,例如,中国主动提出"一带一路"[①]、亚洲基础设施投资银行、金砖银行、丝路基金等一系列新的战略构想。美国的 TPP 倡议早于中国的"一带一路"倡议,可以说正是美国推动的 TPP 战略在某种意义

---

① "一带一路"战略是指由习近平主席提出的"丝绸之路经济带"和"21世纪海上丝绸之路"。

上加速了中国的"一带一路"战略构想,"一带一路"战略构想的提出又增强了中国抵御 TPP 负面影响的能力。通过"一带一路"等战略的不断落实和推进,中国对亚太地区的影响力和作用力都有了比较显著的提升,中国的战略缓冲空间的到进一步释放;再者,中国与大部分 TPP 成员国间都签署了自由贸易协定,中国同这些 TPP 成员国间的自由贸易协定将有效分化 TPP 成员国对中国的围堵,有力对冲 TPP 对中国经济产生的负面影响;最后,包括美国的盟国在内的广大亚太地区国家多数都采取的是机会主义立场,在崛起国中国和现有主导国美国之间进行平衡,以便从中获得最大程度上的政治和经济利益。考虑到自身和中国越来越密切的经济联系,绝大多数亚太国家不会完全追随美国,将 TPP 打造为遏制中国的经济共同体。因此,中国不必过于担心 TPP 的封闭性以及对自身的不利影响。

(二)中美之间存在规则竞争

TPP 的一大特点就在于其所倡议的规则具有所谓的高标准属性。TPP 不仅包括传统的关税减免,而且提出了诸多新规则和新要求,集中体现在 TPP 成员国之间的关税壁垒更少、市场准入门槛更低、知识产权的保护力度更大、劳工权益和环境保护标准更严、贸易争端的法律约束力更强以及竞争中立要求更高等方面。因此,TPP 对于中美关系最为重要的影响是激起了中美之间的规则竞争,这些具有较高标准的规则条款对中国构成了挑战,包括国有企业竞争规则、工人权益保障和原产地规则等,这些规则确实给中国带来了挑战。但必须要说明,这些规则现阶段不适用中国并不意味着中国将会一直拒绝这些规则,中国事实上也在朝这些目标前进,也在试图构建高水准的区域自由贸易网络。TPP 在规则领域给中国带来的压力并不像想象中那么大,一些规则已经存在于现有的自贸协定中,比如环境保护标准等。此外,TPP 所规定的签证、卫生和检验检疫标准和其他海关管理便捷措施等规定,仅仅是促进贸易便利化的互惠措施,其他国家可以自行推行。TPP 的一个创新之处在于其强调数字贸易在国际贸易中的地位,这一点也已经引起中国的重视。

第十一章 美国退出 TPP 对中国的 影响及中国可能的选择

2017 年 1 月 23 日,美国总统特朗普签署行政命令,正式宣布美国退出跨太平洋伙伴关系协定(TPP)。美国退出 TPP 将会对 TPP 的发展乃至全球多边贸易体制产生不可估量的影响。作为全球贸易舞台的重要成员,中国对 TPP 的态度也至关重要,一些成员国希望中国能够加入 TPP 取代美国的位置,加入 TPP 对中国而言,机遇与挑战并存。

一、TPP 对中国的有利之处

(一) TPP 具有贸易创造效应,有助于扩大投资和增加就业

目前,TPP 拥有 12 个成员国,已经超过亚太经合组织成员国数量的一半,而且今后还有可能会继续增加。这些成员国大部分都是我国对外贸易和投资的重要合作伙伴,美国、日本等国更是我国主要的出口市场和外商投资来源国。中国对外部市场的依赖度还比较高,如果中国未来加入 TPP,在一定程度上能避免贸易转移带来的不利影响,进一步扩大对美国、日本以及其他亚太经济体的出口,有利于提升我国的市场开放水平、拓宽贸易渠道、改善贸易环境、促进国内经济增长、提高国民福利水平,在当前经济形式不断放缓的背景下对我国的就业增长发挥积极作用。

(二) TPP 具有明显的网络效应,加入 TPP 有利于强化同贸易伙伴之间的经贸联系

TPP 的 12 个成员国分别来自三大洲,成员国经济总量约占全球国内生产总值总量的 29%,贸易额占到全球贸易总量的近三分之一。TPP 成员

国内部具有多样化的资源和技术优势,能为双方带来更多的贸易和投资利益。TPP 协定生效后,成员国之间的交易成本将会进一步降低,通过扩大成员国市场以及区域性商业网络来提高企业的竞争力,进一步促进我国对外贸易和投资的发展,实现经济可持续增长。此外,由于 TPP 所具有的开放性和包容性的特点,未来 TPP 可能会扩容,各国之间的联系将变得更加紧密,各产业由于成员国内部成员之间的交易成本大幅降低、市场规模不断扩大和投资环境有效改善等原因继续保持动态和稳定发展。TPP 的目标是成员国之间的深度经济融合,因此在全面而多样的议题以及广阔的地理范围基础上也有利于我国与其他成员国之间形成共同的准则与标准,为进一步的密切合作奠定基础。

(三) TPP 的高标准有利于提高中国的国际竞争力及推动国内改革

TPP 所具有的高标准与高质量的特点为成员国提高竞争力提供了一个良好的平台和完善的规则体系,中国的加入可以在更高水平和更深层次的开放与发展中提高自身竞争力,进一步增强经济活力和发展潜力。另外,加入 TPP 能够在后入世时代进一步提高我国经济的对外开放度,有利于降低企业的交易成本,促进产业结构升级转型;但由于经济与政治的密切关系,随着市场经济的发展,我国在政府职能转变和市场规范方面,也将逐步推进改革,有利于促进生产力的进一步发展。

(四) 加入 TPP 有助于提高我国的国际话语权和影响力

TPP 比较重视解决现实问题,具有鲜明的时代特征。作为世界贸易和投资大国,中国不应满足于做追随者,而应当积极主动参与 TPP 等代表未来国际经贸规则的制定,获得主动权,从而赢得亚太区域经济合作的主导权和话语权,进而有效提高我国的国际地位,扩大我国的国际影响力。加入 TPP 与美国同台竞技,与亚太各国实现合作共赢,分享亚太区域经济一体化利益,为中国在更大范围、更深层次地参与全球经济治理和实现亚太区域经济一体化打好基础。

二、TPP 对中国的不利影响

另外一些学者认为美国推动的 TPP 是消减中国影响力快速上升的一种策略,美国主导 TPP 进而遏制中国崛起的战略动机非常明显,墨西哥和越南等 TPP 成员国经济开放水平和贸易自由化程度显然都不如中国,但他们却受邀加入 TPP,而开放型经济发展水平迅速提升的中国却被排除在外,因此,美国经由 TPP 遏制中国的意图不言自明。目前,越来越多的亚太地区国家在向 TPP 靠拢,中国对于 TPP 的政策导向也由原来的谨慎对待转变为积极应对。TPP 倡导高质量的 21 世纪条款,美国要将 TPP 打造成一个全新的高水平自由贸易协定的范本,特别强调规则的一致性,并处处以美国的全球利益作为根本出发点,TPP 对中国的挑战不可忽视。中国加入 TPP 必须要面对严峻而复杂的形势,可能会比中国加入世界贸易组织的过程还要艰难,中国要认识到加入 TPP 的不利因素,这样有利于我们未雨绸缪,尽早制定相关应对方案。

(一) TPP 的高标准会使中国企业在国际竞争中处于劣势

TPP 要求成员国在十年内实现货物贸易自由化,除撤销工业产品关税以外,农产品、纺织品与服装等也必须实施零关税,不对敏感产品保留例外,这就忽视了发达国家与发展中国家所处发展阶段不同,发展中国家对纺织和服装等劳动密集型产业的依赖较大,且发展中国家的农业一般都比较落后,无法面对生产力较高的发达国家农业的竞争,恰恰很多发展中国家中大多数人口是农村人口,这就要求政府对农业给予特殊优惠和补贴政策,不能将农业全面开放。服务贸易方面,TPP 的主要议题是金融、电信、电子商务等领域的全面市场准入,这些标准也远远高于现行世界贸易组织和亚太经合组织的标准。我国目前尚未就服务业市场开放承诺达成广泛共识,面对 TPP 如此之高的市场开放要求,中国相关产业尤其是尚需保护的民族幼稚产业将会面临较大的挑战,这些产业包括:汽车、新能源、新材料、生物、高端装备制造等。

（二）TPP 涵盖范围较广，会对中国相关领域的改革带来巨大外部压力

TPP 框架下的贸易自由化所覆盖的范围之广前所未有，并且处处优先考虑美国的发展需求，而忽视广大发展中国家的发展现状，尤其是在知识产权保护、劳工权益保障、环境保护、国企改革、竞争政策等方面，与世界贸易组织相比，TPP 具有较强的约束力，对我国产业结构转型升级会造成一定程度的不利影响，部分企业可能在这个过程中失去竞争优势和生存能力。此外，在塑造国际贸易新体系方面，TPP 将传统国际贸易规则所要解决的边境问题延伸至成员国的境内问题，例如，美国在 TPP 谈判中反复强调其他成员国的竞争政策和产业政策等是否符合美国标准，这将进一步刺激中国经济体制改革的内在动力，国内改革若不重视内部需求，仍旧依靠外部市场需求，将难以改变长期以来经济增长对出口部门的过度依赖，较容易受到来自国际市场波动的影响，对国民经济实现可持续发展较为不利。

（三）TPP 包含一些新议题，可能阻碍我国企业的培育和发展

TPP 协定中包含了不少以往贸易协定中所没有的新议题，中国虽然是世界第二经济大国，但国内产业结构和企业生产技术及管理方式仍然比较落后，在同发达国家企业竞争方面还处于弱势地位。当前，TPP 的主导权在美国一方，各项条款规则的制定都带有较深的美国烙印与西方价值观，一些貌似公平的竞争规则未必对发展中国家有利。TPP 的标准超出了中国当前经济发展阶段所能承受的范围，我国大量中小企业在市场竞争中还处在比较弱势的地位，迫切需要通过一些特别法规来进一步改善发展环境，从创业扶持、资金支持、服务保障、权益保护等多方面切实解决阻碍其发展的薄弱环节，但 TPP 条款将此类政府扶持都算在违反竞争中立原则内，使得对中小企业的扶持与保护陷入两难境地。

（四）TPP 使得中国在同其他国家进行贸易谈判时处于被动

当前，TPP 吸纳新成员的基本原则是要征得每一个成员国的同意，且任何新成员国必须全部接受 TPP 现有成员国已经达成的协定。TPP 目前的 12

个成员国遍及亚洲、美洲和大洋洲,具有不同的经济发展水平和文化差异,再加上美国对亚太地区的影响力,未来中国在同每一个 TPP 成员国进行双边谈判时都不会轻而易举就能完成,很大可能会成为第二次入世谈判。[①] 另外,在双边谈判中,有的国家可能用已经取得优势部门的开放来换取我国较不发达部门的开放,以此来提高我国急需商品的进口价格,以获取超额利润,而且会增加缺乏比较优势行业的投资机会,阻碍我国实现产业结构优化升级。同时,TPP 内部已有各种双边以及多边贸易与投资协议,各种规则的重叠与冲突也造成了"意大利面碗"效应,相互之间进行协调的成本比较高。

三、中国可能的选择

(一) 在国家层面上,以开放带动制度革新和企业创新

国家层面,加入 TPP,推进国内经济结构调整,推动中国经济体制市场化改革符合中国当前的改革和发展要求。中国自 2001 年成功加入世界贸易组织以来,经济发展迅速,以开放促发展的政策取得较大成果。长远来看,TPP 中的很多议题同中国的潜在利益是一致的,例如,TPP 对新的贸易挑战的关注、对中小企业发展的关注以及对高新技术和绿色发展的关注都与我国当前迫切需要解决的现实问题高度相关。顺应时代潮流,理性分析、果断决策,做好制度改革和经济转型,适时启动加入 TPP 谈判是我国面临的第二次以开放促发展的历史契机,尽早加入 TPP 符合中国的国家利益。如果能将这种外部压力巧妙地转化为国内经济改革的助推力量,主动应对即将到来的全球贸易规则大调整,中国将会迎来新的发展机遇,对于亚太地区未来实现经济整合具有重要意义,作为发展中大国和新兴经济大国,中国能够以负责任大国的国际影响力发挥基础性和建设性作用,进一步推动亚太地区经济与政治合作水平向更高层次迈进。

---

① 从 1986 年 7 月中国正式申请恢复关贸总协定缔约方地位到 2001 年 11 月正式加入世界贸易组织,中国的复关和入世谈判总共历经 15 年,是一个跌宕起伏、艰苦卓绝的谈判历程,在关贸总协定和世界贸易组织的历史上绝无仅有。

（二）不断提升在全球产业链中的地位

TPP 包含的议题广泛而多样，每一产业均有所涉及，全面零关税政策更是对中国制造业、农业以及服务业的改革与开放提出的更高要求。中国相关企业所需遵守的国际准则更加多样而严格。此外，美国国内已经开始实行绿色制造计划，有可能出台针对中国的绿色贸易措施，中国应提前做好应对准备，加快调整国内产业结构，通过扩大内需来弥补外部需求的不足；通过提高商品的科技含量和附加价值来取胜；通过大力发展绿色制造业等新兴产业为经济转型打下良好基础。知识产权保护方面，TPP 具有浓厚的美国色彩，加大知识产权保护力度，促进技术创新，尽早在国际贸易领域建立一个全新的知识产权保护体系成为必然趋势。中国应当加紧研究对策，逐步升级对国内外创新企业的模仿，顺应发达国家对知识产权保护的强烈要求，尽早完善中国知识产权保护制度，并不断提升中国产品在全球产业链的地位。

综上所述，中国目前在世界贸易体系中占有举足轻重的地位，越早加入TPP，中国在国际竞争中就会越主动，加入由美国主导但并非完全控制的TPP，在相关规则的制定上发挥自身影响力，维护自身利益，响应新兴国家的利益诉求，是中国当前及今后一段时期的必要选择。

（三）不断提高中国企业的国际竞争力

美国在 TPP 议题中正式提出了全新的有关国有企业的条款，要求成员国政府取消对国有企业的补贴以及对国有企业海外投资所给予的优惠融资等特殊待遇，即以竞争中立政策约束成员国国有企业。竞争中立原则目前已经越来越多地出现在全球和区域经济治理以及双边经贸和投资领域中，作为发展中大国，同时也是国有企业和主权基金相对规模较大的国家，中国必然会受到 TPP 竞争中立原则的影响，美欧等发达国家发起竞争中立原则在某种程度上就是要限制中国和广大新兴市场国家的竞争优势，维护其自身利益。中国要从一个经济大国变为经济强国，中国企业特别是国有企业的市场化改革是不容忽视的一个关键环节。尽管有越来越多的中国企业进入全球 500 强榜单，但这些企业往往大而不强，比较欠缺核心竞争力，还不能满足未来国际竞争的要求。

《十三五规划纲要》明确指出,要坚定不移把国有企业做强做优做大,培育一批具有自主创新能力和国际竞争力的国有骨干企业,增强国有经济活力、控制力、影响力、抗风险能力,更好地服务于国家战略目标。加快国有企业公司制和股份制改革,完善现代企业制度、公司法人治理结构。国企改革是经济体制改革的中心环节,只有坚持市场化改革方向,在国际化经营中应对挑战,国有企业才能真正成为市场经济的主体力量,才能有效避免竞争中立政策的影响,真正做优、做强,提升国有企业的国际竞争力。

(四) 充分发挥中国在国际上的话语权和规则制定权

如果中国未来选择加入 TPP,并不意味着已经初有成效的东盟与中国"10＋1"、东盟与中日韩"10＋3"以及中日韩自由贸易区建设就会停滞不前,而是会合理调整、同步推进,自贸区建设对中国具有十分重要的意义,一方面有助于提升中国的话语权与国际影响力,另一方面,通过积极参与国际规则的制定,担当起负责任大国应尽的义务。目前,中国已经对外签署 13 个自贸协定,还有 6 个自贸协定正在谈判中,并与印度、哥伦比亚开展相关自由贸易协定的可行性研究。同时,中国还在密切跟踪 TPP 和 TTIP 的相关进展,以高标准和严要求参与未来国际贸易规则的制定,中国未来可能会选择加入 TPP,以获得未来国际贸易规则制定的主动权和话语权。

具体来讲,如果中国未来选择加入 TPP,基本步骤如下:首先,扩大和深化与 TPP 现有成员国的经贸合作,这将为我国加入 TPP 打下基础,降低必需的双边谈判成本;其次,充分参与并积极推动亚太地区经济合作,中国不应放弃区域全面经济伙伴关系协定(RCEP)谈判,在条件允许的情况下可以推进其与 TPP 进行融合,使迈向亚太自由贸易区的路径更为通畅;第三,中国应同时参与多层次贸易谈判,如双边投资保护协定(BIT)和服务贸易协定(TISA)等,以争取更广阔的发展空间,在亚太经合组织进程中发挥更大作用,促进亚太地区的贸易和投资向纵深发展;第四,加快推进南南合作进程,按照国际标准和要求推动广大发展中国家的经贸合作,带动发展中国家实现共同发展,为实现亚太区域经济自由化创造有利条件。

第十二章　日本加入中日韩自贸区和 TPP 比较分析

一、问题的提出

早在 2002 年 11 月中日韩领导人会晤期间，中国前国务院总理朱镕基就曾向日韩两国领导人提出建立中日韩自由贸易区的建议，当时，中日韩三国领导人同意就此展开民间共同研究。然而，受多种因素的影响，中日韩自由贸易区建设一直未能取得实质性进展。直到 2009 年国际金融危机爆发，中日韩三国领导人决定进一步加强三国之间的经贸合作，加快推进中日韩自贸区建设。2010 年 1 月，中日韩自贸区共同研究委员会成立，并于同年 5 月正式宣布启动官产学共同研究。在中日韩三方的共同努力下，2011 年 12 月，中日韩官产学共同研究圆满完成，并宣布于 2012 年内启动谈判。

在中日韩三国积极推进自由贸易谈判的同时，作为战略东移的重要一环，美国于 2009 年高调宣布加入 TPP，试图以此为突破口，建立由美国主导的亚太合作体系，避免被排除在东亚一体化框架之外。美国的加入使原本名不见经传的"P4 协议"备受瞩目，秘鲁、越南和澳大利亚随即宣布加入，TPP 谈判实现了由"P4"向"P8"的重大转变，并呈现出不断扩大的趋势。2010 年，马来西亚正式加入 TPP。在这一背景下，日本也于 2011 年 11 月表达了参与 TPP 谈判的意向。

围绕加入中日韩自由贸易区还是 TPP，日本国内展开了激烈的争论，也成为日本国内热议的话题。本书从传统收益和非传统收益两个视角对日本的选择进行分析。

二、传统收益视角分析

影响一国参与自由贸易协定传统收益的因素主要包括成员数量及市场规模、原有关税水平、贸易量及比较优势等,分别从这几个方面对日本在中日韩自贸区和 TPP 框架下的传统收益进行比较分析。

(一) 经济规模和贸易规模的比较

从成员国数量和经济规模来看,TPP 具有明显优势,TPP 成员国的数量是中日韩自由贸易区的 4 倍,而且其经济规模、出口总额和进口总额分别是中日韩三国的 188%、132% 和 169%。然而,值得注意的是,在 TPP 庞大的经济规模中,美国和日本两个国家所占的比重比较大,因此,尽管参与谈判的各国具有同等的权利,但实际上 TPP 将被美国和日本所左右。从两大经济合作组织与日本的贸易量来看,中韩对日本的进出口总额均高于日本对其余 11 个 TPP 成员国的进出口总额。其中,中国和韩国对日本出口占到日本进口总额的 32.2%,中国和韩国从日本的进口占到日本出口总额的 29.5%,而其余 11 个 TPP 成员国分别为 31.4% 和 29.1%。分国别来看,无论是进口还是出口,中国都是日本的第一大贸易伙伴,与中国的贸易占到日本对外贸易总额的近四分之一,从对日本出口来看,美国、澳大利亚和韩国分列第二、第三和第四位,从日本进口来看,美国、韩国分列第二和第三位。由此可见,中日韩自由贸易区虽然在成员国数量和经济总规模上不及 TPP,但从与日本的贸易紧密程度上看,中日韩自由贸易区要高于 TPP。

(二) 关税水平的比较

自由贸易区对成员国福利的影响不仅与成员国间的贸易量有关,更与关税水平的高低紧密相关,建立自由贸易区前成员国间的关税水平越高,带来贸易创造的可能性就越大,而对非成员国的低关税将减少贸易转移的机会。中韩两国不仅与日本的贸易量大,而且关税水平比 TPP 成员国高。从平均关税看,中韩两国平均达到 10.4%,而 TPP 其余 11 个成员国的平均关税率仅为 4.8%。就日本的三大贸易伙伴中国、美国和韩国的对日关税水平来看，中韩两国从日本进口的关税税率远高于美国，农产品和非农产品的免税覆盖率也大大低于美国，这说明建立中日韩自由贸易区后，中国和韩国对日本削减关税的空间较大，而美国则较小。

（三）经济效果比较

关于中日韩自由贸易区可能带来的具体经济影响，已经有学者运用可计算一般均衡模型[①]和全球贸易分析模型[②]进行了数值模拟分析。虽然得出的数据结果有所不同，但结论基本一致，即中日韩自由贸易区会对三国贸易产生拉动作用，促进中日韩三国经济增长。日本学者阿布一知等利用全球贸易分析模型对中日韩自由贸易区的经济效果进行了预测，结果显示，日本通过中日韩自贸区将获得 203 亿美元的福利增长，实际国内生产总值将增长 0.41 个百分点。中日韩自贸区官产学共同研究结果也显示通过建立中日韩自由贸易区，中国国内生产总值将增长 1.1—2.9 个百分点，日本将增长 0.1—0.5 个百分点，韩国获益最为明显，将增长 2.5—3.1 个百分点。日本内阁府、经济产业省和农林水产省曾分别就 TPP 对日本经济的影响作出过不同的判断，日本内阁府经济与社会研究所的川崎健一认为如果日本加入 TPP 并将关税降至零，日本的实际国内生产总值将增长 0.48—0.65 个百分点，而如果日本不加入 TPP，其实际国内生产总值将下降 0.13 个百

---

① 可计算一般均衡(Computable General Equilibrium, "CGE")模型起源于瓦尔拉斯的一般均衡理论，1874 年，法国经济学家瓦尔拉斯提出了一般均衡的理论模型。1936 年，美国经济学家列昂惕夫首次引入投入—产出模型。20 世纪 90 年代美国经济学家阿罗和德布鲁从理论上证明了一般均衡解的存在性、唯一性、优化型和稳定性。后来，约翰森(Johansen,1960)构建了一个包括二十个成本最小化产业部门和一个效用最大化家庭部门的实际一般均衡模型，并给出了响应的均衡价格的具体算法，由于约翰森模型的可计算性质，人们普遍把约翰森模型视为第一个真正意义上的可计算一般均衡模型。1967 年，斯卡夫(Scarf)开发了一种开创性的算法，用于对数值设定的一般均衡模型进行求解，斯卡夫关于均衡价格开创性的算法使得一般均衡模型从纯理论转化为可计算的实际应用模型成为可能。

② 全球贸易分析(Global Trade Analysis Project,简称"GTAP")模型为美国普渡大学教授汤姆斯·赫特所发展，适用范围为全球贸易分析，GTAP 架构以个别国家地区生产、消费、政府支出作为子模型，在输入资料并折算各项参数后，以量化数据描绘各国贸易关系。该模型可供使用者于贸易政策施行前模拟目标国家或地区的国内生产总值、社会福利、就业、进出口等变化，并据此采取应对措施。

分点。日本内阁府对加入 TPP 经济效果的测算结果是如果仅取消关税,十年间日本的经济福利将增长 2.4—3.2 万亿日元(约合 307.7 至 410.3 亿美元),年均增长不到日本国内生产总值的 0.1%。日本经济产业省的测算结果显示,如果日本既不加入 TPP,也不与欧盟及中国达成经济伙伴关系协定,那么日本的实际国内生产总值增长率到 2020 年为 1.53%,低于基准数字,将导致日本减少 81.2 万个就业机会,日本国内生产总值也将减少 10.5 万亿日元。

农业问题一直是日本同其他国家签署自由贸易协定的主要障碍,一旦日本加入 TPP,将给日本农业带来较大冲击。日本农林水产省的一份测算显示,加入 TPP 将使日本农业产值减少 7.9 万亿日元(约合 1 013 亿美元),农业部门就业岗位将减少 350 万个。TPP 从一开始就决定采用比世界贸易组织更高的标准,对包括农产品和工业品在内的 99% 以上的货物实施零关税,只允许保留极少数的例外商品。从货物贸易的自由化程度来看,TPP 显然远远超过世界贸易组织和现有的各种自由贸易协定;其次,TPP 在服务贸易市场准入方面的广度和深度也是世界贸易组织多哈回合谈判所不及的。同时,TPP 要求实行比世界贸易组织更为严格和公平的知识产权保护、劳工权益保障和环境保护标准等,加入 TPP 意味着日本将面临更大的挑战。日本学者对加入 TPP 可能给日本带来的影响进行了分析,发现消除关税可以使日本消费者和生产商获益,但日本农业将受到一定程度的不利影响。TPP 在给日本带来一定便利和收益的同时,也可能给日本带来更多挑战,日本国内的很多现行法律、法规都必须做出相应的调整。

综上所述,单纯从传统收益方面来看,选择加入中日韩自由贸易区给日本带来的福利改善要高于加入 TPP 带给日本的福利改善。

三、非传统收益视角的分析

过去几十年来,世界贸易组织所推动的多边贸易体制已经使许多国家的贸易和投资壁垒降到较低水平,因此,通过开展自由贸易协定谈判获取贸易和投资自由化的潜在收益空间越来越小。在经济全球化和区域经济一体化进程中,与传统收益相比,非传统收益正受到越来越多的关注,对日本来说,其选择加入 TPP 更多地是看重其带来的非传统收益。

(一)安全保障

市场的逻辑是企业家在效率最佳的地方开展经济活动,而国家逻辑则为实现本国的权利和经济福利最大化实施控制。建立自由贸易区的国家理论上应该是在地理位置上比较接近,欧盟、北美自由贸易区和东盟都属于这一类型。然而,近年来,跨区域的国际经济合作组织日益增加,各国除了追求自身经济利益以外,还看中加入这些经济合作组织带来的政治和战略上的利益。

根据以往经验总结,日本选择签署自由贸易协定的对象国主要根据三个标准——经济标准、政治外交标准和实施可能性标准。所谓政治外交标准是指日本期望通过签署自由贸易协定来深化同其他国家之间的经贸交流与合作,同时建立政治互信。从这个意义上说,日本选择对象国在很大程度上是根据未来能否改善和强化其在该区域安全保障环境,增强在该区域影响力和发言权来确定的。从地缘政治的视角来看,冷战后的东北亚似乎从未出现过真正的地区秩序。朝鲜半岛问题、中日和韩日之间存在的历史问题和领土争端一直是困扰中日韩三方的政治难题,建立中日韩自由贸易区的最大障碍就是该地区的安全保障问题,此问题得不到妥善解决,就很难建立起真正意义上的经济共同体。以日美同盟为外交主轴的日本,其对外经济政策同美国的态度和政策息息相关。日本最终选择加入 TPP 的原因与其说是屈从于美国的压力,倒不如说是出于本国安全战略的考虑。与亚洲邻国保持距离的同时亲近美国,不仅可以增进同美国的同盟关系,同时还能依靠美国来增加与中国、韩国、俄罗斯相抗衡的砝码。日本政府对待 TPP 的立场与其政治上强化日美同盟关系是紧密绑定在一起的。特别是在目前中日关系因钓鱼岛问题而剑拔弩张之际,在安全上寻求美国的保护显得更为重要。因此,有日本学者认为,TPP 提供了一个加强日美同盟关系的绝好机会。由此可见,对日本来说,加入 TPP 不仅具有经济利益方面的权衡,还有政治和安全利益上的考量。综合以上分析,从日本自身安全保障方面来看,日本显然更倾向加入 TPP 而非中日韩自由贸易区。

(二) 主导权益

所谓主导权益是指从主导权中所获得的收益。在有多个国家和地区参加的区域经济合作组织中,往往需要一个或一个以上具有较强实力和影响力的主导国或领导国,如北美自由贸易区中的美国,欧盟中的法德两国。在东亚地区,中国经济的迅速崛起使日本丧失了亚洲第一经济大国的地位。未来哪个国家将主导亚太地区经济合作的格局与方向便成为日本的一大担忧,这种主导权之争客观上是阻碍东亚一体化进程的重要因素,也是阻碍中日韩自由贸易区建设的重要因素。虽然 TPP 是由美国主导的,但日本凭借其经济实力能够成为 TPP 成员国中具有第二大影响力的国家,而且期望以此来主导亚太地区未来经济规则的制定。与日本目前已经签署的自贸协定相比,TPP 追求的是高水平的贸易自由化,非常有可能成为亚太自由贸易区的最终实现路径,也有可能成为未来世界贸易组织多边贸易规则谈判的重要参考。如果日本没有在谈判初期加入,就很难在亚太地区重要经济规则的制定中握有一定的话语权,将来只能被动地接受由其他国家所设定的贸易规则,从而使日本蒙受更大的损失。由此可见,从主导权收益的比较来看,对日本而言,加入 TPP 给日本带来的收益要大于参加中日韩自由贸易区给日本带来的收益。

(三) 日本国内各个利益集团的收益分析

对一个国家来说,加入某一自由贸易区必然会使一些产业受益的同时使另外一些产业受损。受益者会大力推动,受损者则会极力阻止。因此,自由贸易区战略选择既是国家间利益的协调过程,也是国家或政党与国内各产业、各利益集团的妥协过程。在日本,政治影响力比较大的利益集团主要有工商业界利益集团、劳动利益集团、农业利益集团和公众利益集团四大类。

1. 日本国内政治同利益集团之间的关系

日本国内政治历来被利益集团所左右,日本的法案一般由中央政府提交给政党审议,而政党在对法案审议之前要首先与各利益集团进行协商,利益集团便可以通过组织选票或政治献金,对政党的决策施加压力。在日本政治舞台上,行政官僚、执政党和利益集团形成了稳固的"铁三角"制衡结构。在这一结构中,利益集团成为左右日本政治和经济政策的主要力量。

利益集团的基本功能是向政府施加压力,以实现自身利益的最大化。日本利益集团的功能可以分为如下四类:直接制定政策、间接制定政策、直接影响政策和间接影响政策。直接制定政策即利益集团直接政党化,这种功能在当代发达资本主义国家内部已经不多见了;间接制定政策即利益集团利用集团内的人力资源优势,选举本集团内的成员成为国会议员,虽然这些国会议员大多要服从其所属政党的组织领导,但在国会上讨论政策时他们代表本集团的利益,这种现象在日本十分普遍;直接影响政策是指利益集团通过组织成为强大的游说团体或者委托专业的游说机构向立法机构或行政机构就某一项政策进行游说;间接影响政策是指利益集团通过媒体等渠道获得广泛的社会支持。

2. 日本的利益集团

能够对日本自由贸易区战略决策产生重要影响的利益集团主要有以下两类:其一是经团联,经团联是经济团体联合会的简称,是日本工商业利益集团中财界势力的核心团体,其主要任务就是凝聚经济界的总意志、动员经济界的总智慧、左右日本政府的内外政策、贯彻经济界的总要求。从表面上看,该团体代表了日本整个工商界的利益,但实际上经团联主要代表日本大企业的利益。在政府机构中主张自由贸易的官僚(主要是经济产业省的官僚)也是这个集团的重要组成部分。作为日本最有代表性的利益集团,经团联长期通过政治献金对日本政治施加影响;其二是农协,农协是农业协同组合的简称,是日本最大的农业和农民团体,几乎所有的农户都被组织到农协中来,农协分为中央会和地方会,中央会的功能多是政治性的,即聚合农户的利益要求,然后反映到政治决策层,并对政治决策过程施加压力,使这些利益要求得到实现。作为日本最主要的农业利益集团,农协拥有可以影响日本政府政策的巨大经济实力,同时拥有可以将经济能量充分转化为政治影响力的强大组织能力。支持农协利益的国会议员为数众多,这些议员在日本国会中的势力很大,甚至一度被称作无敌的"农林族",可见其政治影响力之大。

3. 经团联对待中日韩自由贸易区和 TPP 的不同态度

从对待中日韩自由贸易区的态度上看,以经团联为首的日本工商界、特别是出口部门一直热衷于中日韩自由贸易区,并且对中日韩自贸区的经济效果寄予很高的期望。根据阿部一知等学者的研究,如果中日韩自由贸易协定能够达成,将给日本带来超过其目前已签自贸协定近十倍的经济利益,并对日本的产业结构和贸易结构产生重要影响。然而,由于受到种种因素的影响,中日韩自贸区建设进展缓慢。与此同时,中国和韩国都加快了各自签订自贸协定的步伐,特别是韩国,先后与东盟、美国、欧盟等主要贸易伙伴签订了自贸协定,韩国自贸协定的快速发展给以经团联为首的日本工商界利益集团带来较大冲击。得益于韩国-欧盟自贸协定的签署,韩国对欧盟出口额上升了 14.6 个百分点,日本则下降了 3.9 个百分点,日本经济产业省还推算,因韩美自贸协定的签署,到 2020 年,日本企业在汽车、电机、电子和机械领域的对美出口将因此减少 1.5 万亿日元,日本国内生产总值也将下降 3.7 万亿日元,将会导致日本国内对欧美出口企业破产或被迫向韩国转移生产,从而严重影响日本的国内就业和国际竞争力,这使日本的工商利益集团感受到了极大的压力。于是,他们将加入 TPP 作为改变目前日本区域贸易自由化相对落后状况以及争取主导权的一个有利机会和实现途径。在目前中日韩自贸协定尚处于胶着状态的情况下,加入 TPP 无疑是以经团联为首的日本工商利益集团的最优选项。因此,该利益集团对加入 TPP 表现出积极态度。在日本前首相野田佳彦野做出参加 TPP 谈判的表态后,经团联随即发表会长评论,认为从日本国家利益出发加入 TPP 无疑是最受欢迎的,对首相的果断决策表示敬意。日本汽车工业协会会长也认为日本迈出了伟大一步。作为日本财界和工商界的利益代表,经团联积极支持并努力推动日本加入 TPP。

4. 日本农协对待中日韩自由贸易区和 TPP 的不同态度

受国土面积狭小和自然条件恶劣的制约,以及小规模经营、兼业经营和农业劳动力老龄化日趋严重等不利因素的影响,日本农业部门的生产效率与欧美的农业部门相比较为落后。长期以来,日本政府对本国农业一直采取多种保护措施,因此,农协等农业利益集团对自由贸易协定一直持比较消极的态度。即使是与农业产业竞争力很弱的国家谈判,农协依然会站出来反对,直至达到对日本农产品保护的目的为止,更不用说与农业竞争优势较强的国家进行谈判了。日韩自贸协定谈判之所以中断,日澳经济伙伴关系协定之所以迟迟达不成协议都是因为日本农业利益集团的强烈反对。日本农业利益集团对中日韩自由贸易区和 TPP 均持反对态度。就农产品竞争优势而言,中日韩三国各有强项,中国在谷物和蔬菜水果方面的竞争优势高于日本和韩国,韩国和日本在肉乳制品及食品加工方面的竞争优势强于中国。因此,中日韩自贸区对三国的农业均有利有弊,由于中日韩三国在农业领域的分工和合作程度已经比较深,所以,如果中日韩三国能够签署自贸协定,对三国农业的实际冲击不会很大。与中日韩自贸协定相比,TPP 是一种更高水平的自由贸易机制,仅从农业方面看,日本一旦加入 TPP,其农业将面临巨大挑战,日本农业的开放程度本来就不高,当遭遇高度自由化的外国农产品的冲击时势必会出现危机。在 TPP 的成员国中,美国、澳大利亚和新西兰等国的农业竞争优势较为明显。因此,日本加入 TPP 将会严重损害日本农业相关利益集团的利益。日本农林水产省曾对加入 TPP 后日本农业受损的程度做了推算,结果显示加入 TPP 将使日本每年的农业产值减少 4.1 万亿日元,日本的粮食自给率将由目前的 40% 大幅下降至 14%。此外,一些传统的农业地区也纷纷对日本加入 TPP 给当地经济社会发展带来的不利影响进行了测算,结果都不容乐观,例如,加入 TPP 将会使日本北海道七种主要农畜产品的产值减少 2.1 万亿日元,使冲绳县农林水产业及相关产业的损失约 1 000—2 000 亿日元。从日本开始参加 TPP 谈判起,以农协为代表的日本农业利益集团便通过多种形式强烈反对政府的这一政策。相对于经团联的政策建言以及提供信息,农协更擅长使用人海战术,日本农协不断向日本参众两院的国会议员进行游说,力陈加入 TPP 将给日本粮食安全带来的灾难,使得日本政府很难在国会中以法案的形式通过推动 TPP 的积极政策。同时,农协还动员"农水族"议员以及农林水产省官僚来抵制日本政府的 TPP 政策。

　　总之,从传统收益上看,日本希望通过中日韩自贸协定的签署从中国和韩国的经济发展中获取经济利益,但从非传统收益上看,对主导权、国家安全、利益集团等方面的考量使得日本不得不重视 TPP。因此,日本今后的战略选择很可能是中日韩自贸区和 TPP 同时推进。鉴于目前中日和韩日之间存在的历史和领土争议存在长期化的趋势,中日韩自贸协定从政治角度看签署的难度较大,如果必须在两者之间做出选择,日本将优先推进 TPP。

第四篇

TPP 新规则下江苏开展新一轮对外开放研究

第十三章　江苏省外向型经济介绍

一、江苏对外贸易概况

（一）对外贸易总量趋于平稳，对外贸易依存度逐渐下降

江苏省位于中国东部沿海地区，经济社会发展水平较高，拥有较为发达的交通和运输条件，对外开放程度比较高，是中国的经济和对外贸易大省。2001 年中国正式加入世界贸易组织以来，江苏省对外贸易一直走在各省的前列。如图 13.1 所示为 2001—2015 年江苏省地区生产总值、进出口总额

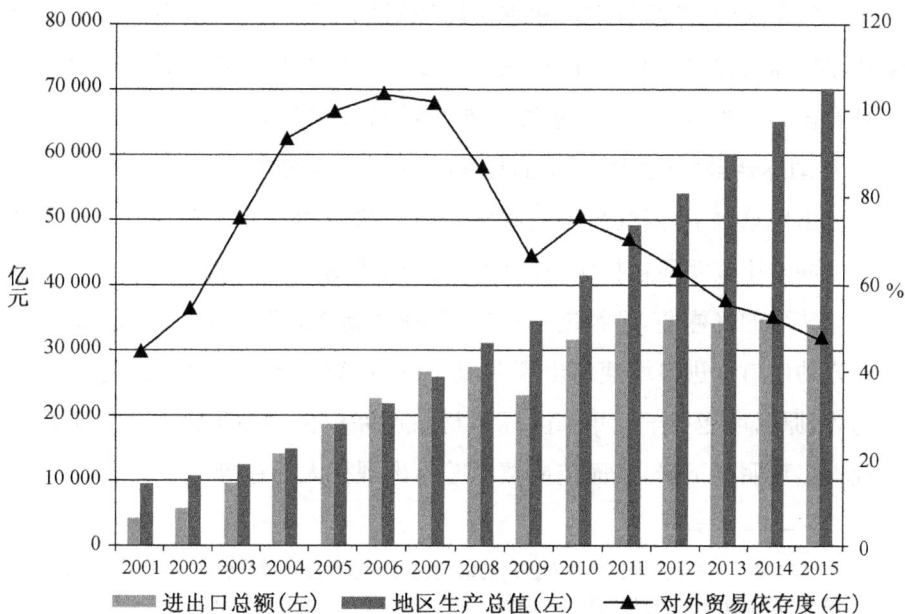

图 13.1　江苏进出口总额与对外贸易依存度

资料来源：国家统计局，江苏统计局

与对外贸易依存度,由图 13.1 可知,2001—2015 年的 15 年间,江苏省地区经济实现跨越式发展,地区生产总值由 2001 年的 9 457 亿元大幅攀升至 2015 年的 70 116 亿元,年平均增速高达 14%。中国自 2001 年加入世界贸易组织后迎来了对外贸易发展的黄金期,2001—2007 年七年间,江苏省对外进出口总额从 4 251 亿元快速上升至 33 976 亿元,2008 年爆发的金融危机使江苏对外贸易出现短暂下滑,2011 年以后,江苏对外贸易开始步入平稳期,进出口总额在 3.4 万亿元上下小幅波动。2001—2006 年,江苏省对外贸易依存度迅速上升,江苏对外贸易依存度在 2006 年跃升至 104% 的最高点,此后江苏对外贸易依存度不断下滑,截至 2015 年,江苏对外贸易依存度已下降至 48%。当前,江苏对外贸易总体上已步入平稳期,随着外部有效需求持续低迷以及内部经济结构调整的不断深化,预计未来江苏对外贸易依存度将处于缓慢下降通道。

(二) 进口和出口增速下降,贸易差额持续扩大

分类型来看,江苏省出口和进口增加明显,图 13.2 所示为 2001—2015 年江苏省商品进口总额、出口总额与贸易差额的变化趋势,从图 13.2 可以明显看出,2008 年以前,江苏省对外贸易持续快速增长,增幅较为显著。2008 年国际金融危机爆发后,江苏省进口和出口增速均显著放缓,部分年份甚至出现总量下降状况,说明国际金融危机对以外向型产业为主的江苏带来的冲击比较明显且持续时间较长,反映当前江苏正处于经济结构调整和产业转型的阵痛期,已经进入对外贸易的"新常态"。[①] 值得注意的是,虽然江苏的出口和进口增速均出现明显下降,但贸易差额却呈现出不断扩大的趋势,原因可能在于近年来国际原材料产品价格不断走低使得江苏的进口成本出现明显下降,进而造成贸易差额出现扩大的趋势。

---

① "新常态"一词是由习近平主席提出的描述现阶段中国经济发展特点的一个专业术语,新常态就是不同以往的、相对稳定的状态,这是一种趋势性、不可逆转的发展状态,意味着中国经济已经进入一个与过去三十多年高速增长期不同的新的发展阶段。"新常态"同样可以用来描述当前江苏省对外贸易发展的特点,在当前的世界经济背景和国内改革发展背景下,江苏省对外贸易增长正向平稳和中低速增长状态回归。

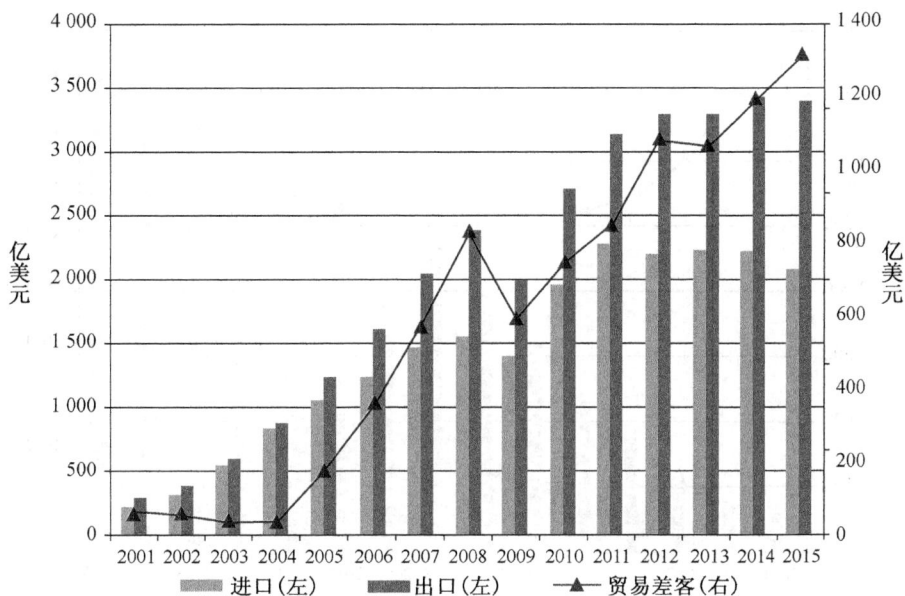

图 13.2　江苏进口、出口与贸易差额

资料来源:江苏省统计局

(三)一般贸易占比显著上升,出口贸易"成色"明显提高

改革开放后,江苏省凭借低廉的劳动力成本优势,通过加工贸易迅速融入全球生产分工体系,近年来,江苏省对外出口中一般贸易占比逐年提高,正在取代加工贸易成为江苏对外贸易的新支柱。图 13.3 所示为 2001—2015 年江苏省一般贸易出口及其在总出口中占比变化趋势图,由图 13.3 可明显看出,2001 年以来,江苏一般贸易出口在总出口中的占比呈现出明显的"倒 U"型曲线,2009 年以前,江苏加工贸易出口占比不断上升,出口商品的附加价值比较低,给江苏带来的经济和社会发展收益都相对较小,2008 年国际金融危机的爆发使江苏出口产业开始转型升级,[①]大量劳动密集型的低端加工产业要么被淘汰,要么转移到生产成本较低的内陆地区或东南

---

① 很多经济改革也都是在外部环境的压力下向前推进的,所以,如果应对适当,外部压力有可能转化为内部改革动力,能加快国内改革,为将来启动新的经济发展过程创造制度环境和有利条件。

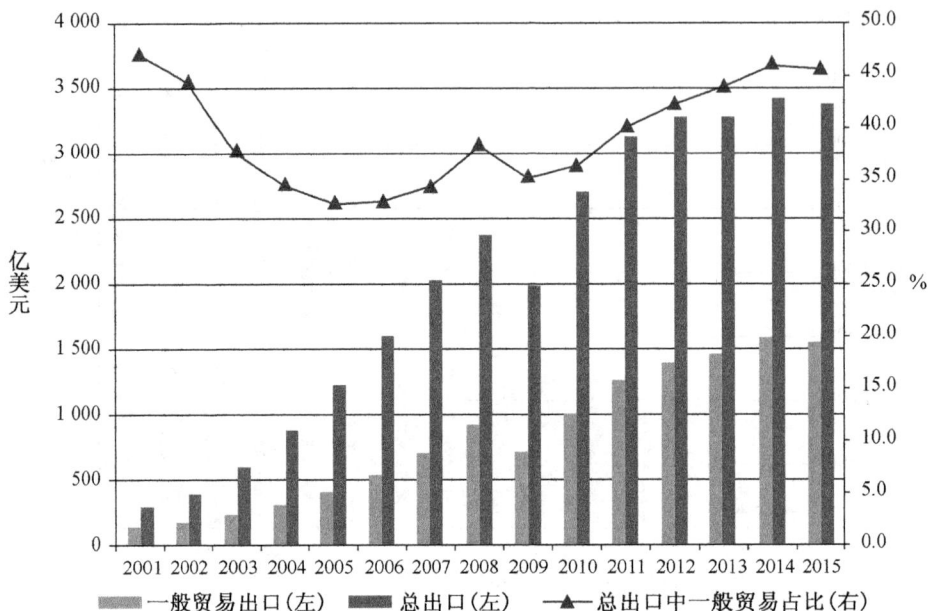

图 13.3 江苏一般贸易出口总额及其在总出口占比趋势

资料来源:国家统计局,江苏统计局

亚地区,①一般贸易出口比重开始上升,江苏外贸出口的"成色"不断提高,外贸出口附加价值和社会经济效益也不断提高。

(四) 工业制成品出口与进口差额持续扩大,对外贸易结构不断优化

江苏是一个制造业大省,对外进出口绝大部分商品属于工业制成品,图 13.4 列示了 2001—2015 年江苏工业制成品进口额和出口额及其在总进口和总出口占比情况。如图 13.4 所示,江苏工业制成品出口额增幅长期领先工业制成品进口额增幅,且工业制成品出口在江苏总出口中的占比近年来一直保持在 98% 以上,而工业制成品进口在江苏总进口中的比重持续下

① 同很多东亚国家类似,改革开放后中国对外贸易的发展也是从轻工等低端劳动密集型产业和"三来一补"简单生产模式开始的,起初,主要来自香港和台湾的外商投资企业在沿海经济特区进行投资,他们提供设生产设备、原材料、来样,并负责全部产品的销售,中国大陆则提供土地、厂房和劳动力,又称"三来一补",这种生产和贸易模式是在中国对外贸易条件较差背景下的特殊阶段的产物,其对产地的经济和社会效益很低,这种生产和贸易模式后来渐渐被淘汰。

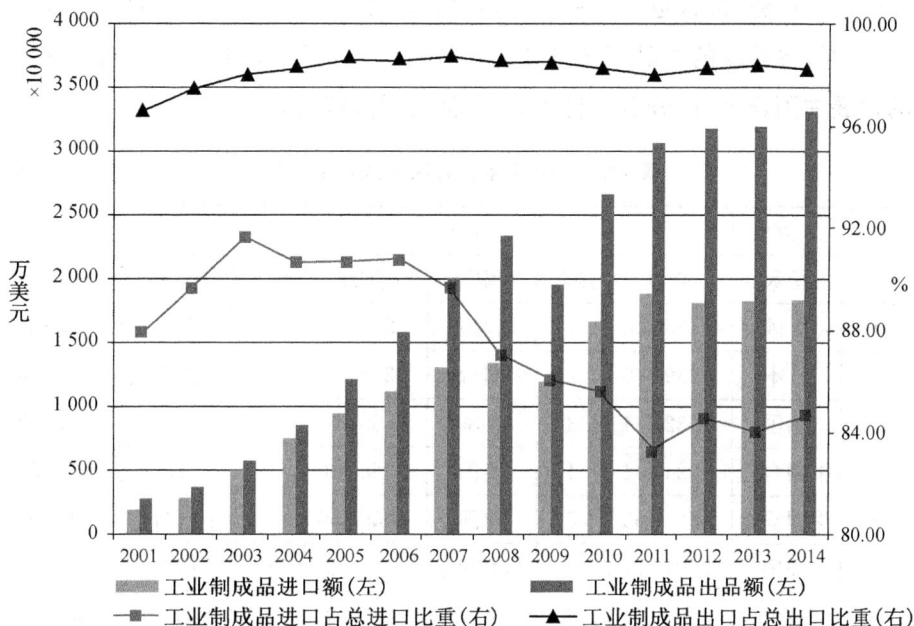

图 13.4　江苏进出口商品结构变化趋势

资料来源：江苏省统计局

降,体现出江苏省对外贸易结构在不断优化,对外贸易附加值也在不断提升。

(五) 江苏对外贸易区域分布

表 13.1 列示了 2014 年江苏省对外贸易进出口、进口以及出口的前十大贸易伙伴国家和地区。由表 13.1 可以明显看出,欧美发达国家以及东亚"四小龙"是江苏的主要贸易伙伴,具体来看,美国是江苏的最大出口市场,2014 年江苏对美国的出口额达到 702 亿美元。韩国则是江苏最大的进口来源地,江苏 2014 年从韩国进口了价值 430 亿美元的商品。2014 年江苏省前十大贸易伙伴中 TPP 国家有美国、日本、澳大利亚、新加坡和马来西亚,表明江苏省与 TPP 国家之间的贸易联系还是比较紧密的,TPP 的正式生效将会给江苏省的对外贸易造成一定程度的负面冲击,因此,江苏省需要积极主动调整以应对 TPP 带来的挑战,一方面,江苏省相关主管部门和企

业要认清形势,加快进行产业结构转型升级,提高竞争力;另一方面,江苏企业要积极寻找新的产品市场,借助国家"一带一路"战略的东风加快拓展新的发展中国家市场,分散贸易风险,增强抗风险能力。

表 13.1　2014 年江苏前十大贸易伙伴　　　　　　　　单位:万美元

进出口			进口			出口		
排名	国家	金额	排名	国家	金额	排名	国家	金额
1	美国	8 605 218	1	韩国	4 269 049	1	美国	7 017 158
2	日本	5 939 570	2	中国台湾	3 203 742	2	中国香港	3 484 620
3	韩国	5 932 734	3	日本	2 853 273	3	日本	3 086 297
4	中国台湾	4 624 341	4	美国	1 588 060	4	韩国	1 663 685
5	中国香港	3 539 165	5	德国	1 056 850	5	中国台湾	1 420 599
6	德国	2 201 467	6	澳大利亚	896 553	6	荷兰	1 378 355
7	荷兰	1 539 933	7	马来西亚	624 419	7	德国	1 144 617
8	澳大利亚	1 526 545	8	新加坡	581 641	8	英国	861 655
9	新加坡	1 238 482	9	泰国	573 501	9	印度	861 410
10	马来西亚	1 201 652	10	巴西	442 149	10	新加坡	656 841
	合计	36 349 107		合计	16 089 237		合计	21 575 237

资料来源:江苏省统计局

二、江苏引进外资情况

(一) 江苏省利用外商直接投资出现下降趋势

改革开放以来,江苏省在引进外商投资方面一直走在前列,图 13.5 所示为 2001—2014 年江苏省引进外商直接投资项目数及项目实际投资金额变化情况。由图 13.5 可以明显看出,江苏省近年来吸引外商直接投资无论是项目数还是实际投资金额均出现下降趋势,其中,江苏实际使用外资金额在 2012 年达到 357.6 亿美元的最高点后开始下降,2014 年,江苏实际利用

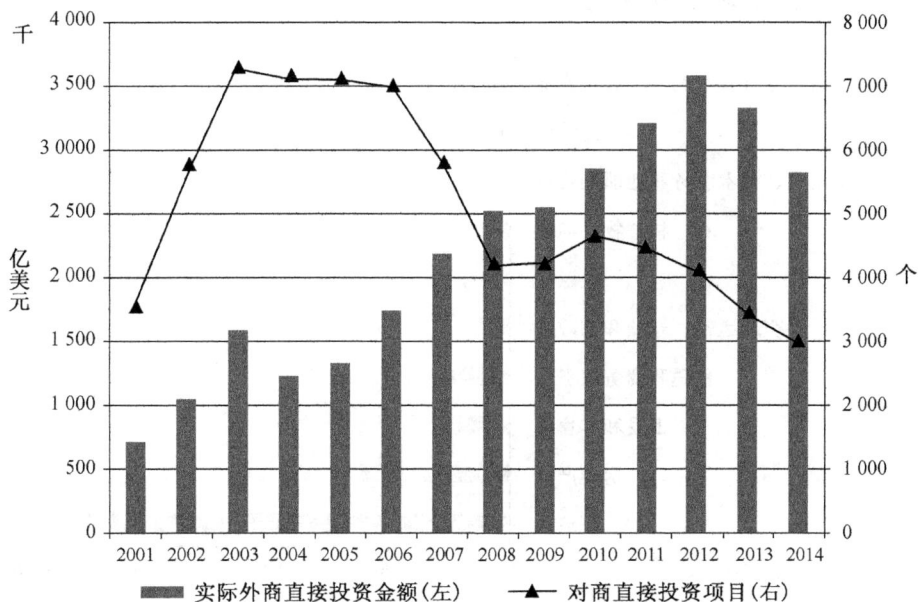

图 13.5　江苏外商直接投资项目数及投资金额

资料来源:江苏省统计局

外资金额降至 281.7 亿美元。原因一方面在于江苏近年来生产成本大幅上升使一些劳动密集型的低端产业向成本更加低廉的中西部内陆地区和东南亚、南亚以及非洲地区转移;另一方面在于江苏的地方民营企业不断成长壮大,市场竞争力和经营管理水平不断提高,导致外商投资企业在江苏面临越来越大的本地企业竞争。

(二) 过半外资流向制造业,相当部分外资流向房地产业

图 13.6 列示了 2014 年江苏省实际利用外商直接投资前十大产业,由图 13.6 可知,江苏省吸引外资最多的三大产业分别为制造业、房地产业、批发和零售业,吸引的外商直接投资分别达到 145.5 亿美元、50.6 亿美元、21.5 亿美元。其中,制造业吸引外商直接投资金额占到江苏省吸引的外商直接投资总量的 51.7%。需要关注的是江苏省房地产行业吸引的外资较多,占到外商直接投资总量的 18%,因此,江苏省需要积极引导外商直接投资,防止外资过多流向房地产等投机性产业,助推房地产泡沫,干扰国家宏

观经济调控和国民经济的正常运行。

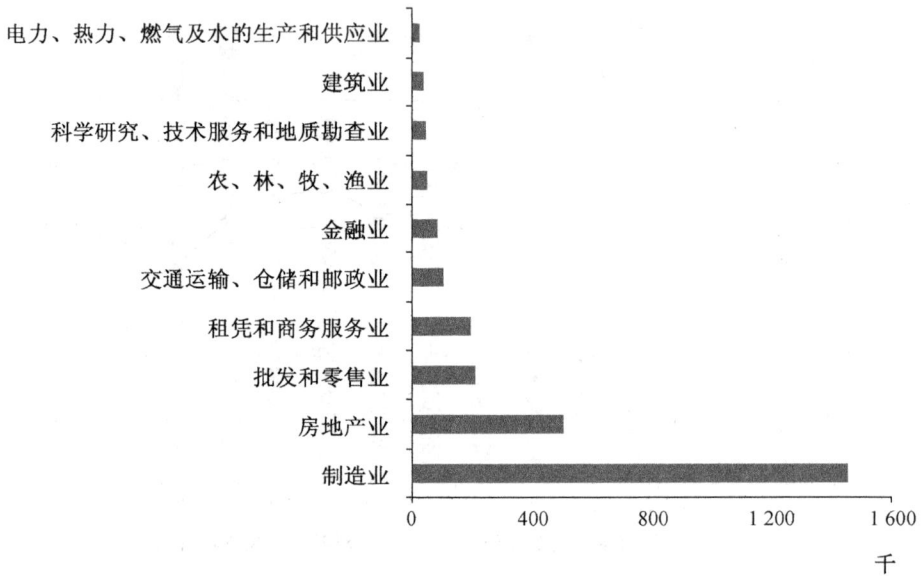

图 13.6　江苏 2014 年吸引外资前十大产业　单位:万美元

资料来源:江苏省统计局

(三) 香港撑起江苏外商直接投资的"半壁江山",发达国家占据主要位置

　　江苏省的外商投资来源地较为集中,表 13.2 汇报了 2014 年江苏省外商直接投资前十大来源地,从表 13.2 可知,日本和亚洲"四小龙"占据了江苏外商直接投资的前五大来源地,来自中国香港地区的外商直接投资最多,达到 168.2 亿美元,占到当年江苏吸引外资总量的近六成,这体现出江苏省在东亚生产分工体系中处于比较重要的位置。但是,由于香港是东亚地区的重要金融中心,是很多跨国企业的周转地,香港具有十分便利的贸易、投资条件和绝佳的营商环境,相当一部分跨国企业以香港为跳板来中国大陆投资,所以,香港对中国大陆的直接投资中有相当一部分并非香港本地企业的投资,而是其他国家和地区经由中国香港对中国大陆的投资。2014 年江苏省前十大外商投资来源地占当年江苏省引进的外商直接投资总量的近八

成。综上所述,江苏吸引的外商直接投资绝大部分来自与中国经贸往来较为紧密的亚洲"四小龙"以及欧美日等发达国家。

表 13.2　江苏 2014 年外商直接投资前十大来源地　　单位:万美元

排名	国家(地区)	实际投资金额
1	中国香港	1 681 806
2	新加坡	119 168
3	日本	113 660
4	中国台湾	112 424
5	韩国	92 206
6	美国	59 722
7	德国	36 858
8	英国	34 558
9	瑞士	16 179
10	荷兰	14 520
	总计	2 281 101

资料来源:江苏省统计局

三、江苏对外投资情况

(一) 对外直接投资持续快速上升

近年来,江苏企业积极响应国家"走出去"战略,对外直接投资增长较为明显,图 13.7 所示为 2007—2014 年江苏省对外直接投资新批项目数及实际投资金额。2007—2014 年期间,江苏省对外直接投资金额从 4.7 亿美元大幅攀升至 72.2 亿美元,年平均增速达到 41%,增速较为明显。2008 年国际金融危机以来,随着中国国内生产成本的不断上升以及产业结构调整的不断深化,许多江苏企业尤其是低端劳动密集型企业开始将部分生产环节向劳动力成本更加低廉的东南亚、南亚以及部分非洲国家转移,江苏省企业"走出去"步伐明显加快。

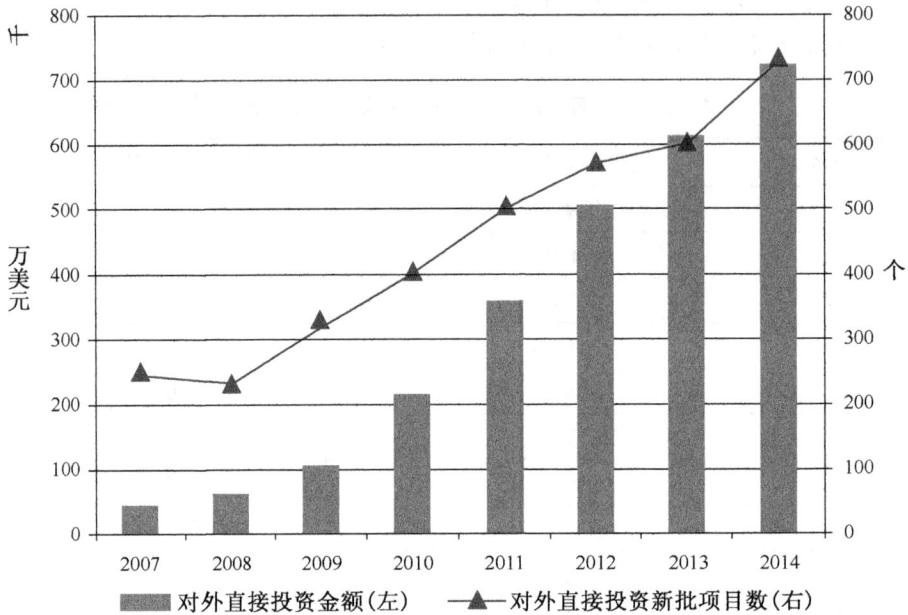

图 13.7 江苏对外直接投资项目数及投资金额

资料来源：商务部、江苏省统计局

(二) 对外直接投资区域分布呈现多样化特征

表 13.3 汇报了 2014 年江苏对外直接投资前十大目的地，由表 13.3 可以明显看出，江苏 2014 年对外直接投资前十大目的地分别为中国香港、美国、印度尼西亚、澳大利亚、英维尔京群岛（英属）、德国、新加坡、巴基斯坦、日本和埃塞俄比亚，其中，流向中国香港的直接投资金额最多，达到 25.8 亿美元，占到江苏当年对外直接投资总额的 35.8%。不同于江苏外商直接投资来源主要集中在东亚和欧美发达国家，江苏对外直接投资目的地中既有美国这样的发达国家，也有埃塞俄比亚这样的非洲发展中国家，对外直接投资目的地较为分散。值得注意的是，中国香港和维尔京群岛（英属）是世界知名的离岸金融中心，相当一部分中国企业通过中国香港或维尔京群岛（英属）等离岸金融中心向其他国家和地区投资，因此，江苏省对中国香港和维尔京群岛（英属）的直接投资不是最终的直接投资数据，其中会有一部分继续流向其他国

家和地区。

表 13.3　江苏省 2014 年对外直接投资前十大目的地　　单位:万美元

排名	国家(地区)	投资金额
1	中国香港	258 318
2	美国	66 452
3	印度尼西亚	38 257
4	澳大利亚	37 169
5	英属维尔京群岛	36 830
6	德国	23 794
7	新加坡	23 738
8	巴基斯坦	17 949
9	日本	16 994
10	埃塞俄比亚	14 918
	总计	534 419

资料来源:商务部、江苏省统计局

(三) 对外直接投资产业分布以制造业、商贸服务业和房地产业为主

图 13.8 所示为江苏省 2014 年对外直接投资前十大产业分布。由图 13.8 可知,江苏省的对外直接投资主要分布在制造业、租赁和商务服务业、批发和零售业以及房地产业,投资金额分别达到 20.2 亿美元、18.2 亿美元、12.8 亿美元和 10 亿美元。前四大产业占到江苏省对外直接投资总量的 84.7%。江苏省对外直接投资中制造业和高新技术产业的比重还不够大,由于发达国家的高新技术产业对江苏省产业技术升级的帮助最大,因此,未来江苏可加大对企业境外直接投资的引导力度,鼓励江苏企业对发达国家高技术产业的投资,为江苏省实现产业升级提供助力。

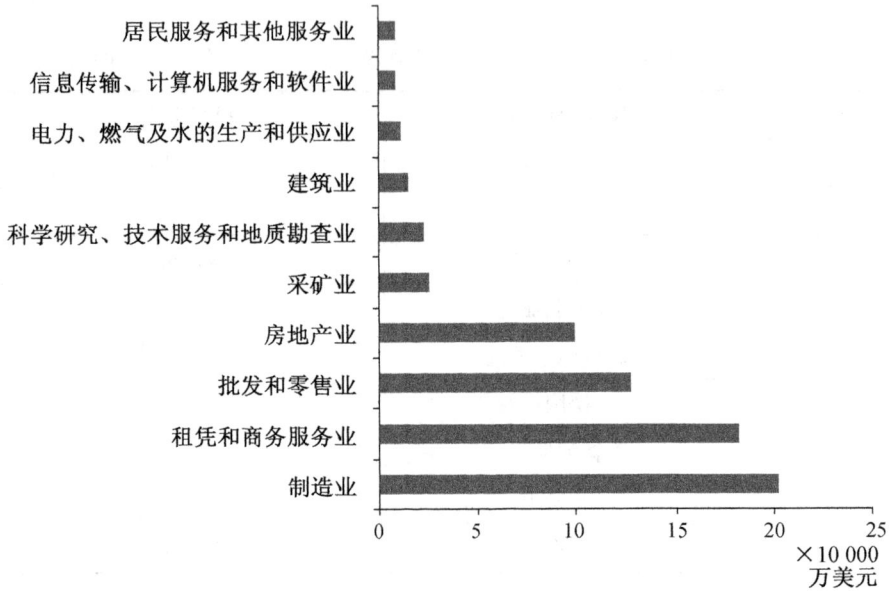

图 13.8 江苏省 2014 年对外直接投资分布前十大产业

资料来源:江苏省统计局

第十四章　江苏省与 TPP 成员国
贸易与投资状况

一、江苏与 TPP 成员国贸易状况

（一）进出口贸易规模显著增加，TPP 国家贸易重要性有所下降

图 14.1 报告了 2001—2014 年江苏省对全部 TPP 国家进出口总额及其占比情况。如图 14.1 所示，2001—2008 年，江苏省对 TPP 国家进出口

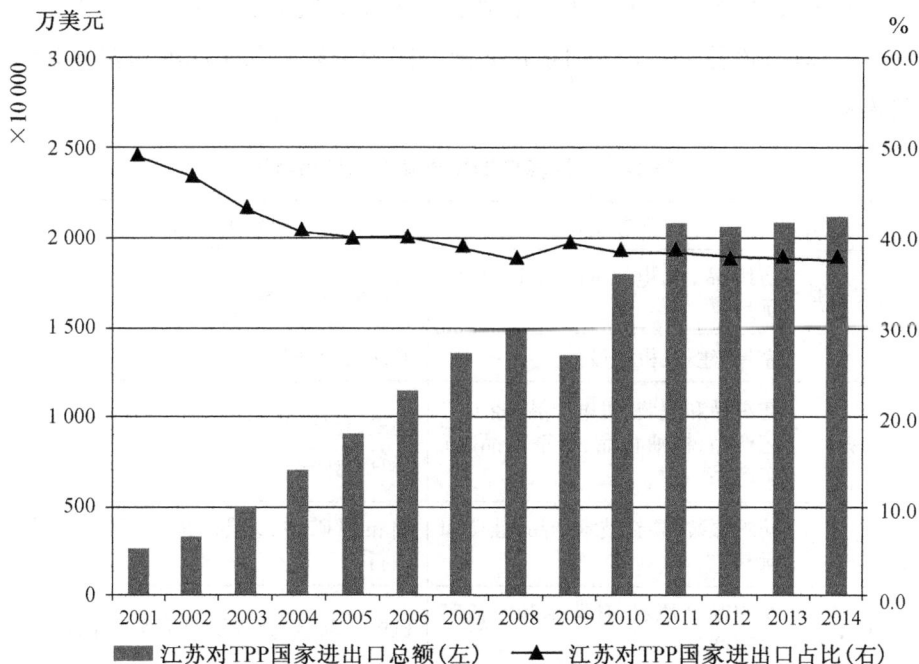

图 14.1　江苏对 TPP 国家进出口总额及占比

注：TPP 成员国包括：澳大利亚、文莱、加拿大、智利、日本、马来西亚、墨西哥、新西兰、秘鲁、新加坡、美国、越南，江苏对文莱进出口数据缺失，由于江苏与文莱的贸易非常少，因此可忽略。

资料来源：江苏省统计局

总额从 253.3 亿美元持续快速增长至 1 483.8 亿美元,增幅较为明显。2009 年,受国际金融危机影响,江苏对 TPP 国家进出口下降至 1 342 亿美元。之后迅速恢复,2011 年以后,江苏对 TPP 国家进出口总额逐渐趋于平稳。江苏对 TPP 国家进出口占全省进出口总额比重自 2001 年以来缓慢下降,截至 2014 年,TPP 国家在江苏进出口总额中的比重已经降至 37.6%。综上所述,TPP 国家作为一个整体在江苏对外贸易中的比重出现明显的下降,在江苏对外贸易中的地位也已有所下降。

(二) 江苏与 TPP 国家贸易商品结构

表 14.1 列示了江苏省与 TPP 国家之间贸易商品结构,由表 14.1 可以明显看出,江苏省与 TPP 国家之间贸易商品的种类多样,既包括工业制成品,还包括部分初级产品。综合来看,江苏省对 TPP 国家的出口以工业制成品为主,江苏从 TPP 国家进口的商品则多为初级产品,但会从美国、日本等技术发达国家进口部分机器设备等工业制成品。总体来看,江苏省对 TPP 国家贸易条件较好,同 TPP 国家间的贸易有利于江苏的贸易和经济发展。

表 14.1　江苏与 TPP 国家贸易商品结构

TPP 国家	江苏出口	江苏进口
澳大利亚	纺织品、机电产品、化工产品、玩具	矿产品、贱金属
文莱	家具、建材、机械设备	原油、天然气
加拿大	纺织品和服装、机电产品、轻工工艺产品、粮油食品、土畜产品、五矿产品	小麦、化肥、机械设备、机电设备、纸浆及各种纸张
智利	纺织服装、高新技术产品、鞋类和玩具	铜和铜矿砂、纸浆、鱼粉、铁矿砂和硝石
日本	纺织品及原料、鞋靴伞和箱包等轻工产品	机电产品、贱金属及制品和运输设备
马来西亚	机电产品、机械设备、钢材及钢铁制品、塑料制品、铝及制品	机电产品、矿物燃料、机械设备、动植物油和橡胶及制品

（续表）

TPP 国家	江苏出口	江苏进口
墨西哥	机器工业制品、家具、玩具	矿产品、机电产品和车辆部件
新西兰	机电产品和纺织品	动物产品、木制品和食品
秘鲁	机电产品、贱金属及制品和纺织品及原料	矿产品、贵金属及制品和贱金属及制品
新加坡	机电产品、贱金属及制品、纺织品及原料和家具玩具	机电产品、化工产品、塑料橡胶和矿产品
美国	纺织服装、玩具、箱包鞋帽和机电产品	机电产品、运输设备、植物产品、贱金属及制品和化工产品
越南	机械器具及零件、电气产品、铁制品、纺织品、车辆及其零附件、矿物燃料及其产品、肥料	矿物燃料及其产品、农产品、橡胶及其制品、机械器具及零部件、电气产品、棉花、木材及其制品、纺织品

资料来源：南京海关

（三）TPP 新规则对江苏省对外贸易发展的影响

近年来，美国对外积极推进两大贸易战略——跨太平洋伙伴关系协定（TPP）和跨大西洋贸易与投资伙伴协定（TTIP）[①]。从这两大贸易战略所涉及的国家来看，近三年来，江苏对 TPP 国家和 TTIP 国家的进出口金额占到江苏全年进出口总额的 60％以上，如果不包括美国，江苏省同 TTP 其他 11 个成员国的进出口金额是与欧盟进出口额的两倍，TTP 国家是江苏对外贸易的重要区域，美国、日本和韩国分别位于江苏外贸进出口前三位。江苏对外贸易的对象较为集中，与 TPP 国家和 TTIP 国家经贸关系较为紧密。一旦美国推动的 TTP 和 TTIP 正式生效，江苏的对外贸易会受到一定程度的不利影响。

---

① 跨大西洋贸易与投资伙伴（Transatlantic Trade and Investment Partnership，简称"TTIP"）协定是指美国和欧盟双方通过削减关税、消除双方之间的贸易壁垒等来发展经济，应对金融危机的贸易协定。该协定于 2013 年 6 月正式启动谈判。该协定一旦达成，意味着欧美自贸区的形成，欧美自贸区将成为世界上最发达和规模最大的自贸区，对欧美经济乃至全球贸易、投资格局和规则演变无疑都将产生重大影响。

例如,按照美国在北美自由贸易区采用的"纱后原则",所有纱线织物必须从协约成员国中进口,一旦 TPP 也采纳这一原则,很多纺织品订单将从中国转移到 TPP 成员国中的越南和墨西哥等国,纺织业是江苏省的重要产业,必然会受到这个原则的影响。再比如江苏引以为豪的制造业,美国和日本等国都拥有非常坚实的工业基础和富有活力的创新环境,澳大利亚、墨西哥和加拿大有着丰富的矿产、能源,新加坡是重要的国际金融中心和国际航运中心,日本在电子、汽车产业方面经验丰富。甚至江苏制造业中劳动力成本较低的优势也可以被越南等国家超越。这些都是美国重返制造业所需要的,既然可以从两洋同盟战略中更加容易地得到这些要素,美国及其他成员国就有可能将对外贸易对象转移到两洋同盟战略的成员国中,江苏制造业可能遭遇较为严峻的考验。

二、TPP 成员国对江苏省直接投资情况

(一) TPP 国家对江苏省直接投资现状

图 14.2 所示为 2001—2014 年 TPP 成员国作为一个整体对江苏省直接投资及其占比情况。由图 14.2 可以明显看出,2001—2013 年,TPP 国家对江苏省直接投资总体保持增长态势,由 2001 年的 23.6 亿美元增加至 2013 年的 62.3 亿美元,2014 年出现较明显下滑,下降至 32.1 亿美元。与此同时,TPP 国家在江苏吸引的外商直接投资总量中的比重呈下降趋势,从 2001 年的 33.2% 下降至 2014 年的 11.4%,降幅较为明显,表明 TPP 国家在江苏吸引外商直接投资中的地位有所下降。分国家来看,TPP 国家中对江苏直接投资较多的国家有日本、新加坡和美国。

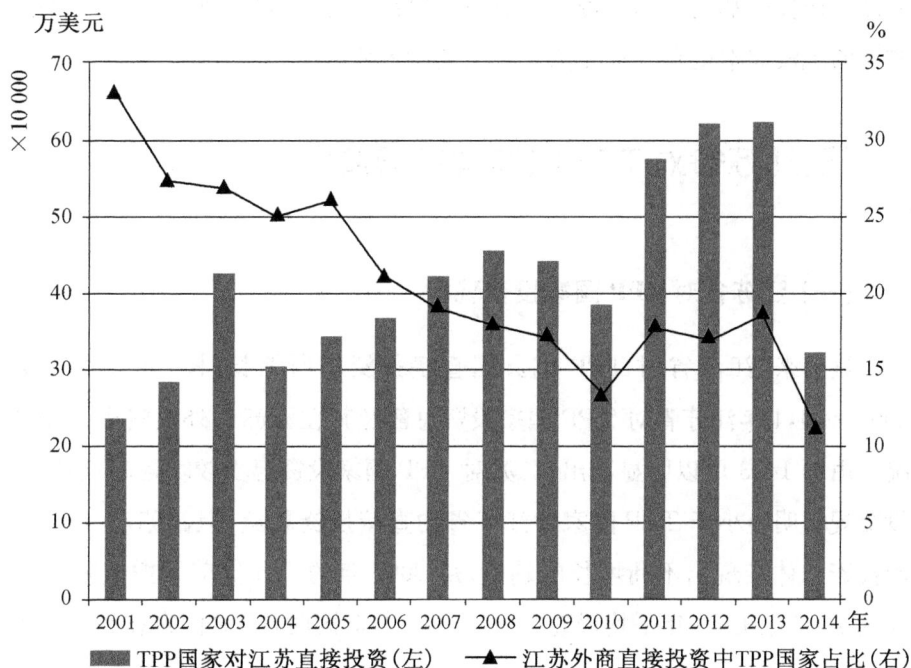

图 14.2　TPP 成员国对江苏省直接投资及其占比

注：文莱数据有缺失。

资料来源：历年《江苏省统计年鉴》

（二）TPP 新规则对江苏吸引外商直接投资的影响

　　来自 TPP 国家的投资在江苏省所吸引的外商直接投资中的占比并不突出，TTP 成员国对江苏省直接投资合同项目数占江苏省当年所有外商直接投资合同项目数的比重约为 66.7%，合同金额占江苏当年引进外资全部合同金额的比重约为 25%。在所有 TPP 成员国中，日本和新加坡对江苏省合同外商直接投资金额最多，是江苏利用外资的主要来源地。从时间跨度上来看，2011—2013 年，TPP 成员国对江苏的直接投资逐年下降，即使 TPP 实际生效，其对江苏利用外资的影响也不会很大，原因有三：其一是 TPP 成员国的直接投资在江苏全年利用外资中的占比不是很突出，以合同金额计，最多达到 25%；其二是 TPP 国家在江苏省的投资项目所签订的投资协议通常都不止一年，如果撤离，需要支付较高的违约费用；其三是很多外商直接投资都属于固定资产投资,不是短时间内就可以处置完毕的,而且较大的沉没成本也是外资无法立刻撤离的重要因素。

三、江苏省对 TPP 成员国投资情况

(一) 江苏省对 TPP 国家投资现状

近年来,江苏省对 TPP 成员国直接投资有所增长,图 14.3 所示为 2007—2014 年江苏省对 TPP 国家投资总额及其在江苏对外投资中占比情况。由图 14.3 可以明显看出,江苏对 TPP 国家投资起步较晚且起点较低,投资规模明显小于 TPP 国家对江苏省的直接投资总额,但江苏对 TPP 国家投资总体表现出不断增长的趋势,从 2007 年的 1.5 亿美元增加至 2014 年的 16.7 亿美元,年平均增速为 35.4%。与此同时,TPP 国家在江苏对外

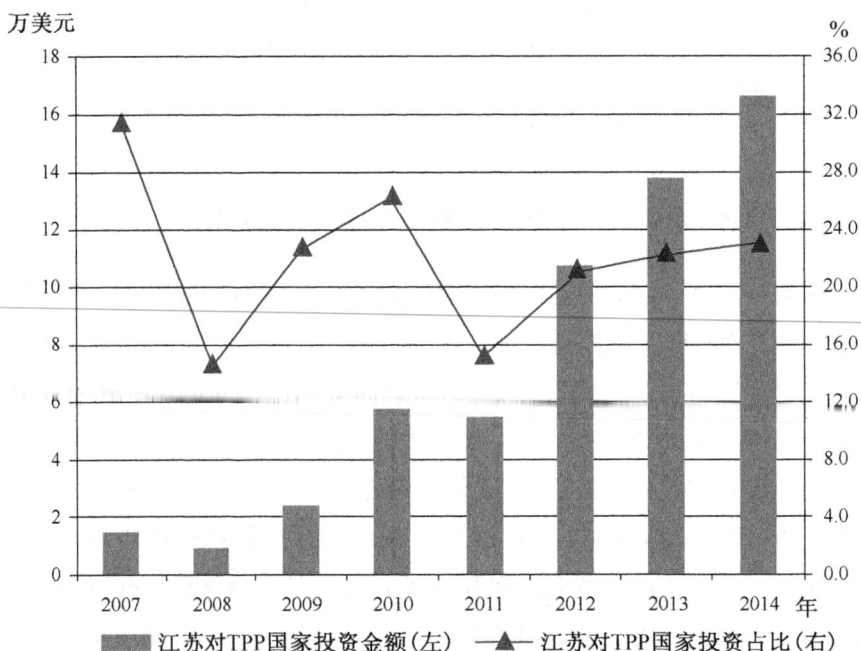

图 14.3　江苏对 TPP 国家投资金额及其占比

资料来源:历年《江苏省统计年鉴》

投资中的占比波动明显,2012 年以来逐渐趋稳,2014 年,江苏对 TPP 国家投资总额占江苏对外投资的比重为 23.1%。

（二）TPP 新规则对江苏省对外投资的影响

虽然近年来江苏省对外直接投资有所增长,但从绝对数额来看仍然较小,远远低于江苏省吸引的外商直接投资,表明江苏对外投资仍然处于起步发展阶段。因此,在中短期内,TPP 并不会给江苏对外投资带来较大影响,但随着对外投资步伐的不断加快,江苏需要抓紧研究并制定相应的应对措施,避免陷入被动境地。

第十五章 TPP 对江苏省外向型产业发展影响分析

经过改革开放近四十年的快速发展,江苏省外向型经济发展取得了长足进展,对外开放层次和水平不断提高。但是,江苏省以低附加值、劳动密集型加工贸易为主的外向型产业发展模式仍未得到根本性改变,具有较强自主创新能力的企业仍然比较缺乏,江苏省企业和产业在国际市场上的竞争力依然较弱。TPP 的签署将会给江苏省外向型产业的发展带来较为明显的不利影响,但另一方面,TPP 中的一些看似较为严苛的条款却代表着国际贸易未来规则的发展方向,对于江苏省外向型产业的发展来说又具有引导和促进作用。因此,江苏省社会各界要以更加积极和客观的态度来应对 TPP,变被动为主动,取长补短,趋利避害。具体来看,TPP 对江苏省外向型产业发展的影响主要体现在以下几个方面:

一、TPP 可能会降低江苏省外向型产业的国际竞争力

改革开放以来,江苏省凭借地理优势和政策环境承接了大量来自发达国家的劳动密集型产业,这些产业的附加价值一般比较低,而且江苏的外向型制造业企业主要以代工企业为主,靠给国家大品牌做贴牌生产生存,没有掌握自主品牌和核心技术,缺乏品牌和创新意识,导致江苏外贸产业的抗风险能力较差。虽然近年来江苏省高技术产业发展迅速,但由于底子薄、起点低等原因,江苏对外出口商品结构仍然以低附加值产品为主,在国际市场上的竞争力和生存力都比较差,仅能获得微薄利润,且由于商品可替代性较高,受外部市场状况影响较为明显,一旦出口市场发生经济危机或贸易转移,这些以贴牌生产为主的企业随时会因接不到订单而面临破产的风险。

近年来,随着中国适龄劳动人口的逐渐较少,中国的"人口红利"正在快

速消退,劳动力成本不断上升,给企业带来较大的成本压力。目前,中国经济最发达的长三角和珠三角地区劳动力工资水平已经达到东南亚国家的三至四倍,东南亚甚至非洲地区拥有丰富的劳动力,正在成为新的"成本洼地",一些对劳动力成本比较敏感的跨国公司正在将生产基地由中国向东南亚和非洲迁移,在产业转型尚未取得显著成效的背景下,这一趋势使江苏省不可避免会遭遇转型阵痛,江苏省外向型产业面临巨大的生存和转型压力。

二、TPP 会加速江苏外向型产业向外转移

中国在改革开放后所遵循的"出口导向型"发展模式取得了巨大的成功,但同时也带来了一些不良后果,中国经济对出口的依赖度较高,中国进口了大量原材料和能源,如铁矿石、大豆、棉花、羊毛等需求弹性比较小的产品,其中一部分用于内需,更多的是用于加工贸易,一旦原材料市场出现大幅波动,会导致中国进口面临较大风险。中国将进口的大量原材料加工成工业制成品后再出口到欧美等发达国家,由于中国出口商品多为技术含量较低的劳动密集型产品,很容易被其他国家的产品替代,因此更易受到外部市场波动的影响,使得中国对外贸易面临的外部市场风险比较高。欧美等发达国家处于产业链的顶端,同时也是江苏省重要的贸易伙伴,因此欧美地区对江苏产品的需求直接影响江苏的对外贸易发展。江苏对外出口的商品主要是机电类产品,而美国是中国第一大机电产品进口国,同属北美自由贸易区的加拿大与墨西哥是江苏机电产品上的主要竞争对手,并且加拿大与墨西哥都是 TPP 成员国,如果 TPP 正式实施,凭借零关税和地理位置的优势,加拿大和墨西哥很有可能给江苏对美贸易出口带来较大冲击。

江苏省纺织和服装等传统优势产业同样也将面临贸易和生产转移的风险。随着中国"人口红利"的逐渐消退,许多在中国的跨国公司计划将工厂搬迁到劳动力成本更加低廉的东南亚和非洲地区,尤其是低附加值的传统加工贸易产业。TPP 协议中的原产地规则要求从原材料到加工完成的所有过程都要在 TPP 成员国内进行才能享受零关税待遇。因此,对于江苏企业来说,可能会为了追求更低的关税甚至是零关税重新布局生产基地,有可

能将工厂设在 TPP 成员国内,例如,生产成本相对较低的越南、马来西亚、智利以及墨西哥等国。

三、TPP 会加剧江苏外向型产业所面临的非关税壁垒

江苏省的主要贸易伙伴包括美国、韩国、日本、欧盟以及东盟,出口市场较为集中,这也给江苏省外向型产业带来较明显的市场风险。一旦上述国家和地区出现系统性经济衰退(例如 2008 年的国际金融危机),将会直接影响江苏的对外贸易发展。改革开放近四十年来,对外贸易的迅猛发展给江苏带来了巨额贸易顺差,但同时也更易遭到其他国家所施加的非关税壁垒。同江苏省贸易关系密切的美国和日本都是 TPP 成员国,与江苏贸易往来非常密切的韩国也在申请加入 TPP,这些国家为了保护国内相关产业的发展,经常对相关进口商品设定技术壁垒以及绿色壁垒。

TPP 高标准其实质是对成员国以外国家的非关税壁垒,以知识产权条款为例,TPP 中的知识产权条款是该协议中的一项重要议题,也是引起争端最多的议题之一。TPP 知识产权条款涉及专利、版权、商标、知识产权执法等各个方面,涵盖范围非常广泛,并且都设定了高标准。这对江苏省外向型产业发展产生直接和间接的不利影响。多数 TPP 成员国都同中国存在紧密的贸易往来,这些成员国也多是太平洋周边国家,由于地理位置的缘故,江苏省与这些国家存在紧密的联系。因此,若 TPP 协议正式生效,知识产权问题很有可能成为江苏对外贸易出口的最大不利因素。

第十六章 "一带一路"战略与江苏对外开放新机遇

"丝绸之路"起源于古代中国,是连接亚洲、非洲和欧洲的古代商业贸易和文明交流通道。"丝绸之路"分为"路上丝绸之路"和"海上丝绸之路"。"丝绸之路"最初的作用是将中国古代出产的丝绸、瓷器等商品运往遥远的欧洲,这条东西方贸易通道后来演变为一条东西方之间经济、政治、文化交流和交汇的主要方式。

"一带一路"战略最早是由中国国家主席习近平提出的。2013 年 9 月 7 日,习近平主席在哈萨克斯坦发表重要演讲时首次提出了加强政策沟通、道路联通、贸易畅通、货币流通、民心相通,共同建设"丝绸之路经济带"的战略倡议。2013 年 10 月 3 日,习近平主席在印度尼西亚国会发表重要演讲时明确提出,中国致力于加强同东盟国家的互联互通建设,愿同东盟国家发展好海洋合作伙伴关系,共同建设"21 世纪海上丝绸之路"。①

中国提出的"一带一路"战略受到沿线国家的热烈欢迎和积极响应,正在快速、稳步向前推进,将会给江苏省对外开放带来新的发展机遇,综合来看,主要有以下几点:

一、"一带一路"战略能够促进江苏省实现经济发展和转型升级

江苏省是我国经济总量排名第二的经济大省,处于国家深化改革开放的前沿,承担着"两个率先"的历史使命以及产业结构转型升级的历史任务。当前,江苏省正处于经济转型升级和产业结构调整的关键时期,因此,江苏

---

① 节选自中国政府网,http://www.gov.cn/。

省迫切需要加快推进以开放促改革,以开放促发展,增强内在发展活力的动力,营造良好外部发展环境。积极参与和推动国家"一带一路"战略的实施能够充分发挥江苏省作为中国经济"领头羊"的示范和带动作用。江苏省要充分利用各种有利政策和条件,积极推进对外投资和贸易,强化同"一带一路"沿线国家在港口运输、海洋能源、经济贸易、科技创新、生态环境等领域的合作,促进区域内经济要素有序自由流动;实现资源高效配置;加快市场深度融合;支持和鼓励具有较强实力和竞争力的企业走出去;加快推进江苏省第三产业发展;大力推动落后产业实现转型升级;积极培育新的经济增长点,为实现江苏省持续、稳定、健康发展提供强有力的支撑。

二、"一带一路"战略有助于江苏加快构建全方位对外开放新格局

江苏省在我国新一轮对外开放中正面临新的、更大的历史机遇,江苏正处于"丝绸之路经济带"、长江经济带以及国家"一带一路"战略的交汇点,具有特殊的区位优势。以上国家战略的推进将会全面带动江苏沿江和沿海地区实现跨越式发展,进一步放大江苏沿江、沿海开放综合优势,有效整合江苏对外开放资源,构建新的、全方位的开放型经济体系,促进地区间贸易和投资自由化、便利化,促进资本和劳动力等生产要素跨地区无障碍流动,提高经济发展效率和内生增长动力,不断引领中国经济向前发展。

三、"一带一路"战略有助于提升江苏的国家影响力和文化软实力

江苏省是长三角地区的重要组成部分,是国家"一带一路"战略的重要支撑,拥有苏州和南京等一大批具有较强发展活力和较大发展潜力的区域强市,在对外贸易中扮演着十分重要的角色。"一带一路"战略将使江苏在长三角地区的重要作用进一步凸显,其发展空间和辐射范围将进一步拓宽,建设世界级城市群的能力进一步增强。此外,"一带一路"战略有助于增强

江苏省的文化软实力,提升江苏省在"一带一路"沿线国家的影响力,使江苏在中国对外经济和文化交流中进一步发挥引领作用。中国所提出的"一带一路"战略旨在推动中国同沿线国家和地区形成互利共赢的利益共同体和命运共同体,其中最重要的内容和目标就是要实现民心相通,江苏拥有悠久的历史和深厚的文化底蕴,特殊的历史、地理、经贸、文化优势成为同沿线国家和地区增强合作和交流有利条件,"一带一路"战略将充分发挥江苏文化大省、文化强省的优势,提高江苏省的世界知名度和对外影响力,深化同"一带一路"沿线国家和地区合作共赢的发展理念。另一方面,江苏省在实现经济发展方面取得了举世瞩目的成就,积累了丰富的经验,可以在帮助"一带一路"沿线发展中国家实现经济发展方面提供宝贵经验,为世界贡献"江苏方案"。

第十七章　通过对外投资带动江苏产业链转型升级

　　第二次世界大战以后，随着交通基础设施和信息技术的快速发展，不同地区间的时空距离不断缩短，贸易和生产分工的国际化加速推进，以苹果公司为代表的产业链生产分工模式成为 21 世纪的标准化生产模式，跨国公司将产品的设计、生产和售后服务环节不断细化，分配到不同地区，实现成本的最小化和资源的最高效利用。产业链深刻改变和塑造 21 世纪的国际贸易和生产格局，基于产业链的竞争正在成为世界各国之间经济竞争的主要模式，可以毫不夸张地说，谁掌控了产业链，谁就掌控着其他国家的命运。

　　在此背景之下，一个国家的产业升级不再仅仅指从劳动密集型产业向资本、技术密集型产业的转变，还包括沿世界产业链从劳动密集型生产环节向资本、技术等价值链环节延伸的升级。产业升级的实现也不再局限于一国之内的技术积累与创新，而是在全球范围内通过整合内外部生产要素来实现的。因此，一个国家或一个地区的产业升级必须从全球产业链和全球资源的优化配置两个方面来进行。江苏作为中国经济的领头羊，在中国经济转型升级过程中应当发挥重要作用，江苏要加快"走出去"步伐，加快产业链投资布局，积极整合全世界的技术生产和创新资源，更好地服务于我国经济发展。

一、从全产业链视角科学选择目标产业，优化对外投资效率

　　在对外投资领域，中国还是一个不够成熟的后来者，所以需要借鉴发达国家的经验。根据西方发达国家尤其是美国和日本等对外投资大国的经验，一个国家在选择对外投资的目标产业时首先要确定是向产业链的上游

布局还是下游布局,根据发达国家的经验,应当与该国在国际产业分工中的地位相匹配。因此,江苏在确定对外投资目标产业时要充分考虑自身的产业发展水平、阶段性特征及在国际产业链中的位置。改革开放以来,经过近四十年的高速发展,江苏经济社会取得跨越式发展,已经初步达到中等发达国家水平,但是,我们同样需要清醒地认识到,江苏经济虽然取得了飞速的发展,但是大多数产业仍然处于全球价值链的中低端,无论是纺织、服装、轻工等传统产业,还是专用设备、电气机械、通信设备等高新技术产业,都面临从低附加值环节向高附加值环节提升的压力。江苏产业升级必须寻求在价值提升和结构优化两个方向实现突破。在具体实施上:一方面,江苏要积极寻求对处于国际价值链顶端的发达国家的先进技术进行并购和投资,通过对外投资的逆向技术溢出效应来带动江苏产业高技术化和高附加值化,实现价值提升;另一方面,江苏还要对处于全球价值链中低端的发展中国家进行效率寻求型投资,对外转移过剩产能,为优势产业的发展腾出空间和资源,实现结构优化。江苏产业体系齐备,产业规模庞大,传统制造业与高新技术产业、战略性新兴产业并存,且苏南、苏中和苏北产业发展差距较大,任何一个方向的对外投资都不足以单独承担促进江苏产业升级的任务,因此必须两个方向同时推进,同时要采用重点突破与整体推进相结合的方式,充分发挥对外投资对江苏经济社会发展和产业转型升级的促进作用。

二、循序渐进,实现江苏产业链整体平稳升级

发达国家对外投资的历史经验表明,一国或地区在选择对外投资目标产业时必须与其经济发展水平和产业发展的阶段性特点相适应。19世纪60年代美国对外投资刚开始起步时,投资产业以资源获取型为主,后来随着工业化和信息化的发展,其对外投资的目标产业逐步转向资本技术密集型产业、高端制造业、传统服务业、现代服务业。日本的对外投资也是从寻求稳定的海外资源供应开始,并以边际产业转移为导向,逐步向东南亚等国转移其国内丧失比较优势的轻纺、家电等边际产业。美日等发达国家都走出了一条以获取资源和原材料为主的初级产品到以制造业为主的边际产业

转移,然后到传统服务业,再到现代服务业的对外投资轨迹,通过循序渐进的方式对外直接投资,促进国内产业的渐次升级。江苏与发达国家的经济结构和产业结构存在一些不同之处,江苏自身产业发展并不均衡,同时存在具有较明显比较优势的产业、一般比较优势产业以及不具有比较优势的产业。其一,江苏在某些领域、某些产业具备发达国家的技术优势,具有一定的国际竞争能力,属于具有较明显比较优势的产业,但这部分产业比重比较小;其二,在另外一些产业具有新兴工业化国家的特点和优势,属于一般比较优势产业,这部分产业所占比重较大;其三,江苏制造业的主体依然是劳动密集型和资源密集型产业,这些产业中部分属于不具有比较优势的产业,在第三产业中,传统服务业所占比例仍然偏高,这样的产业结构决定了江苏不能完全照搬发达国家对外投资带动产业升级的模式。目前江苏经济和产业整体上仍处于中低端水平,高端制造业尚不具备大规模对外直接投资的条件,但是对外直接投资又不能长期停留在过剩产能和低端产业的国际转移上。江苏还必须选择具有较明显比较优势的高端产业进行重点突破,比较优势产业投资要保持稳定,低端产业要加快转移为优势产业提供空间和资源。在对外投资过程中,江苏要更加重视高端产业对发达国家的逆向投资,通过对外投资紧跟世界高新技术产业发展的潮流和前沿,占领世界产业未来发展的制高点,再通过产业关联和带动效应,提高江苏产业发展水平,带动江苏整体产业链不断向世界产业链高端提升。

案例分析一:埃塞俄比亚东方工业园项目

一、背景介绍

近年来,中国与非洲在经贸合作领域发展迅速,双边贸易和投资增长迅猛,非洲凭借丰富的自然资源和低廉的劳动力成本吸引着越来越多的中国企业到非洲投资兴业。此外,中国政府也比较重视和支持中国企业赴非洲投资,中国于 2006 年中非合作论坛北京峰会成立了中非发展基金,在 2015 年中非合作论坛约翰内斯堡峰会上成立了中非产能合作基金,经过多年的运营和发展,中非发展基金已经成为中国企业对非洲投资的一个主力平台以及连接中国企业与非洲的一个重要的桥梁,在引领和支持更多中国企业开展对非投资方面发挥了重要作用。埃塞俄比亚是非洲大陆上的一个重要大国,首都亚的斯亚贝巴是非盟总部所在地,埃塞俄比亚在非洲具有较强的政治和经济影响力,所以埃塞俄比亚是中非外交战略框架中的重要支点,成为推进中国和非洲新型战略伙伴关系发展的枢纽。埃塞俄比亚东方工业园就是在中国和非洲加强经贸领域合作的背景下建立的。

二、项目简介

埃塞俄比亚东方工业园项目是由中国江苏省其元集团投资兴建的一个大型商务合作项目,该项目于 2007 年 11 月中标成为中国商务部境外经贸合作区,2015 年 4 月正式成为中国财政部和商务部确认的境外经贸合作区,埃塞俄比亚东方工业园是江苏省苏州市唯一的国家级境外经贸合作区。东方工业园项目从提出就受到埃塞俄比亚政府的高度重视,埃塞俄比亚政府将东方工业园项目作为埃塞俄比亚国家持续性发展及脱贫计划的一部分,列为其工业发展计划中重要的优先项目。

江苏省其元集团是江苏省第一个大规模在埃塞俄比亚进行投资的民营企业,是东方工业园项目的牵头企业。江苏其元集团创建于 1994 年,总部位于江苏省张家港市,其元集团在中国建有 7 家制造公司,产品涵盖精密焊管、精密高频焊管设备制造、冷轧带钢薄板、钢(铜)铝覆合管(板)、石油输送管、仓储物流。在美国建立 1 家焊接钢管公司。在埃塞俄比亚建有国家级东方工业园、水泥厂和年产 50 万吨的东方钢铁、10 万吨的镀锌彩钢等企业。[①]

东方工业园位于埃塞俄比亚首都亚的斯亚贝巴附近的杜卡姆市,规划面积 5 平方公里,首期开发 4 平方公里,目前工业园已完成 2.33 平方公里的四通一平基础设施建设,建成标准型钢结构厂房近 20 万平方米。工业园已经成为中国企业在非洲投资的产业集聚区,成为埃塞俄比亚经济发展的重大示范项目,为江苏企业抱团"走出去"提供了新的发展平台。目前已入园的 20 多家企业从事水泥生产、制鞋、汽车组装、钢材轧制、纺织服装等行业。

三、互惠互利

埃塞俄比亚东方工业园既为中国企业赴非投资提供了便利,同时也造福了当地社会,为当地居民提供了大量的就业机会,提高了他们的收入和生活水平,是一项互惠互利的合作项目。埃塞俄比亚政府为入驻东方工业园的中国企业提供了具有吸引力的税收优惠政策:

(1)进口关税。园区内企业所有的资本投资如厂房和机械、设备等,均全部免除进口关税和其他涉及进口的税收。价值达到进口投资资本货物价值 15% 的零部件、非当地生产而且当地无法以同等数量、质量和价格得到的产品,均能享受相同的免税待遇。生产出口产品所需的原材料将免除海关税或其他涉及进口的税收。

---

① 资料来源:江苏省其元集团官方网站,http://www.qiyuangroup.com/index.html。

（2）出口关税。在埃塞俄比亚生产的预定供出口的产品和服务项目均免除支付出口税和其他涉及出口的税收。

（3）所得税免税期。对于从事新的制造或工业活动的投资者，将免除年限为2—7年的企业所得税。

（4）资本汇出的免税政策。在埃塞俄比亚投资的外国投资者通过销售或者通过清算进行资产转让或者企业清理所获得的收益如果汇回本国，将免除任何税收。

（5）亏损递延。埃塞俄比亚允许工业园内在免税期内经营亏损的企业可在免税期满之后将亏损再递延一半免税期的时间。

四、发展成就

短短的几年时间内，埃塞俄比亚东方工业园就步入发展的快车道，目前，埃塞俄比亚东方工业园吸引了大批中国企业入驻，这些企业包括：

1. 汉盛金枫达公司

2016年7月2日，埃塞俄比亚汉盛金枫达管材生产工厂竣工仪式暨产品推介会在园内成功举办。汉盛金枫达管材生产工厂成立于2014年底，厂区位于埃塞俄比亚东方工业园内，占地30 000平方米，总投资计划约2 000万美元，工厂共有4条生产线，生产26种不同型号规格的产品，主要生产HDPE给水管材、HDPE双壁波纹管、UPVC给水管材，CPVC电力管等管材产品。

2. 汕德卡零配件制造有限公司

汕德卡零配件制造有限公司是由中国天津重汽华沃汽车销售有限公司和济南辰丰机械制造有限公司共同出资设立的全资子公司，于2013年1月在埃塞投资注册，第一期投资共计290万美元，各种数控机床70台，主要产品包括：中国重汽、依维柯、丰田、五十铃等车型的滤清器及制动衬片。公司现有高级工程师10人，机械工程师20人，雇佣当地工人170人；第二期投资共计450万美元，将建设重卡驾驶室冲压、焊接生产线，其中包括大型数控加工中心5台，800—1 500吨压力机4台，全自动组装线、焊接线、烤漆线,设计年产量(驾驶室)500 辆,将为当地提供约 300 个就业机会。

3. 东方纺织和印染有限公司

东方纺织和印染有限公司计划在埃塞俄比亚投资 9 000 多万美元,将建设一条阿拉伯头巾生产线和两条印花染色生产线,可年产 400 万米布料和 600 万条头巾,能够为埃塞俄比亚当地社会创造约 1 000 个就业岗位。

4. 悦晨实业私营有限公司

悦晨实业私营有限公司由浙江绍兴悦晨纺织公司投资,租用园区厂房5 000 平米,主要生产头巾等产品。

5. 辉煌实业有限公司

辉煌实业有限公司主要生产 EVA 拖鞋,运动鞋,沙滩鞋及密胺餐具。

6. 埃塞俄比亚塑料回收制品有限公司

埃塞俄比亚塑料回收制品有限公司主要经营废旧塑料回收和造粒。

7. 中舜水泥制造有限公司

中舜水泥制造有限公司于 2008 年入驻东方工业园,注册资本 3 000 万比尔,已完成投资 1 110 万美元。中舜水泥制造有限公司拥有先进的水泥熟料生产线,可年产 25 万吨水泥,2010 年 5 月投产,产品主要销往当地,极大地改善了当地建筑材料短缺的状况。

8. 扬帆汽车有限公司

扬帆汽车有限公司由重庆力帆集团投资成立,注册资本 500 万美元,主要业务包括汽车组装、销售及售后服务,建成后每年能够组装轿车 5 000 多辆,为当地创造 180 多个就业机会。

9. LQY 制管有限公司

LQY 制管有限公司于 2010 年获得中国商务部核准,总投资 900 万美元,注册资本共计 1 亿比尔,项目设计年产能 5 万吨焊管,租赁园区内标准厂房 5 000 平方米,主要生产焊接钢管,产品主要销往当地及周边国家。

10. 东方水泥租赁公司

东方水泥租赁公司在 2008 年入驻东方工业园,注册资本约 3 300 万比尔(约合 270 万美元),完成投资总额 514 万美元。现拥有起重机、压路机、装载机等工程机械设备 70 余台辆,主要从事工程设备的租赁服务。在为东方水泥项目建设提供服务的基础上,对外同十九冶埃塞项目部、长城包装(埃塞)有限公司有租赁业务。

11. ETG食品加工有限公司

ETG食品加工有限公司是印度外商独资企业,注册资本574万美元,主营业务为食品加工,为当地创造就业岗位300个。

12. L&J工程制造有限公司

L&J工程制造有限公司于2010年正式进入东方工业园,注册资本约6 000万比尔,已经完成项目投资12.6万美元。为满足工业园区内的基本建设需求,公司先期通过租用厂房2 000平方米、土地45亩以及成套制砖制管设备,为园区提供水泥砖块和管道的来料加工业务,目前已经开始为其他入园企业工程建设提供水泥制品。

13. 东方大酒店有限公司

东方大酒店有限公司成立于2008年,注册资本约680万比尔,已经完成投资50余万美元。目前在亚的斯租用建筑面积3 600平方米,东方大酒店是埃塞俄比亚少有的四星级酒店,提供商务、餐饮、住宿一条龙服务,曾多次承担中国和埃塞俄比亚政府团组的接待工作。东方大酒店的经营地址将迁到东方工业园行政商业区,继续为园区和入园企业提供良好的配套服务环境。

14. 玉龙科技建材有限公司

玉龙科技建材有限公司于2010年正式入驻东方工业园,注册资本1 628万比尔,已完成投资42万美元。公司厂房占地1万平方米,自建钢结构厂房2 400平方米。生产销售石膏板、石膏粉、石膏砌块等石膏制品。项目已于2011年初建成投产,产品主要销往当地及周边国家。

15. 东方水泥股份公司

东方水泥股份公司成立于2006年底,注册资本约51 000万比尔,已完成投资7 000余万美元,其中中非基金参股40%。总部设立在东方工业园,主要开展行政、人事管理以及销售、结算、物流和仓储业务,生产基地靠近矿区,占地面积450余亩。现拥有员工500余人,其中当地员工400余人。公司拥有先进的新型干法水泥生产线,设计产能为每天2 300吨,主要生产优质熟料及各等级水泥,公司已于 2011 年 10 月 1 日正式点火生产。

16. 长城包装制造有限公司

长城包装制造有限公司于 2010 年进入工业园区,注册资本 655 万比尔,已完成投资超 51 万美元,租用工业园标准化厂房 5 000 平方米,拥有成套包装袋编织生产线,主要生产销售一般类型的各种包装材料,已于 2011 年 6 月建成投产。

17. 野马汽车制造有限公司

野马汽车制造有限公司于 2011 年 10 月入驻东方工业园,总投资 500 万美元,从事皮卡汽车的组装、销售和新品研发,租用厂房 1 万平方米。

18. 华坚国际鞋城有限公司

华坚国际鞋城有限公司于 2011 年 10 月进驻园区,由中国最大女鞋生产商之一的华坚集团投资运营,公司租用工业园标准型钢结构厂房 10 000 平方米。公司拥有中方员工 300 余人,埃塞俄比亚当地员工 1 500 余人,公司已于 2012 年 1 月开始投产,主要生产女式凉鞋,产品主要销往欧美国家。

19. 东方钢铁有限公司

东方钢铁有限公司占地 300 亩,自建钢结构厂房 2 万平方米,年产螺纹钢、线材 70 万吨,产品主要销售埃塞当地市场。

五、前景展望

埃塞俄比亚东方工业园在未来将重点发展适合埃塞俄比亚当地及非洲市场需要的纺织、皮革、农产品加工、冶金、建材、机电产业,将建成以外向型加工制造业为主,涵盖进出口贸易、资源开发、保税仓库、物流运输、仓储分拨、商品展示等功能,逐步形成集工业、商业、商务、居住、娱乐等多行业、多功能发展的工商贸综合功能区。

案例分析二：柬埔寨西哈努克港经济特区

柬埔寨西哈努克港经济特区由江苏红豆集团于 2008 年牵头投资运营，包括多家中国和柬埔寨企业共同建设开发的一个经济特区，是中国首批六个通过商务部和财政部考核确认的境外经贸合作区之一，也是中国首个签订双边政府协定，建立双边政府协调机制的国家级合作区。

一、背景介绍

当前，中国正在加快推进建设更高水平的开放型经济体系，不断提高对外开放水平和层次是其中的重要环节，需要鼓励有条件的中国企业"走出去"，开拓国际市场，提高国际竞争力。此外，中国正面临较大的经济结构调整和产业转型升级压力，在此背景下，中国提出了"一带一路"这一重要战略构想，即"丝绸之路经济带"和"21 世纪海上丝绸之路"，"一带一路"战略旨在带动沿线广大发展中国家和地区实现共同发展，"一带一路"沿线涉及 50 多个国家和地区，人口众多，市场前景较为广阔，为中国企业提供了新的发展机遇。

柬埔寨位于东南亚的中南半岛腹地，西部及西北部与泰国接壤，东北部与老挝交界，东部及东南部与越南毗邻，南部则面向泰国湾，地理位置较为优越，是进军东南亚市场的一个良好的中转站，柬埔寨是"一带一路"的重要沿线国家。由江苏无锡红豆集团牵头投资运营的柬埔寨西哈努克港经济特区正在成为中国企业对"一带一路"沿线地区投资的样板项目。作为中国和柬埔寨两国间的一个重要合作项目，西哈努克港经济特区是柬埔寨政府所批准的最大的经济特区，也是中国同柬埔寨首个签订双边政府协定的合作区、首个建立双边政府协调机制的合作区。

江苏省红豆集团创办于 1957 年，是国务院 120 家深化改革试点企业之一,是中国服装界唯一一家由国家工商总局认定的商标战略实施示范企业,全国工商联副主席单位。2016 年 6 月,世界品牌实验室公布了中国 500 个最具价值品牌排行榜,其中红豆品牌位于第 91 位。目前,红豆集团的产业相对多元化,正在大力推进品牌建设,实现转型升级,企业的产品也从最初的针织内衣,发展到服装、橡胶轮胎、生物制药、地产四大领域。2001 年 1 月,红豆集团成功实现在上海证券交易所上市交易,企业开始迈入资本经营,目前,红豆集团总共拥有十多家子公司,包括两家主板上市公司和一家新三板公司,除了国内业务,红豆集团的海外业务发展同样也非常迅速,红豆集团在柬埔寨牵头投资兴建了面积达 11.13 平方公里的西哈努克港经济特区,还拥有美国纽约和洛杉矶两个分公司。红豆集团的"红豆"、"千里马"等商标先后被国家工商总局认定为中国驰名商标,红豆品牌旗下拥有"红豆男装"、"红豆居家"、"红豆家纺"、"小红豆童装"、"红豆万花城"等多个中国著名品牌。[①]

二、项目简介

西哈努克港经济特区是江苏省乃至中国企业面向东南亚乃至世界市场的一个理想的投资和贸易平台,西哈努克港经济特区总体规划面积 11.13 平方公里,首期开发面积 5.28 平方公里,以纺织服装、五金机械、轻工家电等为主导产业,同时集出口加工区、商贸区、生活区于一体。全部建成后可容纳企业近 300 家,将会建设成为带动柬埔寨当地约 10 万产业工人就业,满足近 20 万人居住的宜居新城。

西哈努克港经济特区所在的西哈努克市是柬埔寨国内发展水平较高的一个港口城市,距西哈努克国际机场仅有 3 公里,距西哈努克深水港也只有 12 公里,连接柬埔寨四号国道,距离柬埔寨首都金边 212 公里,地理位置优越,交通便利,能够快速抵达东盟地区其他国家市场,辐射范围较广,是中国企业进入东盟市场的一个较为理想的中转站。

---

① 资料来源:江苏红豆集团官方网站,http://www.hongdou.com/。

三、互惠互利

西哈努克港经济特区具有非常明显的投资优势：

（1）较低的用工成本。柬埔寨人口结构比较年轻，拥有较多适龄劳动工人，与其他东盟国家相比，柬埔寨工人的平均工资水平较低，能为企业节省较多的用工成本。

（2）柬埔寨国内贸易环境较为宽松。目前，柬埔寨尚未遭遇发达国家的反倾销、反补贴等贸易壁垒，能够享受到欧美等发达国家所给予的特殊贸易优惠政策以及额外的关税减免优惠。

（3）西哈努克港经济特区能够为中国企业提供完善的相关配套。目前，西哈努克港经济特区内已基本实现通路、通电、通水、通讯、排污和平地。相应的生产、生活配套设施同步跟进，不仅建设了集办公、居住、餐饮和文化娱乐等多种服务功能于一体的综合服务中心大楼还建设了当地员工宿舍及集贸市场等。西哈努克港经济特区已经成为柬埔寨当地生产和生活配套设施最为完善的工业园区之一。

此外，中国企业还能享受优惠的税收政策以及相关配套服务。

目前，入驻西哈努克港经济特区的产业主要是来自中国的一些成熟产业，如机械电子、五金机械、纺织业等劳动密集型行业企业，这些企业产品的原料加工和生产环节仍然放在中国国内，在柬埔寨经过一部分加工，然后贴上"柬埔寨制造"的标签出口到世界各地。

四、发展成就

作为中国和柬埔寨两国间的重要合作项目，西哈努克港经济特区受到中国和柬埔寨两国政府的重视，2010 年 12 月 13 日，中国和柬埔寨两国政府在北京正式签订《中华人民共和国政府和柬埔寨王国政府关于西哈努克港经济特区的协定》，奠定了西哈努克港经济特区的法律地位。2012 年 6 月 13 日，时任中共中央政治局常委、中央纪委书记贺国强在访问柬埔寨期间与柬埔寨王国首相洪森共同为经济特区揭牌。同时,在双边框架协定下,2012 年 12 月 4 日,西哈努克港经济特区协调委员会第一次会议在无锡召开,标志双边政府支持推动特区发展的长效协调机制正式启动。2014 年 1 月 27 日,中国商务部部长助理张向晨、柬埔寨发展理事会秘书长索庆达在金边共同主持召开西哈努克港经济特区协调委员会第二次会议,为特区的快速发展奠定了良好基础。

在中国和柬埔寨两国的支持下,西哈努克港经济特区发展迅速,目前,经济特区 5 平方公里范围内已基本实现通路、通电、通水、通讯、排污和平地,相应地生产和生活配套设施也在同步跟进,特区不仅引入了由柬埔寨发展理事会、商业部、海关、商检、劳工局、西哈努克省政府代表组成的"一站式"行政服务模式,还引入五家清关物流公司及柬埔寨加华银行等中介服务机构,为企业提供高效和全面的服务。同时,西哈努克港经济特区还联合无锡商业职业技术学院共同建设特区培训中心,培训中心根据入驻企业对人力资源的需求提供相应的语言和技能培训,现已开展了七期培训,成效显著。

西哈努克港经济特区正步入发展的快车道,现已引进包括工业和服务业在内的 102 家企业入驻,目前已经入驻经济特区的企业主要来自中国、欧美以及日本,84 家企业已经正式开展生产经营,工人总数达到 1.6 万人。

五、前景展望

目前,西哈努克港经济特区已经初步建成规范化、现代化和国际化的经营管理模式,吸引了包括中国和柬埔寨以外的日本、法国、意大利、美国等国企业入驻,下一步经济特区将力争在新加坡上市。2015 年 4 月 23 日,中国国家主席习近平在万隆会议会见柬埔寨首相洪森时提出要在"一带一路"框架内加强基础设施互联互通合作,经营好西哈努克港经济特区。西哈努克港经济特区未来的产业发展方向会更多响应中国"一带一路"的发展战略,西哈努克港经济特区将以此为契机,加快发展步伐,努力把特区建设成为中国境外经贸合作区的成功典范,将为中国企业提供宝贵的发展机遇。

  "一带一路"战略构想的提出和务实推进,有望给西哈努克港经济特区带来进一步发展的机遇。"一带一路"沿线以欠发达国家为主,中国希望通过基础设施建设,推动国内有优势的装备制造企业和推动优势产业走出去。柬埔寨经济发展水平较为落后,柬埔寨国内港口、机场、道路等基础设施建设缺口巨大,柬埔寨国内相关官员也表示,希望中国企业参与到柬埔寨基础设施建设中去。具有丰富制造业经验的江苏企业大有可为,面临的机遇和前景十分广阔。①

---

  ① 资料来源:西哈努克港经济特区有限公司官方网站,http://www. ssez. com/company. asp? Ilt=9&Ione=3。

案例分析三:江苏金昇集团

  江苏金昇集团公司是江苏省对外投资比较早的民营企业,也是对外投资比较成功的民营企业之一,金昇集团通过并购发达国家的优质企业在做大做强自身主营业务的同时增强了自身的技术实力和竞争能力,实现了企业的快速发展,成为江苏省对外投资的典型案例。

  江苏金昇集团是一家以高端装备制造为主的多元化产业集团,成立于2000年,总部位于中国江苏省常州市,金昇集团的主要业务领域涵盖机械制造、纺织工程、建筑房产、生物工程等领域。金昇集团旗下拥有多家全资子公司和控股公司,其中,金昇集团全资拥有卓郎纺机、利泰纺织、金昇置业等子公司,并控股德国埃马克机床集团、德国科普费尔齿轮集团等海外公司。金昇集团在全球拥有77处生产工厂和分支机构,业务遍及132个国家和地区,员工总人数超过1万人,其中非中国籍员工近5 000人,接近员工总人数的一半。

  近年来,金昇集团积极开展企业并购。2001年,金昇集团收购上海纺织机件总厂钢领制造有限公司51%股权;2005年,金昇集团将下属的全资子公司江苏金昇纺织机械有限公司、上海纺织机件总厂钢领制造有限公司的部分股权转让给瑞士苏拉股份有限公司,建立中瑞合资的苏拉(金坛)纺织机械有限公司、金坛泰斯博斯纺织专件有限公司;2008年,金昇集团收购并控股太仓利泰纺织厂有限公司;2010年,并购德国埃马克控股有限公司50%的股权;2012年,金昇集团收购江苏金虹纺织有限公司;2013年,金昇集团并购瑞士欧瑞康公司,并将欧瑞康公司重新命名为卓郎集团公司。

  江苏金昇集团通过并购控股数家海外公司,包括德国埃马克集团、科普菲尔齿轮公司以及卓郎集团公司。

  其中,拥有140年历史的埃马克集团总部位于德国巴登符腾堡州萨拉赫市,致力于为客户提供加工盘类件、轴类件和箱体类零件的机床和生产系统，公司还是车床、磨床、滚齿机、激光焊接机、热套装配设备、电化学设备、感应热处理设备的供应商。拥有创新基因的埃马克集团于1992年首次推出倒立式车床，并大获成功，在此基础上埃马克集团又研发出了新的倒立式多功能生产中心，突破传统的创新、灵活快速和贴近客户，使埃马克成为汽车制造商或其供应商的高要求量产设备制造商，也保证了埃马克在专用机床市场独特的竞争地位。

科普费尔齿轮由约瑟夫·科普费尔先生于1867年创立，总部位于德国巴登符腾堡州富特旺根。科普费尔是全球领先的汽车零部件供应商之一，产品范围涵盖了高质量发动机齿轮、链轮和齿轮箱组件，科普菲尔齿轮公司的主要客户包括戴姆勒、大众、奥迪、通用汽车、宝马等，科普费尔在欧洲和中国均设有生产基地，其中3个位于德国和1个位于中国。

卓郎集团公司是全球领先的纺织工业集团，其前身是瑞士欧瑞康公司，公司主要生产用于纱线加工的纺织机械和专件。卓郎集团年销售额约为12亿瑞士法郎，全球员工3 800人，分支机构遍布瑞士、德国、土耳其、巴西、墨西哥、美国、中国、印度和新加坡等国家，为世界各地的纺织工业中心提供服务。卓郎集团在纺织价值链的各个层面上均扮演了重要的角色，短纤维加工是卓郎集团的核心业务，但多年来卓郎所涉及的远不止这些，除此之外，卓郎集团还为纺纱厂提供自动化系统；为轮胎帘子线、地毯纱和玻璃纤维提供加捻和直捻系统；为长丝加工的空气喷嘴设定行业标准；为玻璃纤维生产提供皮圈、专用轴承（非纺织用）以及为后处理提供收缩皮带以及精密陶瓷等。①

---

① 资料来源：江苏金昇集团官网，http://www.jinshengroup.com/。

第五篇

TPP 新规则下江苏融入价值链分工

随着全球化的不断推进,国际分工由产业间分工向产业内分工以及产品内的分工转化,原来存在于一个企业中的生产价值链的不同环节逐步分布到全球不同国家的不同企业。在这一背景之下,全球价值链开始逐渐兴起和发展起来。国与国之间的比较优势更多地体现为全球价值链上某一特定环节的优势,发达国家依靠技术与资金优势控制了产业价值链的核心。作为价值链中的加工贸易环节,因其技术含量低、竞争激烈、升值空间小、消耗大,发达国家为了取得更大的利益,把加工制造环节转移到了发展中国家,中国的加工贸易也是以这样的契机发展起来的。但是随着 TPP 新规则的缔结,对于传统的全球价值链产生了很大影响。特别是当前在中国对外出口中对美国和其他东亚国家的出口大概占一半,并且这些国家都是中国前十位的贸易和投资伙伴国,TPP 一旦能把这些国家吸收在内,在这些国家之间建立 FTA 的话,将会对中国造成十分巨大的贸易和投资转移。因此,分析中国与 TPP 主要成员国贸易与投资竞争性和互补性关系,有利于中国制定应对 TPP 带来的投资转移效应的相关政策。

第十八章　TPP贸易投资转移效应与全球价值链重构

一、全球价值链与贸易投资转移效应

全球价值链是指为实现商品或服务价值而连接生产、销售、回收处理等过程的全球性跨企业网络组织,涉及从原料采集和运输、半成品和成品的生产和分销,直至最终消费和回收处理的整个过程。当前,散布于全球的、处于全球价值链上的企业进行着从设计、产品开发、生产制造、营销、出售、消费、售后服务、最后循环利用等各种增值活动。价值链在经济活动中无处不在,上下游关联企业之间存在行业价值链,企业内部各业务单元的联系构成了企业的价值链,价值链上的每一项价值活动都会对企业最终能够实现多大的价值造成影响。

全球价值链有三个显著特征:一是最终产品经过两个或两个以上连续阶段的生产;二是两个或两个以上的国家参与生产过程并在不同阶段实现价值增值;三是至少有一个国家在其生产过程中使用进口投入品。在这一新体系下,各产品的价值链在不同国家和地区间不断延展细化,以国为单位的传统通关统计无法正确反映国际产品分工链条中各国的实际价值创造,传统的"货物贸易"转变为"任务贸易","世界制造"成为生产全球化的典型写照。各国、各地区、各产业已融入到庞大的国际价值链中,对国家宏观政策产生了深远的影响。在过去的几十年,随着生产和贸易全球化的不断深入,世界价值体系在全球出现前所未有的垂直分离和重构。传统的以产品为界限的国际专业化分工逐渐演变为同一产品内某个环节或某道工序的专业化分工,这种新的国际分工形式被称为"全球价值链分工"。

投资转移效应是指作为国际区域经济一体化的直接成果,国家之间贸易壁垒的消除和交易规则的统一带来了交易空间扩大和交易成本下降,从而区内外的企业可对该地区的生产经营活动重新布局,更有效地配置资源以实现规模经济和专业化。对于单个国家而言,投资转移效应是指由于国际区域一体化的建立,国外直接投资从本国转移出去的现象。与投资创造效应相对应,投资转移效应是一国所接受的国外直接投资的下降部分,显示为投资额的负效应。

经济一体化在广度和深度上的发展,能够使一体化区域内成员国之间形成新的区位优势结构。利用东道国的区位优势获取规模经济和专业分工的收益是跨国公司直接投资的重要动机。这种区位优势,一方面使区域内投资布局得到重新调整和资源重新配置,即产生区域内国家的投资转移效应;另一方面能够吸引更多的区外资本流入,产生区域外国家的投资转移效应。

二、TPP 贸易投资转移效应对全球价值链的影响

传统的区域经济一体化理论中的投资转移效应来自两方面:一方面,区域内投资布局的重新调整会使得该区域具有较强的吸引力;另一方面,会导致原本要流向区域外其他国家的资本流向该区域,即会产生区域外向区域内的投资转移效应。区域经济一体化会产生区域内的投资转移效应,它会使得区域内的投资布局重新进行调整,即它会导致区域内某一个成员国投资的增加是以另一成员国投资的减少为代价的,进而使区域内发生投资转移效应。而投资转移效应(产业区位优势)的大小取决于各成员国贸易开放度、工业品支出份额以及消费者的多样性偏好。因此,成员国为了吸引投资转移到本国从而增加自身产业区位优势,有提高贸易开放度、加快工业化进程以及增加产品种类数的动力。

区域经济一体化会产生区域外对区域内的投资转移效应,即区域内某一个成员的国际投资的增加,会导致区域非成员投资的减少,该层次的投资转移效应甚至会拓展至全世界,其规模由自由贸易体系的规模和贸易开放度来决定。其他非成员国为了增加该国资本的吸引力,均有加入该区域一

体化组织的动力,因此,该区域一体化组织有不断扩大之势。

TPP的投资自由化与保护投资措施将促进区内投资聚集。TPP投资规则将促使发展中成员国改善内部投资环境,同时大大降低了成员国各部门特别是服务业的投资门槛。一方面,由于TPP扩大了市场开放的领域和范围,TPP成员将增加彼此的投资,产生投资创造效应;另一方面,非TPP成员与TPP成员之间相对交易成本变高,非成员国将选择在TPP成员国内直接投资、生产、销售,产生投资转移效应。

(一)TPP的国际投资效应:成员国之间

随着跨太平洋伙伴关系协议谈判进程的不断推进,区域内投资环境的不断改善,TPP成员国间的资本流动也在加强。TPP内部的投资效应不仅表现为成员国之间的投资创造效应,还表现在成员国之间的投资转移效应。由于TPP成立引发了区域内的投资创造效应,即TPP达成之后将允许熟练劳动、资本以及技术在成员国间自由流动,这样会导致原本制约成员国间投资项目运行和投资流动的各个管制取消,这样会增加区域成员国间的相互投资,从而产生区域内部的投资创造效应。而投资创造效应的规模取决于区域内贸易开放度的大小。

TPP内部90%的国际投资来自于美国、日本等发达经济体。这主要是由于美国、日本面临着产业结构的升级和调整,国内产品以垂直专业化的方式生产,因此会将部分劳动密集型的产业转移到劳动力资源相对丰富、工业化进程较高的发展中成员国去。TPP建立使得成员国根据自身经济发展需求,调整资本在区域内成员国之间的分配,从而产生了区域内的投资转移效应,TPP的达成会产生区域内的投资转移效应,它会使得区域内的投资布局重新进行调整,即它会导致区域内某一个成员国投资的增加是以另一成员国投资的减少为代价的,进而使区域内发生投资转移效应。而区域内投资转移效应的大小取决于各成员国贸易开放、工业品支出份额以及消费者的多样性偏好。因此,TPP国家为了更多地吸引在成员国内部转移的直接投资,有提高贸易开放度、加快工业化进程以及增加产品种类数的动力。

（二）TPP 的国际投资效应：成员国与非成员国之间

TPP 主张达成最自由、透明和稳定的投资协定，以实现最大化的投资自由。TPP 投资效应既表现在促进区域外资本流入的投资创造效应，而且还表现在区域外对区域内的投资转移效应。根据世界银行 WDI 数据库的资料显示，2005 年 TPP 国家的 FDI 净流入量约为 2 039.29 亿美元，而 2006 年 FDI 净流入增长了 2.2 倍，2007 年达到最高为 6 426.62 亿美元，2008 年由于受到国际金融危机的影响，TPP 国家也出现了同世界其他地区类似的 FDI 净流入量下滑，因此虽然美国在这一年加入 TPP，但是 TPP 成员国的 FDI 并没有太大的变化。此后，随着经济的不断复苏，以及日本、加拿大、墨西哥等国的加入，TPP 的 FDI 净流入开始恢复了增长。TPP 扩大了区域内的市场规模，这样区域内的生产企业会因规模经济效应而获得更丰厚的利润，统一大市场会驱使区域外的跨国企业在区域内加快建立生产基地，从而使得市场规模不断扩大，最终导致区域外对区域内投资增加。

虽然 TPP 成立会产生区域外对区域内的投资创造效应，但是，国际资本在 TPP 各国的分配并不平衡。TPP 成员国中大国加入 TPP 的动机更多的是出于非传统收益的考量，而小国加入 TPP 的动机则是为了获得大国市场准入资格，其中发展中经济体小国更是希望能在跨国公司垂直一体化生产中获得更多的国际直接投资，进而提升他们在全球生产网络中的地位。一体化成员中新兴经济体和发展中经济体在吸引外资上更具竞争优势。这主要是因为加入 TPP 后发展中经济体对发达经济体出口享受优惠关税，区域内的贸易自由度提高，引发进行垂直专业化生产的发达经济体将劳动密集型的产业转移至发展中国家。越南《投资报》报导指出，为了准备享受 TPP 带来的优势，越南积极吸引了来自中国大陆、韩国、台湾等国家和地区的纺纱、织布以及染整企业的大量国际直接投资。随着 TPP 一体化程度的不断加深，将会促进越来越多的国际直接投资流入该区域，特别是更具区位优势的发展中经济体和新兴经济体。

TPP 的达成会产生区域外对区域内的投资转移效应，区域内某一个成员的国际投资的增加，会导致区域非成员投资的减少，该层次的投资转移效应甚至会拓展至全世界,其规模由自由贸易体系的规模和贸易开放度来决定。其他非成员国为了增加该国资本的吸引力,均有加入该区域一体化组织的动力,因此,该区域一体化组织有不断扩大之势。TPP成立以来,其吸引FDI增速高于TPP以外国家的增速,TPP成员国吸引FDI占世界的比重呈上升趋势,而TPP以外国家的比重却逐渐下降,从绝对量上看发生了区域外对区域内的投资转移效应,TPP国家2005—2013年FDI流入量增加了253 629百万美元,而TPP以外国家同期FDI流入量只增加了106 580百万美元。这说明TPP的达成会产生区域外对区域内的投资转移效应,区域内某一个成员的国际投资的增加,会导致区域非成员投资的减少,该层次的投资转移效应甚至会拓展至全世界,其规模由自由贸易体系的规模和贸易开放度来决定。其他非成员国为了增加该国资本的吸引力,均有加入该区域一体化组织的动力,因此,该区域一体化组织有不断扩大之势。

(三) TPP的国际投资效应:与我国关系

根据本地市场效应,TPP的建立会消除区域内各成员国之间的贸易壁垒,大大提高区域内的贸易自由度,从而使产业倾向于集中在这个被扩大的"新市场",并且贸易自由化程度越高,区域成员国数量越多,越有利于这个"新市场"的扩大。虽然我国目前已经与大部分TPP成员国建立双边或多边的自由贸易关系,但是TPP的发展势必会对中国造成影响,TPP对中国产生的投资转移效应包含两个方面:一方面,由于TPP的建立,提高了该区域的贸易自由度,非TPP成员国为了绕开贸易壁垒,享受TPP成员国中发达经济体优惠的出口关税和市场准入条件,会将资本转移到该区域;另一方面,TPP成员国中的发达经济体在布局全球产业链分工时,会将原本要投资到中国的资本转移到TPP现有成员中经济发展水平与中国相近的新兴经济体。

TPP达成会给中国带来两个方面的投资转移效应:首先,TPP关于规制的谈判可以改善区域内发展中国家的投资环境,使外资流向发生变化。TPP建立之后,会使区域内部对资本流动的管制得以取消,从而建立具有透明度和竞争力的投资体制来推动劳动力和资本在区域内的自由流动,这样 TPP 成员国会增加相互间的投资,减少对区域外的中国的投资;其次,由于本地市场效应,TPP 作为一个整体的市场规模占有率比产业规模占有率小,从而给区域内的生产企业带来规模经济效应,这样会导致区域外的中国较区域内 TPP 成员国在吸引外资方面处于相对劣势。

TPP 成员国不同的产业结构层次,造成了在贸易结构和投资结构上形成与中国不同程度的互补与竞争关系,从而给中国外资引入带来了影响。基于中国与 TPP 成员国这种贸易关系,TPP 成立之后,中国与 TPP 成员国中的新兴经济体在竞争外资上越来越激烈。随着 TPP 的不断发展,TPP 中发达经济体加强区域内的分工网络,在推进垂直专业化生产的过程中,将劳动密集型阶段转移到与中国经济发展水平相似的新兴经济体,导致了原本要流入中国的资本发生了转移,引发了投资转移效应。

第十九章　TPP下全球贸易规则重建对中国、江苏融入价值链分工影响

TPP达成实质性的协议,这种关税同盟必将对中国形成巨大的贸易歧视与贸易转移效应,全球价值链的被动改变将对中国经济构成挑战。一方面,跨国供应链的变动与重组,会扰乱中国目前完整的供应链结构和配套体系,使中国本已受成本上升困扰的出口导向型制造业受到伤害。另一方面,中国在全球生产网络中稳定位置将被撼动。一旦中国参与的价值链断裂,将影响到国内相关产业发展的稳定性。如果价值链没有及时重新对接,将对转型中的中国经济产生负面影响。

一、对国际大环境的影响

首先,全球价值链使全球商业周期的同步性显著提高,从而加大了世界经济与国别经济在外部冲击下的脆弱性。跨国界的生产分割使各国的相互关联与依存度提高,可能会成为传递经济危机和风险扩散的重要渠道。比如,2008年全球金融危机爆发后,全球贸易也随之出现较大幅度的萎缩,被称之为"贸易大崩溃",波及全球几乎所有国家和地区。其传导机制表现为金融危机所引发的最终需求的严重缩减迫使相关企业做出存货调整,随后通过全球价值链将冲击迅速传导至整个上游环节,且产生"放大效应",从而对上游供给和就业岗位产生更大的伤害。

其次,全球价值链可能对发展中国家带来投资风险与不确定性。跨国公司在发展中国家进行投资项目选址决策时,要在投资预期收益与生产成本和跨区域协调成本之间寻求平衡,细微的风险与成本变动都可能影响企业的最终决策。因此,全球价值链可能会导致FDI的高流动性,从而对发展中国家造成风险,包括基础设施投资建设浪费、供应链需求短缺以及政府

财政和债务风险。

再次,全球价值链可能会造成发展中国家陷入中等收入陷阱,并引发社会、环境、劳工、安全和健康等诸多问题。全球价值链可能将发展中国家锁定在采掘、加工、组装等低附加值生产环节,学习效应和溢出效应十分有限,从而形成"孤岛效应"。作为领导企业的跨国公司通常也会采取限制性商业措施控制供应商的技术升级,以避免对其核心竞争力造成冲击。跨国企业可能致力于降低采购成本,从而使东道国的劳动力报酬面临下行压力,为了降低生产成本,它们也可能违反劳工标准和人权,影响工人的健康乃至劳动与人身安全。价格压力也会使某些跨国公司将发展中东道国变为"环境污染天堂"和"资源掠夺天堂",并导致对后者不利的气候变化。

二、TPP 对中国全球价值链变化的影响

亚太地区在中国的对外贸易中有着举足轻重的地位,中国对美国和其他东亚国家(地区)的出口额占据着中国对外贸易出口总额的一半以上。美国、日本、韩国和东盟都是排在前十的中国贸易伙伴(如表 19.1 所示),但中美、中日之间却没有签署双边自贸协定。然而中国与世界上任何国家的关系,都替代不了中美关系。这不仅是因为美国目前仍然是全球化规则的制定者,未来"TPP＋TTIP"所形成的规则,必将统治全球主要的经贸投资关系,而且中国要想进一步发挥后发优势,必须有效地利用全球创新资源,尤其是美国强大的创新能力对中国经济的"溢出效应"。未来在 TPP 的影响下,连接中国与世界经济中心的全球价值链的变化及其影响主要表现在以下几个方面:

(一) 全球价值链的"发包——承包"关系变化将导致贸易转移效应

未来 TPP 成员国之间贸易壁垒降低的同时,将对中国构成更高的壁垒,从而不可避免地产生两类贸易转移效应:TPP 成员之间对约 1.8 万种的商品货物执行零关税政策,最大限度地削减非贸易壁垒,实行服务贸易自由化,这使得发达国家的外包订单会逐步转移到与中国的比较优势存在竞

争和替代关系的 TPP 成员国,其中最有可能转移的贸易额是中国的纺织服装、消费类电子等劳动密集型产品。由于越南、马来西亚等国在这些产业的要素禀赋上与中国有很大的相似度,而且这些年中国这些产业的要素成本上升太快、竞争力不断弱化,因此,这些国家有可能成为抢夺原本属于中国企业外包订单的主要竞争者。

中国出口至北美、日本的纺织服装等中低端制造品面临着越南、墨西哥的竞争性替代;而中国出口至东南亚的机械设备、移动电话等高端制造品订单,又面临着转移至发达国家的压力。这种腹背受敌的境况将直接冲击中国的出口。

表 19.1　2014 年中国对主要国家(地区)货物进出口额及其增长速度

国家(地区)	出口额(亿元)	比上年增长(%)	进口额(亿元)	比上年增长(%)
欧盟	22 787	8.3	15 031	9.7
美国	24 328	6.4	9 764	3.1
东盟	16 712	10.3	12 794	3.3
中国香港	22 307	−6.6	792	−21.5
日本	9 187	−1.4	10 027	−0.5
韩国	6 162	8.9	11 677	2.8
中国台湾	2 843	12.7	9 337	−3.9
俄罗斯	3 297	7.2	2 555	3.7
印度	3 331	10.7	1 005	−4.6

数据来源:《2014 年国民经济和社会发展统计公报》

(二)全球价值链上的资金流动关系变化,将产生投资和产业的转移效应

一旦 TPP 实施,来自发达国家的 FDI 将更多地流向 TPP 的成员国,减少中国吸收 FDI 的数量。已经在中国的 FDI 企业以及中国的本土企业,也会想方设法把投资和产业向 TPP 中发展程度较低的国家转移,一方面是为了获取零关税及贸易便利化、自由化的好处,另一方面也是为了满足其产业链配套的需要。

（三）全球价值链运行的竞争规则变化

短期而言，TPP 对中国影响不大，因为中国已同 12 个成员国中的 7 个建立自贸区，在一定程度上可抵消 TPP 的冲击；从中长期来看，TPP 将给中国带来很多挑战，除贸易投资转移效应外，环境保护、劳工保护、知识产权保护、竞争中立、国有企业改革等，都是 TPP 下全球价值链运行的新规则，中国在短时间内很难适应，这将会给中国企业参与国际贸易投资活动带来许多限制和困难。中国因不满足其参与游戏的条件和资格而被踢出全球价值链，将危及中国的国际代工者角色。TPP 对中国的挑战包括：TPP 建立了"投资者—政府"争端解决机制，给予跨国公司对签约国的法律诉讼权利，但却对国家主权构成了实质性挑战；TPP 要求成员国对国企进行私有化并完全遵守市场法则，这意味着中国国企的国际经营将可能遭遇重大掣肘；TPP 协议在劳工权益保护和环境保护问题上也作出了严格的规定，这对中国企业的国际竞争力是一个巨大的考验；此外，TPP 更严格的知识产权保护也使得中国不少"山寨"产品被彻底阻挡在 TPP 成员国的市场之外。

（四）全球价值链上的产业国际分工格局变化，劳动密集型产业转移的趋势难以逆转

一直以来，发达国家一直控制着技术、设计、品牌和销售渠道等高增值性价值链环节，发展中国家则是服务业外包的最主要承接地，其中以亚洲为首，约占全球外包业务近一半的份额。目前，印度、东欧和爱尔兰以及墨西哥分别是亚洲、欧洲和北美的外包中心，承接外包较多的国家则主要是俄罗斯、中国和菲律宾。中国在过去几十年则主要从事劳动密集型零部件生产或组装加工等低附加值的价值链环节，处于产品国际分工的低端。

随着中国劳动力工资不断上涨，要素价格不断提高，中国在低端产业的比较优势正在逐步丧失。其他具有丰富廉价劳动力资源的东南亚发展中国家，比如越南、印度尼西亚等，其劳动力价格低于中国，并且颁布了多种政策措施来吸引发达国家加工贸易向其国内转移。这意味着中国正面临着来自东南亚国家的竞争，加工贸易企业有向东南亚转移的动力与趋势，某些加工

制造环节已出现了被其他国家接替的现象，如耐克的生产环节就已向越南等国家转移，这表明产业价值链出现了区域性调整。

另一方面，随着大陆沿海地区这些年要素成本的迅猛上升，这些相对低端的产业本来可以向中国内陆地区进行梯度转移，但是在TPP下它们会发生猛烈的外移而不是转移，在某种程度上将迫使中国相关产业进行产业转型升级。短期而言，TPP对全球产业链产生的影响可能不会显现，但由于多国的加入，集聚了各国产品的原料、配件和核心部件的生产能力，这些要素的重新组合就会导致全球产业链出现变化。十年甚至更久之后，中国的一些传统优势产业必然会受到较大影响。但以中国的制造和贸易实力，目前任何国家建立任何类似TPP这样的自贸区，都无法撼动中国在全球产业链上的地位。对中国而言，一部分"中国制造"可能会被蚕食，一些传统优势产业的全部产业链都将转移到自贸区内，但这种情况事实上对中国并不能构成重大的威胁，原因如下：

第一，TPP国家与中国的竞争并不会过分重叠。在很大程度上，TPP可看作北美自由贸易区与日本的自由贸易协定，其他国家多以出口农产品和矿产资源为主，而与中国制造业相竞争的只有越南和马来西亚。但问题是越南和马来西亚只有竞争低端制造业的优势，而从现实上看，中国这些产业此前就有了转移的趋势，比如纺织产业等轻工业。中国制造业的优势越来越体现在基础设施完善、产业链完整和规模效应上，已经不是单纯拼劳动力成本的时代了。而从中高端产品来看，要求强大的供应链体系、产业链条，是重资产、技术密集型产业，背靠中国的巨大市场，中国这部分制造业的能力是不会轻易被TPP影响的。虽然中国向东南亚出口的半导体、计算机、机械设备、移动电话等高端制造品可能面临日本、美国的挤压，但中国在这方面真正具备竞争力的企业早已有了非常完备的全球化战略。在FDI方面，凭借巨大的市场体量，外国资本很难轻易放弃中国。而中国现有的主要出口行业已经在全球范围内将优势发挥得淋漓尽致，即使中国加入TPP，在这两方面也很难再有显著的突破。

第二，TPP在亚太地区形成一个"封闭式"的自贸圈，但TPP不可能离开中国。因为中国在其他发展中国家的投资规模，已经让中国有能力把自已设计、开发和生产的产品通过其他 TPP 成员打入发达国家市场。从目前来看,中国已签署自贸协定 14 个,特别是在 TPP 的国家中,包括澳大利亚、新西兰、文莱等在内的 8 个国家已经与中国签订了 FTA(自由贸易协定),即便中国不加入 TPP,也能通过现有的双边自贸协定或区域自贸协定把商品打入 TPP 市场。因为单个自贸区是一个封闭的环,但自贸区之间有相互重叠的区域,这些区域就可以成为中国企业"曲线去市场"的跳板。

(五) 中国融入全球价值链程度可能下降

全球价值链对于中国经济的发展有着积极意义。中国借由全球价值链更快地融入到国际贸易之中,通过中间品贸易集中发展价值链中的某一个环节,并在此环节上获得竞争力,而无需发展整个行业价值链的竞争力。在改革开放初期,时于资本与技术都非常薄弱的中国而言,全球价值链上的分工可以帮助中国更快地实现就业增长和资本积累。中国的贸易中有一大部分都是加工贸易,可以说加工贸易使中国经济取得了快速增长。中国加工贸易经历了"三来一补"、"进料加工"、"外资加工贸易"三个阶段。在这一过程中,中国积累了资本、技术、人才和管理经验,并具备逐步向价值链的高端环节攀升的能力。

而在 TPP 冲击之下,中国加工贸易出口额的下降幅度大多高于同期一般贸易出口额的下降幅度,加工贸易比重的下降反映出中国与欧美市场的逐步脱钩。跨国公司主导的产业转移,主要目的是利用中国在劳动和资源方面的要素禀赋优势,降低生产成本,掌控部分产业,使其牢牢被低端锁定。处于价值链低端环节的发展中国家在承接发达国家产业转移的过程中,获得了相应的技术,并积累了一定资金,在一定程度上获得了经济发展,开始通过境外投资等方式将技术成熟具有竞争优势的生产线扩张至次发达甚至发达国家或地区,以整合全球资源,寻求国际市场。因此,曾经承接发达国家产业转移的中国现在开始成为国际产业转移重要主体,将目光转移到发达国家市场,通过收购、并购、海外投资设厂等活动,快速获得先进的技术和管理经验。而随着金融危机的爆发和蔓延,发达国家的经济遭受严重破坏,很多企业资金链断裂,面临着破产倒闭的风险。

第二十章 TPP 下江苏融入全球价值链分工的路径

国际价值链分工是指国际分工模式由产业间分工、产业内分工逐渐转化为同一件产品某个生产环节或者某道工序的专业化分工,是占据主导位置的生产商为了达到资源优化配置的目的,把产品价值链的生产环节分布在全世界范围内的最优越的区位来完成,诸多具有廉价劳动力要素的发展中国家通过承接外包、本土企业做代工、外企投资设厂以及跨国公司的全球采购等方式,完成了产品价值链环节当中的劳动密集型生产环节的专业化生产,从而传统的以产品作为界限的国际分工模式演化为同一件产品内某个环节或者某道工序的新型分工模式。

和传统的以产品为界限的国际分工模式相比较,国际价值链分工这种新型国际分工模式具有很多新特点:

第一,从国际分工的形式这一角度来看,国际价值链分工从相同产业不同产品间的分工或不同产业间的分工转化为同一产品内不同工序或不同增值环节的分工,是传统分工模式的升级。同一件产品的各个价值链生产环节在附加值、要素密集度和技术含量等方面的差异性,导致全球价值链分工在横向上产生不同的工种,在纵向上也分离出不同的层次,因而,全球价值链分工具有多维度、不平衡的发展势头。

第二,从国际分工的主体这一角度来看,国际价值链分工弱化了传统分工的国家界限,其分工主体由国家延伸到企业,跨国公司逐渐成为国际分工的主体。

第三,从国际分工的基础这一角度来看,全国际价值链分工打破了利用资源的国家界限,整合了各国的比较优势,使得各国企业的竞争优势从传统的本国比较优势升级为世界比较优势。

中国要实现价值链的升级,就要脱离分工水平低、利润率低的产品生产,实现产业升级,进军分工水平高、利润率高的产品生产,融入"微笑曲线"的两头,占领价值链高附加值环节。具体来说,就是要积极向生产者驱动价值链扩张和转移,占领购买者驱动价值链的品牌、销售等环节,掌握核心技术成为生产者驱动价值链的主导。

一、全球价值链背景下产业升级的特点

在全球价值链背景下,产业升级是指从一个低附加值活动向具有更高附加值的生产阶段演进的动态过程。随着全球价值链的不断深化,生产率的增长伴随着劳动力工资的上升,原本具有比较优势的低成本经营被国际竞争所侵蚀。对于大多数国家来说,巩固现有地位最有效的途径就是实现升级。

从企业行为层面看,产业升级已由产业整体层面的升级向产品内工序、任务层面升级转变。在传统生产与贸易方式下,产业升级主要是指产业或部门间升级,如从低附加值和低技术的资源密集型或劳动密集型部门向高附加值的重工业和高技术部门转移。而在新型生产与贸易方式下,产业升级主要是指产业链或产品链内不同功能间的升级,如从低附加值的加工组装环节向高附加值的设计、研发、服务环节移动,或跨价值链间的工序升级,如从服装生产商向汽车座椅套或非服装用工业纺织品生产转移。

从政府行为层面看,产业升级已由"限入奖出"向"以融促变"转变。在传统产业升级中,政府主要是采取进口保护和鼓励出口的贸易战略与产业政策实现本国的产业升级,即一方面,通过实施关税保护、进口配额等贸易保护政策,逐步实现对进口产品的替代,为本国产业成长和升级提供受保护的发展环境;另一方面,通过税收优惠、出口补贴、出口退税和金融信贷支持等出口导向政策提高本国支柱性或战略性产业的出口意愿和国际竞争力。而全球价值链模式的产业升级中,政府则充分认识到中间产品贸易、服务和FDI对本国产业升级的促进作用,通过贸易与投资自由化以及国内政策的规制改革,构建稳定和健全的商业环境,鼓励、支持和引导国外资本、技术以及其他要素流入,并支持本国企业加强能力建设,积极参与区域和全球价值链。

从产业升级的效果层面看,传统的贸易和产业政策已不能适应全球价值链背景下的产业升级需要。一方面,传统的进口替代政策限制了进口贸易,尤其是中间产品的进口。这与中间产品贸易快速增长的全球价值链的典型事实极不相符,也不能发挥高技术和高质量的中间产品进口的学习效应和外溢效应。对中间产品进口的限制政策只会增加企业的生产成本,最终给出口带来负面效果。另一方面,传统的出口导向政策主要是为了降低出口成本和实现出口创汇,尤其适用于加工贸易行业。"两端在外"的发展模式使出口部门与国内产业关联较差,最终消费品的市场和关键技术设备及零部件方面严重依赖于发达国家,因此对本国真正的产业升级的作用十分有限。

二、全球价值链背景下产业升级的路径

传统模式的产业升级主要表现为一国不同时期在不同产业和部门之间的升级更替,而重构的全球价值链下的产业升级则主要表现为在产业和部门内部的工艺、产品、功能或价值链等不同技术复杂度或附加值程度的升级和扩展。从企业层面说,价值链升级能够使企业进一步提高生产率和产品质量,确立自身品牌效应,提升其在国际市场中的竞争力,避免因过度依赖领先企业而被锁定在低附加值环节。从国家层面说,价值链升级能够使国家进一步构建国内生产能力,增加本国附加值出口,以及提升国家竞争力。产业升级可分为工艺升级、产品升级、功能升级以及价值链升级。在四种升级形态中,工艺升级和产品升级相对较容易,常常出现于国家与企业经济发展的初期,而功能升级和价值链升级则是高级形态,且功能升级是价值链升级的一个前提和基础。

(一)工艺升级和产品升级

工艺升级是指在生产过程中,由于技术进步和生产效率的提升,企业能够改进生产流程,通过更有效率的方式或更低的次品率来生产产品,或者由

于生产工艺的进步,企业能够生产更复杂的订单。它往往涉及新机器的购买、实施质量控制计划、缩短交货时间、减少浪费等具体措施。产品升级是指企业由于技术和实力的提升,通过改变设计生产质量更高和技术更复杂的产品,其中也涵盖了企业更新产品的能力。

国际价值链中的供应商升级多数是从工艺升级和产品升级能够获得可观的生产率提升开始的,通常较易发生在产业升级的初期,由于领导企业具有较高的议价能力,因此供应商所获得的收益通常很有限。俘获型价值链下领导企业通常有动机参与到促进升级中来,而关联型价值链由于技术易于模仿,因此不存在这种升级形式。高质量的中间品投入能够显著增加这类企业的生产效率,促进产品创新和技术升级。具体路径包括以下内容:

首先,通过贸易自由化和便利化措施降低中间品和资本品(如生产设备)的进口关税、进口配额限制和其他数量限制,降低中间品的贸易通关与物流成本(如简化海关手续、实现海关现代化等),鼓励在最终产品生产中使用高技术和高品质的中间投入,能够显著提升厂商工艺水平和产品质量,促进工艺进步和产品创新。

其次,通过提升投资的自由化和便利化水平鼓励跨国公司和外资进入,取消对外资投资的限制措施(如鼓励多种形式的外资合作方式),简化针对外资企业的相关程序(如企业准入程序、注册许可程序、工业用地使用以及重要员工雇佣程序等),充分发挥 FDI 的示范与技术外溢效应,实现工艺和产品升级。

再次,改善商业环境,特别是知识产权保护和竞争政策,依法保护有形和无形资产,支持外商实现技术和先进管理经验的转移,有利于增强本地供应商的技术竞争力和产品质量,降低生产成本。

最后,提高技术标准,促进向先进标准看齐和融合。技术标准是全球价值链正常运作的关键因素,是促进工艺和产品升级的重要催化剂,它能够节约交易成本和提升消费者信心。技术标准主要包括生产标准(如管理、劳工、环境标准及企业的社会责任)和产品标准(如安全和质量标准)。在全球价值链中,标准包括由支配性领导企业发起的自愿标准(通过对上游供应商和下游生产商提供明确的技术要求)以及由卫生、安全、环境法规约束并强制执行的技术标准（通过由权威机构提供的公共标准和认证体系实施）。通过有效实施这些标准，可使发展中国家企业实现技术进步，提高产品质量，实现产业和出口升级。

（二）功能升级和价值链升级

功能创新是指企业向一条"微笑曲线"的价值链中具有更高的附加值的阶段升级转移。若一个企业原本处于生产阶段，这意味着功能升级是向其上游（研发、设计、品牌）转移或是向其下游（物流、分销、售后服务）转移。例如，在东亚国家或地区的服装制造业中，低端加工先是逐步嵌入全球价值链，并且升级成为贴牌生产（OEM）供应商，而在技术更加成熟后，又逐步向原始设计生产（ODM）和原始品牌生产（OBM）阶段转型升级，最后企业更加专注于产品设计和自有品牌的运营。

价值链创新是指企业有能力参与或转移到一条生产更高附加值产品的"微笑曲线"价值链上。这条价值链可能属于同部门价值链，也可能是转向一个完全不同的行业。价值链升级的本质是跳出已有的价值链，向具有更高技术水平和治理结构的价值链转移。

1. 促进向价值链上游升级的路径

价值链上游活动（如创新、研发、品牌和设计环节）均具有较高的资本和知识密集度。贸易政策在促进向上游升级时主要包含竞争政策、投资、资本流动、知识产权、创新政策、技术与科研、教育培训、文化合作、金融支持、数据保护等多个方面。

首先，实施投资激励和便利化措施可以为促进向价值链上游升级提供资本支持。上游活动均需要较高的前期沉没成本和投入，因而要放宽对跨境资本流动的管制，促进 FDI 的流入。许多对外国投资者的障碍可能导致东道国被排除在全球价值链之外，如对国外股权和合伙制形式的限制、对自然人流动的限制、对当地含量的规制以及对国外收益汇回和汇率控制等。政府在制定投资刺激政策时，应着眼于消除这些限制措施，放宽对外资的准入要求，强化对投资者的保护，提供可选择的争端解决机制。

其次，对有形资产和无形资产的保护能为向价值链上游升级提供制度支持。由于全球价值链贸易涉及知识和技术的转移,因此知识产权保护政策具有现实的重要性。要完善包含专利权、著作权、商标、地理标志等在内的知识产权规则和管理体制;完善司法与执法机制;鼓励向本土企业出售知识产权(技术许可证、品牌许可、商标等);促进研发合作与交流;促进公私伙伴关系的发展等。

再次,竞争政策能为向价值链上游升级提供公平的竞争环境。它有利于外国企业或者机构与本国企业一样,获得同等的税收财政优惠以及金融支持,也有助于鼓励外资机构将研发中心转移到东道国。竞争政策实施的重点是通过反垄断法有效禁止实施各种反竞争的商业行为,并实现私有化、特许权和其他形式的部门开放竞争。

最后,促进创新和能力建设是向价值链上游升级的有效保障。在做出外包和离岸生产的决定时,外国投资者更关注一国的能力建设和创新活动,主要包括规模生产的能力、服务质量、人力资本水平、教育和技能培训、创新能力等。因此,一国应注重创新政策与激励和贸易部门的技术吸收与外溢,通过教育和培训使本国技术向国际标准看齐,逐步提升出口部门的硬实力(如交通、仓储、冷链等)与软实力(如价值链风险管理)。

2. 促进向价值链下游升级的路径

价值链向下游扩展涉及物流、营销、售后服务等环节。第二代贸易政策在促进向下游升级时采取的支持政策主要包括竞争政策、投资、资本流动、教育和培训、金融支持、税收、中小企业、数据保护、社会事务、信息社会、健康、人权等多个领域。

首先,竞争政策能有力降低向下游环节升级的制度门槛。交通、运输、分销、快递等诸多与价值链下游环节相关的部门在许多发展中国家仍处于垄断状态,准入与运营许可等门槛限制仍然较高。因此,应加强竞争执法,发挥竞争政策在预防或制裁垄断行为中的作用,促进垄断部门的开放性竞争,放宽对互联网、电子商务、零售部门的管制。

其次,提高联通性可为向下游环节升级提供物质基础。发展中国家政府在制定提升联通性措施时重点在于提升金融、运输、物流、能源、电信、互联网、电子商务的安全性、可预测性、可靠性以及运营效率,从而增加本国市场的可达性与联通性,实施结构改革,促进竞争与开放。

　　最后,劳工标准和人力政策能为向下游环节升级提供劳动力与人才支持。在劳动密集型的下游环节(如物流),劳工政策可以有效避免和控制强迫劳动、强制加班、不支付最低工资等违法行为。对于专业技术服务人员,应促进其可流动性,构建区域性劳动力市场,完善外包合同的法律法规,加强劳动力的教育与培训,关注宜居性问题(特别是针对外籍员工)。

第二十一章 TPP重构全球价值链下提高江苏制造业分工地位

改革开放特别是20世纪90年代以来,江苏制造业通过"三来一补",即来料加工、来样加工、来件装配、补偿贸易的加工贸易方式嵌入国际价值链,给江苏带来了巨大的发展机遇。统计表明,自2000—2011年,江苏制造业以19.7%的年均增速,遥遥领先于全国大多数省份;制造业产值占全国的比重基本保持在12.2%—14.5%之间,平均值高达13.8%;制造业利润额占全国的比重保持在12.1%—14.2%之间,平均值为13.1%,成为名符其实的中国制造业大省之一。但总体看,与中国制造业发展现状相似,江苏制造业仍呈"两头弱,中间强"的发展态势,即加工制造能力强,研发、设计及品牌、营销能力弱,成为中国以OEM模式塑就"世界工厂"的一个缩影。作为资源能源小省,长期以来,江苏制造业低端扩张带来的低附加值、产能过剩、资源过度消耗和环境污染等问题,正把江苏工业经济推向不可持续的危险境地。与发达国家相比,江苏的加工贸易虽然规模大,但技术水平低、产业关联度不高、进出口市场过于集中、区域发展不平衡、大部分仍处于附加值较低的制造环节。同时,随着国内劳动市场环境的变化,劳动力成本逐步提高,再加上贸易壁垒日益频繁,国际竞争的日益烈,传统加工贸易的发展面临着极大的压力。因此,在TPP重构全球价值链的背景下,江苏在保持数量增长的同时,切实提高加工贸易的质量和效益,及时引导加工贸易转型升级,提升江苏制造业分工地位已显得非常迫切。

一、嵌入全球价值链,提升企业竞争力

对于江苏大多数中小生产型外贸企业来讲,试图完全脱离全球价值链而进入到国际市场是很难实现的,因此嵌入到全球价值链当中,获取市场进

入机会仍将是众多本土中小型外贸企业的理性选择,但这种方式在最开始往往只能够嵌入到价值链的低端环节。对于具备一定资本和技术实力的本土生产型企业,也可以选择先培育国内市场,再进入区域市场,最后打入国际市场这种渐进的方式来嵌入全球价值链,这样企业就能够避免被国际大采购商和跨国公司俘获的命运,直接进入到全球价值链高端,建立自己主导控制的全球价值链。无论是选择哪一种嵌入方式,摆在所有本土生产型外贸企业面前最重要的一项任务都是提升企业竞争力,只有竞争力得到提升,企业才能够真正实现持续、稳定的发展。

当今信息技术日益发达,企业不再向过去那样能够长时期地拥有垄断优势,技术的飞速革新正加速了企业技术的研发过程、缩短了产品的生命周期,因此企业只有不断加强与外界的沟通与合作,迅速地根据市场转变经营策略,才能够在激烈的竞争中立于不败之地。江苏本土生产型企业不单要在集群内寻求合作,而且要跨出国门,与国外的行业领头公司建立联系,从对方身上学习企业发展的经验。对于具备一定实力的企业,还可以考虑走出国门实行跨国经营。这样一方面可以使中国企业能够打破跨国企业对全球市场的控制,使企业更加接近需求市场,另一方面也可以通过融入当地企业集群或直接收购企业来获取企业发展所需要的技术能力。

二、推动制造业产业升级,大力发展高新技术产业

江苏的优势在于劳动力密集型产业,劳动密集型产业在江苏改革开放这些年的增长中也占有重要的地位,所以应该牢牢把握这种优势。但是,我们也要认识到,这种优势是不能持久的,长远看来,需要转变方向。一方面促使制造业由劳动密集型向资本、技术密集型产业转型升级,通过大力发展先进技术和新兴制造业,以优化制造业内部结构,提升产品档次,改善出口商品结构;另一方面,要将加工贸易的资源和政策适当向高新技术产业和服务领域转移,促进高新技术产业和服务业领域加工贸易的发展。

一方面,把构建全球价值链内自主创新体系纳入江苏科技发展规划并置于重要地位,鼓励那些产品市场前景好、技术水平高的跨国公司在江苏进

行加工贸易,通过抓住当前向高新技术产业转移的大好机遇,重点发展电子信息产业、生物医药产业、新材料和环保型高新技术产业,鼓励企业利用加工贸易参与高新技术产业国际分工,促进其扩大产品领域,升级其产品结构。同时,在促进加工贸易高新技术产业发展方面,政府可以设立具有标志性的国家级研究开发中心,制定高新技术产业加工贸易的扶持性政策,优化制造业产业结构。

另一方面,鼓励企业与专业院校、研究机构联合,推进国有大型加工企业与跨国公司合作建立研究与开发中心,设立联合开发机制,建立风险投资机制,积极参与研究开发活动,分享研究开发成果,实现技术本地化,逐步提高本土企业的自主创新能力。政府应在科技经费投入、科研基础设施以及人才培养等方面予以适当倾斜,同时加强对技术、品牌等知识产权的保护力度,促进研发活动的开展。通过上述举措促进制造业生产与深度研发的有机结合,以强大的科研基础、创新能力来稳定和发展加工贸易,形成高新技术产品加工贸易制造的发展环境,提高产品的加工深度和附加值,走质量效益型发展道路,实现制造业向高新技术产品为主导的方向转变。

三、努力提升在价值链中的地位,由底部向两端延伸

全球价值链下的产业分工,就是将产业的各个价值环节拆散,然后通过优势比较进行空间上的重新配置,最后再有机组合以实现利益最大化。江苏绝大多数本土生产型企业相比于国外大型跨国公司还有不小的差距,目前尚不具备掌控高端价值链的实力。在这种情况下,江苏制造业企业应该首先做到合理的市场切入,在全球价值链的一个细分环节实现企业的技术、管理、资金和人才等方面的积累。在细分市场获得一定的市场势力之后,企业可以尝试向价值链的其他环节或者另外一条价值链进行拓展,实现企业多元化经营。多元化经营一方面可以打通价值链上下游环节,降低交易成本、实现规模经济另一方面可以有效地抵御市场环境波动所带来的经营风险,使企业的经营策略能够有更大的发挥之地。如图 21.1 所示,目前江苏绝大部分制造业企业处于"微笑曲线"弧低的位置,即多从事产品加工组装,

技术含量低,附加价值低,并且竞争极其激烈。为此,我们应该由价值链的底部向两端延伸,占据价值链的战略环节,才能真正从贸易中获益。

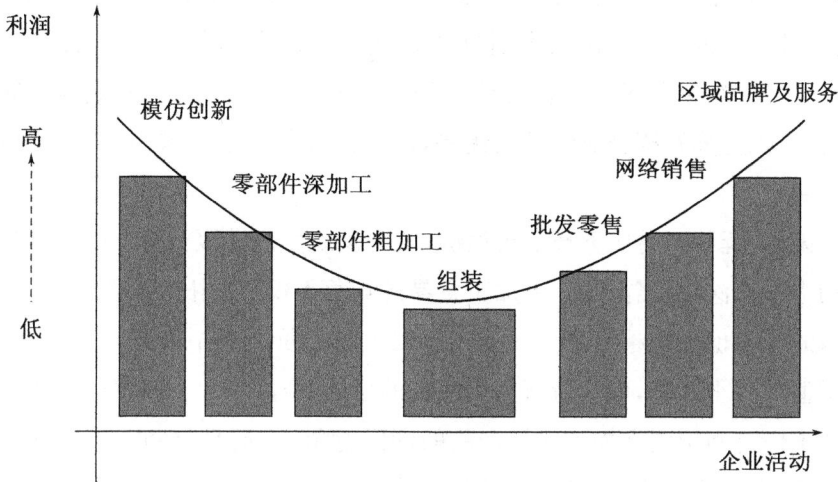

图 21.1　我国制造业微笑曲线

　　第一,在制造方面遵循"简单的组装—复杂的组装—零部件制造—零部件研发—最终产品研发—自有品牌产品的研发、设计、生产"这一规律,逐步形成自主知识产权的核心技术和具有广泛知名度的自有品牌。江苏只有不断提高自身技术水平,才能吸引跨国公司把更高技术含量的生产环节转移到江苏。如图 21.1 所示,价值链微笑曲线的左端是研发设计驱动的技术创新,技术创新对制造业价值链攀升的重要作用已得到业内外的一致认可。在制造业行业价值链各环节创造的总价值中,技术创新环节占据了约 60%左右,从而成为制造业攀升价值链高端的主要动力和源泉。对江苏制造业企业而言,通过有计划、成规模、高效率的研发设计和技术创新活动,推动一批制造业核心关键技术和行业共性技术的突破式发展,有助于加快江苏先进制造业和战略性新兴产业的快速发展,对促进江苏经济发展、保障江苏经济安全、提升江苏综合竞争力等具有十分重要的作用和意义。其中,江苏大多数生产型外贸企业利润比较微薄,缺乏单独进行自主创新的实力,但是在一个集群内,同行业的企业之间以及上下游不同环节的企业之间可以进行合作创新,这样既可以增强企业产品的市场竞争力,又可以有效地分担研发风险。而具备一定市场势力和研发实力的本土生产型企业则既可以通过独自研发的方式来实现产品、工艺、功能上的创新，又可以利用自身所具备的产业链控制能力与链上的其他中小型生产企业进行联合创新。企业在进行创新的同时，也可以通过技术引进的方式来获得企业发展所需要的技术。这样既可以避免在落后的情况下花费过多的代价去进行具有一定风险的研发，又可以充分发挥企业的后发优势，及时把握住市场需求，实现企业跨越式发展。

第二，延伸下游服务环节价值链，大力发展生产性服务业。随着国际分工的进一步深化，当前国际上加工贸易的竞争不仅仅局限在生产领域，流通领域的竞争也越来越重要。江苏在加工贸易的价值链中，目前只分享其服务增值的很小部分，向下游服务增值链的延伸，空间巨大。完善的生产性服务业不但有利于增强加工贸易产品的国际竞争力，而且有利于提高加工贸易的增值率，所以我们要把握跨国公司研发、采购、服务等全球化的有利时机，大力发展生产性服务业，在服务方面要促进江苏的制造业向下游服务环节价值链延伸，鼓励发展分销、配送、仓储、运输、售后服务、金融保险、贸易以及国际营销等服务环节，是延伸加工贸易产业链、提高增值率、加强产业集聚的有效措施（如图 21.2 所示）。

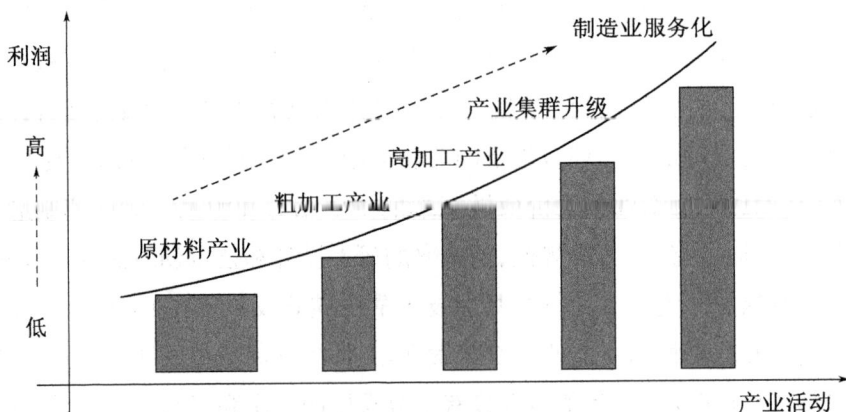

图 21.2 我国制造业升级示意图

生产性服务业是被制造业用作中间投入的服务业，主要包括交通运输业、批发零售业、金融服务业、科学研究技术服务、信息服务业和商务服务业等部门。作为制造业的中间投入，生产性服务业具有知识技术密集的特性，其内含的知识资本、技术资本和人力资本，可以大幅提高制造业的附加值和国际竞争力，促进制造业价值链攀升。在全球价值链的分析框架中，生产加工过程只是全球价值链的一个附加值较低的中间环节，价值链高端环节的构成主要是研发、设计、物流、营销等生产性服务业。江苏制造业长期徘徊于价值链低端的一个重要原因，就是基于主客观的综合原因而满足于加工制造的快速获利，从而忽视了全球价值链的高端环节。欧美日等发达国家的制造业发展经验表明，要想占据全球价值链的高端位置，必须加强对知识、技术和人力资本的投入，促进现代生产性服务业的快速发展，使三次产业结构不断向"软化"方向发展。现代经济中，制造业的中间投入品中服务投入的比重越来越大，如在产品制造过程中作为生产性服务的研发设计、金融服务、信息服务、人力资源培训、销售服务等投入日益增加，生产性服务的质量、规模和价格日益成为影响制造业价值链攀升的重要因素。因此，大力发展生产性服务业是推动制造业价值链攀升的重要路径之一。为此，可以从以下几个方面着手：

首先，加快江苏物流环境建设。物流环境即物流基础设施、物流管理政策和制度以及物流服务质量水平等已成为投资者评价一个地区投资环境的重要内容。良好的物流环境有利于进一步吸引外资把更高技术水平、更大增值含量的加工制造环节和研发机构转移到江苏，促进江苏加工贸易的转型升级。经过几十年的发展，江苏的物流基础设施已初具规模，但仍不能达到物流机械化、现代化的要求，如深水泊位及装卸能力、中转站、集装箱专用码头等还不能完全满足国际物流发展的需要。为适应国际物流作业连续性、快速化的特点，政府部门应以提高劳动生产率、降低物流成本和提供社会化服务为根本目的。在重构的全球价值链视角下，加大物流基础设施规划建设，对现有资源进行有效整合，充分利用现有设施，加以改造，使之机械化、自动化，同时加快对物流管理观念的转变和管理体制的改革，改变物流过程各环节相互脱节的局面，使国际物流业的发展在整体上有较大的突破。

其次，提升江苏制造业企业的营销能力。为了从整体上提升加工贸易价值链,加工贸易企业必须努力开拓自己的销售渠道,将开发设计营销网络的主动权掌握在自己手中,以绕开中间商环节,变间接加工为直接贸易,以降低成本,增强竞争优势。市场营销和品牌塑造有着十分紧密的依存和互动关系,持续高效的市场营销需要以品牌作为依托,而品牌的建立和维护有助于拓展市场营销的渠道和途径。因此,推动市场营销和品牌塑造的协同演进无疑有助于促进制造业价值链攀升。

第三,加快信息化建设,以信息化带动工业化,用先进的信息技术改造提升战略性新兴产业、先进制造业和传统制造业,这是中国信息化和工业化互动发展的一项基本国策。就内涵而言,制造业信息化是将现代管理技术、信息技术、自动化技术与制造技术有机融合以提高产品技术含量和附加价值的过程和结果的统一。对江苏传统制造业而言,坚持利用信息技术和先进成熟的适用技术改造传统制造业,深化信息技术和先进成熟的适用技术在传统制造业行业中的集成应用,提高传统制造业的技术创新能力和信息化利用水平,有助于大幅提高传统制造业的创新发展能力,为传统制造业的再度发展注入新的活力。

四、调整加工贸易主体结构,促进制造业主体转变

外资企业由于技术水平、销售渠道和市场均优于内资企业而成为江苏加工贸易的经营主体,而内资企业的影响面、生存能力和上游议价能力都不强,从事的多是低附加值的产业,其特点是产品附加值低、配套比例低、参与加工环节少。这种局面导致的结果是:加工贸易的采购主要是在外资企业间进行;人员流动也主要发生在外资企业之中;产业关联和技术的溢出效应有很大的局限性。这样,未来江苏加工贸易转型升级的主动权就主要掌握在外资企业手中,其发展方向和区域规划会受到外资企业的发展战略和目标的影响。所以必须培育江苏加工贸易企业自主发展能力,鼓励、扶持内资企业大力发展加工贸易。目前,江苏加工贸易加工环节技术水平还比较低,在全球价值链中的地位尚有较大的提升空间,要实现转型升级,提高产品附加值,必须解决技术问题。引进国外先进生产技术之后,应该进行消化吸收

和二次创新,提升企业从事委托制造配套能力,鼓励向委托设计制造和自主品牌加工制造发展。

一方面,要加快国有企业的改革,使其具备应有的激励机制、竞争理念和市场行为,从而发挥现有工业基础和产业技术基础的作用,为加工贸易转型升级提供有利条件。现阶段国有企业改革已取得一定的成果,但是要让国有企业积极加入到高新技术产品加工贸易价值链中去,还需要进一步提高企业管理水平,促进管理现代化,转换经营体制,有效降低成本,加快技术进步,增强市场竞争力,要改变国有企业只管生产不管销售的计划经济思想,努力开拓国际市场。

另一方面,鼓励民营企业积极参与加工贸易,民营企业是内资企业中重要的组成部分,是真正的市场经济微观主体。要努力扶持民营企业的发展,给予其政策、资金、技术等方面的倾斜和支持,实行国营、民营和外资企业同等"国民待遇",创造各类企业公平竞争和平等发展的国内环境,从而促使内资企业加工贸易的快速增长。此外,还要进一步推动民营企业的国际化和外资企业的本土化,鼓励和支持科技型、自主知识产权型民营企业与跨国公司开展资本、营销、品牌和技术等多种形式的合作,不断提高技术水平,提高产品质量,融入到跨国公司的采购、生产、销售网络中。

五、促进制造业企业的国内采购发展,向中间产品延伸

国内采购的发展对发展中国家的加工贸易具有重要意义,是加工贸易产生关联效应和外溢效应的主要途径和直接渠道,通过国内采购和提供技术协助可以推动国内配套产业的发展。如果不能及时培育和发展中间产品的国际竞争力,发展中国家的制造业只得止步于劳动密集型阶段,加工贸易部门只是跨国公司的"生产车间",对国内经济的带动作用极为有限。一旦劳动力成本优势丧失,经济发展与对外贸易都将受到不利影响。而且,国际市场上产业技术的进步与创新加速了劳动密集型链条的缩短趋势,从而使发展中国家劳动密集型加工贸易的发展周期更短。中间产品是加工贸易产业与国内产业、外资企业联系的重要纽带。实现中间投入品的本地化是提

高加工贸易关联度,延长加工贸易国内增值链,避免"飞地效应"出现的根本措施。

江苏国内采购升级状况并不明显,因此,江苏应该大力发展中间产品市场,鼓励加工贸易企业更多地使用国产料件,提高国内采购率,改变现在这种"大进大出"的运营模式,推动加工贸易企业与相关配套企业的良性互动,延长国内价值链。首先,提高国内中间投入品的质量和技术含量。扩大产品领域,提高产品层次,力争达到国际同类产品的标准。其次,建立中间投入品供求信息库。政府发挥自身优势,收集国外跨国公司生产过程中产品工序、规格等方面的标准,引导国内企业技术改革新向国际际标准的角度转变。同时,应建立可供加工贸易企业选择的国内替代品的专业信息库和信息网络,及时公布产品的质量标准、规格、价格、供应渠道等信息,为交易双方搭建信息平台。

六、发挥规模经济优势,大力发展产业集群

产业集群是指在某一特定领域(通常以一个主导产业为核心)内,大量产业联系密切、关联度较高的企业及相关支撑机构以产业价值链为纽带,在空间上集聚并形成强劲、持续竞争优势的现象。产业价值链是价值链和产业链的有机融合,具有显著的集群效应和自我强化机制,通过创新效应、品牌效应和联动效应的综合集成,推动集群内企业攀升价值链高端。创新效应表现为价值链环各企业信息资源的交流、汇集,从而促进技术、产品的联动创新,提高制造业技术创新能力,品牌效应表现为单个企业利用集群内企业的整体力量,加大广告宣传投入力度,发挥群体效应,形成"区位品牌",从而使每个企业从中受益;联动效应表现为龙头企业通过产业链延伸带动一批配套企业向价值链高端攀升,从而增强产业整体竞争力。制造协作的深化可以促进产业组织的调整和制造业规模的扩大,制造业规模经济的形业产业集群与企业规模之间具有正相关关系,产业集群能够促进知识技术的相互学习和市场营销渠道的梳理、整合以及重构,因此,产业集群与制造业规模的互动发展有助于促进制造业价值链的攀升。

七、加大参与全球价值链分工的人才培养力度

江苏的劳动力供给条件对加工贸易转型升级的作用不显著,而构筑坚实的人力资源基础,是支撑参与全球产业链企业转型升级和可持续发展长远之计,也是抑制一些加工企业单纯为追求低劳动力成本而不断迁移的有效措施。为此,加强参与价值链上分工的人才培养特别是一些紧缺人才的培养已成当务之急。

政府在建设与完善本地区人才培养体系过程中,要充分照顾到参与全球价值链内分工企业发展与转型升级的特殊需要,提高人力资源素质,目前应重点加强以下几类人员的培养工作:

首先,加强紧缺专业技术人员的培养,尤其是高级研发人员。培养紧缺专业技术人才,重点是要发挥高等学校的作用。"建立面向产业成长和技术进步的高等技术教育体系"已在教育界达成广泛共识,但关键是要落到实处,特别是在TPP影响下重构的全球价值链视角下,研究江苏制造业转型升级所需要的外向型产业部门高级专业技术人才的需求和特点,相关高等院校可考虑有针对性地在不同培养层次上设置相关的专业,同时要积极响应和参与国家职业资格制度的组织实施和人才培养工作。

其次,加强重点行业技工尤其是高级技工的培养。技工尤其是高级技工是企业技术创新的重要力量和宝贵财富,在江苏的一些制造业,高级技工缺乏已经成为困扰企业技术创新与产业升级的重要因素。因此,有所侧重地加大产业技术工人的培养力度已势在必行。要在逐步加大对于职业技术教育投入的同时,努力创新人才培养模式,鼓励企业与职业技术院校联合实施有针对性的、定制式的技术工人培养和培训计划,探索技术工人培养的"产学研"相结合的途径与机制。

最后,加强民营企业家及管理人员的培训。要想解决其管理人员紧缺和管理能力低下的问题,关键是对企业主和现有管理骨干的培训,改变他们的一些思想观念,让其了解现代生产方式和商务模式、经济全球化背景下企业和产业升级的基本机制,使其成为企业走向现代化、实现价值链上升的有

力推动者和带头人。

八、建立与现代生产方式相适应的加工贸易监管模式

当前,江苏很多加工贸易企业已大量运用现代物流、电子商务等现代生产方式和管理方式,对海关监管的时效性和便利化也提出了更高的要求。而目前江苏省海关监管为纸质手册合同为审核单元、外经贸部主管部门审批合同、中国银行设立台帐、海关备案核销,此种监管模式大大降低了通关效率,难以适应现代加工贸易发展的需要。此外,只有有形物品才能成为监管对象的传统监管理念,也严重限制了物流等服务业领域加工贸易的开展,无法适应生产领域加工贸易高层次发展的新需要。政府要适应客观形势和企业发展的需要,做好加工贸易监管工作,必须积极应用和推广信息技术,充分发挥各相关部门综合协调的整体机能,逐步建立起与现代企业生产和管理方式相适应的监管机制。

第一,构建开放式、人性化的加工贸易对外办事服务平台,提高办事效率,强化为企业服务的意识,彻底摆脱"为管而管"的陈旧观念。可以利用计算机网络技术,与大型企业实行物流数据与海关电子数据的联网监管,利用闭路电视对企业实行远程查验,利用透视技术提高集装箱的查验率等措施,加强各地海关外经贸局等主管部门的网络建设,拓宽不按转关实行深加工结转的企业的范畴。

第二,健全海关、商检、外经贸、税务、外汇管理等部门的协作机制,实现各部门分工合作和良性互动,减少重复审批现象,实现海关监管与企业货物快速流通间的协调。

第三,大力推广联网监管模式,不断拓展联网空间制定多层次、多方式的联网监管方案,适应不同行业、不同类型企业联网监管的需要。实现监管信息化、规范化和便利化,进一步降低企业交易成本,方便企业开展业务,完善"大通关"联络协作机制探索加工贸易企业信誉管理新模式,制定相应标准,使信誉良好的加工贸易企业实现一体化报关模式和其他相关便捷模式。

九、加强地区之间的合作，实现加工贸易区域协调发展

目前，江苏省加工贸易区域发展很不平衡，加工贸易主要集中在苏南五市，随着苏南地区经济发展水平的不断提高，产业升级和转移的趋势是必然的。而且加工贸易迅猛发展，原材料、能源、土地等资源性矛盾逐渐成为制约加工贸易进一步发展的因素之一。要充分认识到不同的产业链中的加工贸易在其他地方的比较优势，在国家政策鼓励加工贸易向中西部转移的机遇下，可以把苏南地区一些附加值比较低、资源密集型和劳动密集型的加工贸易企业逐渐转移到苏中和苏北地区，这样既可以保持加工贸易在江苏省整体上的优势，又可以充分利用苏中、苏北地区的丰富资源和潜在优势，促进这些地区的产业结构调整和优化。苏南地区要与苏中、苏北地区加强合作，给予他们必要的如技术、资金、人才等方面的帮助。政府也要制定相应的政策，鼓励这些地区有能力和发展条件的企业为苏南地区的产业配套生产，充分利用和创造条件，使越来越多的地区融入到国际分工体系中，从而促进全省经济结构调整，实现全省加工贸易区域协调发展。

十、完善加工贸易政策

（一）增强对 TPP 新规则的适应性，加大对 TPP 条款的研究力度

一方面，需要组织相关部门、智库和学术机构等专业力量，研究总体发展方向和重点协定、重点条款。如加强对投资者—国家争端解决（Investor State Dispute Settlement，ISDS）的研究，重视涉外或国际投资仲裁人才的培养，以更好地应对将来可能发生的争端案件。另一方面，评估分析 TPP 各项条款对中国的影响及我国的接受程度，形成有针对性的具体应对措施，处理好对接外部规则的国内问题。中国需要稳妥有序地推进自主开放，转变政府管理职能，对接外部高标准经贸规则，有效应对 TPP 各项规则对中国管理体制的挑战，加快形成符合整体利益的政策立场。

（二）加快调整对冲 TPP 投资转移效应

促进投资自由化和便利化，优化投资环境。首先，自主降低投资壁垒和简化投资准入程序，对外国投资者逐渐实施准入前国民待遇；其次，促进商业人员流动，放宽部分自然人流动限制；再次，加强对外国投资者的保护，逐步放宽外汇兑换和利润汇回的相关法律法规；最后，建立透明、公正与竞争性的商业环境，健全本国法律法规制度。提升市场开放水平，将区域价值链被动重组转变为主动升级。第一，促进中间品进口贸易自由化。中间品的贸易壁垒在全球价值链中将产生累积和放大效应，削减中间品关税和非关税壁垒，将有效降低生产成本，提升竞争力。第二，推进更高效的贸易便利化。简化和协调贸易程序，加速要素跨境的流通，将使跨国价值链的对接更加顺畅和灵活。第三，促进服务贸易自由化。进一步发挥好服务贸易在价值链中的总部功能，起到在整合价值链中协调生产和联系纽带的作用。第四，促进标准与规制融合。统一标准和认证，提高技术标准，促进先进标准看齐和融合。改变不合规的政策和体制，减少与发达国家之间的规制差异。从而，减少企业承担的额外生产、协调成本，促进企业更深地融入全球价值链。加快同相关国家签署与变更双边投资协定（Bilateral Investment Treaty，BIT）、自由贸易协定。对尚未签署自贸协定或者 BIT 的国家，应尽快启动谈判；对于已经签订 BIT 的国家，加快协议条款变更和补充。

（三）积极探索共同制定国际贸易规则

首先，提出更具建设性的解决思路。TPP 并非其号称的"21 世纪最高标准"，实质上侧重体现美式价值，并未充分体现和发挥促进全球跨国投资发展的先进理念和引导作用。因此，中国有更多的战略空间去争取在国际投资规则中的话语权。在此之前，中国在全球经济治理中已经崭露头角，比如，亚洲基础设施投资银行的倡议取得成功，表明满足国际社会需求、符合各国利益关切的主张，将获得大多数国家的支持。中国在国际投资规则体系中应更多地发挥主动性，提出更有建设性的解决思路，争取有利局面。

其次，以可持续发展为目标参与国际贸易规则制定。中国应利用"一带一路"机遇,利用正在谈判中的区域全面经济伙伴关系(Regional Comprehensive Economic Partnership,RCEP),提出有利于中国利益、优于 TPP的规则方案,加强贸易规则中的发展内容,更多地体现可持续发展、包容性增长的理念。实现以可持续发展为目标的国际贸易规则,需要从以下四个层次进行考虑:一是充分考虑东道国总体发展战略;二是平衡政府和投资者的权利和义务;三是强调企业社会责任;四是鼓励多方国际投资协作。比如,中国可以在投资协定中体现"帮助条款",鼓励母国企业对欠发达国家进行投资,特别是基础设施投资等关乎民生的社会公共产品。这样的政策立场既与中国"一带一路"发展战略、中国的"义利观"相契合,同时也能体现对国际投资规则的创新和完善。

再次,积极寻求整合国际贸易规则体系的方案。当前的国际贸易规则体系由数千个双边投资协定、数百个带有投资条款的自由贸易协定,以及多种争端处理机制所组成。这些投资协定条款相互交织、重叠,造成了投资领域里的"意大利面碗效应"。当前的国际贸易协定缺乏总体设计,由此产生了诸多系统性问题,包括范围和内容之间的差异、重复和矛盾。此外,现有的国际投资规则只能为2/3的全球FDI存量提供保护,仅覆盖了1/5的双边投资关系。因此,中国应积极探索相关方案,加强国际协作,充分考虑各方利益,推动国际贸易规则的总体设计。

(四)完善加工贸易政策

制定鼓励配套企业间深加工结转的操作办法,提高加工贸易产品的加工深度,增加国内附加值,并且积极引导外资投向深加工产品的生产,形成一大批以龙头产品为中心的零部件配套企业;加紧制定并实施简便易行的深加工结转操作方法,简化深加工结转手续,减少一些不必要的审批环节;在加强海关对保税运输监管的同时,注意提高加工贸易的便利化程度,通过采用电脑联网查询等,使加工贸易中的半成品在不同企业间调配,以提高加工深度,延长加工贸易的国内增值链;制定适宜的原材料判定标准,对配额产品应实施特殊原产地标准,针对目前被动配额产品国化率低、利润流失的情况,应对那些已经有较强生产能力的被动配额产品制定较高的原产地标准,并规定只有达到此项原产地标准的加工贸易产品才能够取得出口配额,这样就可以在一定程度上提高有关加工贸易产品的国内采购率,延长国内价值链。

(五) 统一完善贸易政策的标准和规则

质量和安全标准体系的异质性是企业进入全球价值链面临的最主要壁垒之。越来越多的产品标准和认证体系的建立,给全球价值链中的上游企业带来了额外的生产和协调成本。为促进企业融入价值链,可确立统一的标准和认证要求,与其他国家签订相互认可的协议,改革本国的规范和标准以符合最佳国际惯例,通过改进自愿标准或者相关培训提升标准,支持私人部门遵守相关社会责任标准。规制融合改革要充分考量本国在全球价值链中的分工地位与收益分配状况,其难点是寻求放松管制和公共政策目标监管(如公平竞争、标准、安全、健康、环境、劳工权利等)之间的平衡。为促进全球价值链的发展,规制融合应在以下四个重点领域展开:

首先是保护有形与无形资产,应进一步完善各类知识产权规则和管理体制,完善与强化执行机制与实践,增强知识产权相关培训或技术支持;其次是促进货物、服务、生产要素的双向自由流动,应促进硬设施(如机场、港口、铁路、高速公路、通讯、能源设施等)和软设施(如司法体系、合同执行能力、行政监管能力等)建设;再次是建立透明、公正与竞争性的商业环境,主要包括:民营化、特许权和其他形式的部门开放竞争;制定和实施竞争框架,如完善竞争政策或反垄断法规,建立执行机构,促进竞争法执行及相关的培训与技术支持,改革行政审批制度,增加透明性与可预见性;最后是健全本国法律法规制度,主要包括:调整关于公共采购的法律法规(包括透明度原则与标准),修订劳动、环境与消费者保护法规,推广和采用国际反腐相关协定等。

第六篇

江苏省应对 TPP 的战略思路与对策

第二十二章　江苏地方政府层面
的思路与对策

一、加快江苏省内自由贸易园区建设

(一) 江苏省内建设自由贸易园区的意义

当前,国内宏观经济正面临较大下行压力,外部国际市场需求也比较低迷,在这样的背景下,江苏对外贸易发展也面临不小压力,特别是在 TPP 正式签署后进入生效阶段,江苏省需要在经贸体制、政策和环境等方面加快深化改革,以改革促发展。

当前,世界各国自贸区建设进入新的发展阶段,产生了许多新标准、新要求以及新的管理模式,中国对此也进行了一些大胆的尝试,比如设立了更高开放水平的中国(上海)自由贸易园区。在此背景下,江苏省加快申报建设江苏省内自由贸易园区就显得更为紧迫。江苏省建设省内自由贸易园区具有以下重要意义:

(1) 增强应对 TPP 不利影响与挑战的能力。在江苏省内建设高水平自由贸易园区有助于江苏获得相关管理经验,进而探索出适用于江苏省并且能与今后世界经贸新规则和新标准接轨的发展模式,减小 TPP 带来的区域经济一体化新变化对江苏造成的冲击,有助于在当前经贸形势下化被动为主动,培育对外开放和竞争新优势,成为江苏迎接 TPP 挑战的重要载体。

(2) 建设自由贸易园区能够为江苏扩大对外开放以及深化经济体制改革探路,能够为江苏省进一步扩大对外开放、提高贸易自由化水平以及不断深化改革提供经验,探索出一条适合江苏的改革与发展新路径,实现江苏省经济和社会的持续、健康、快速发展。同时也可以为国内其他兄弟省份的自由贸易园区建设提供可供借鉴的经验,进而推动全国的自由贸易园区建设。

(3)创建自由贸易园区能够细化长三角地区的区域分工和协作。江苏建设自由贸易园区可以与上海自由贸易园区相呼应,有利于合理规划和布局长三角的区域经济结构。各自由贸易园区可以根据自身的定位和发展目标发挥各自产业比较优势,功能互补,吸引不同的优质资源向不同的自由贸易园区聚拢,促进相互之间的良性竞争,最终带动整个长三角地区的产业链优化调整,实现长三角地区的区域科学分工和协作。

(4)在江苏省内建设自由贸易园区能够减小上海自由贸易园区产生的虹吸效应。上海自由贸易园区的建立会使其凭借高自由化水平及境内关外的政策优势对周边区域的社会和经济资源产生较大虹吸力,吸引了大量资源。与上海接壤且同处长三角的江苏不可避免会受到上海自由贸易园区虹吸效应的影响。如果江苏也能建立自由贸易园区,势必会减小这种虹吸效应所产生的负面影响。

(5)创建省内自由贸易园区还能对江苏省内经贸体制改革产生一定程度的倒逼作用。TPP 所体现的区域经济合作发展新趋势表明,目前江苏的对外经贸规则和标准仍然比较保守和落后,不符合更加开放和自由的国际贸易新体制,无法与今后的新一代经贸规则相衔接,这就需要江苏及时进行经济体制改革和创新,推行新的开放型经济体制。构建江苏省内自由贸易园区可以在先树立高度自由贸易标准的情况下形成倒逼机制,使江苏省加快经贸体制改革,以开放促改革,以开放促发展,全面推动江苏省社会经济和对外贸易发展。

(6)创建自由贸易园区能够使江苏省成为真正意义上的境内关外区域。当今国际上的各类自由贸易区均实行境内关外政策,上海自由贸易园区以前的其他各类特殊监管区域也声称实行的是境内关外,但实质上仍是境内关内,因为这些区域仍处于海关的实际监管之下,上海自由贸易园区的出现才有了质的突破。江苏要建设省内自由贸易园区将会有利于江苏省既有特殊监管区域由境内关内向境内关外转变,使江苏省拥有真正可以对接国外的开放模式,逐步形成与国际惯例接轨的自由化环境。

(7)建设省内自由贸易园区能够带来一系列经济效应,如经济增长效应、贸易促进效应、投资刺激效应、就业带动效应、产业结构效应以及制度变迁效应等，这对于拉动江苏省经济社会快速发展具有重大意义。

（二）江苏省内建设自由贸易园区的现实条件

江苏拥有较强的综合经济实力和完善的产业体系，在建立自由贸易园区方面与其他省份相比，自身条件优势较为明显。

（1）江苏拥有良好的经济基础。江苏地处中国经济发展水平最高的长三角地区，其综合经济实力已经连续多年位居全国第二，江苏人均国内生产总值近年来稳居全国前列，工业基础雄厚，服务业发展水平高，农业机械化程度高。江苏省开放型经济规模巨大，是中国的出口大省，出口规模在全国仅次于广东，雄居第二。

（2）江苏拥有众多海关特殊监管区域。在上海自由贸易园区成立之前，国内已拥有7种类型的海关特殊监管区域，包括：保税港区、综合保税区、保税区、出口加工区、保税物流园区、跨境工业区以及出口加工区B区。江苏在国内拥有特殊监管区域数量最多的比较优势，江苏省内特殊监管区域详见下表22.1。江苏的特殊监管区域无论在数量上还是在质量上，均位居国内前列。这些硬件都是江苏申请建设自由贸易园区的强大优势。

表 22.1　江苏省海关特殊监管区域汇总

综合保税区	出口加工区	保税港区	保税物流中心
苏州工业园区综保区（东区）	连云港出口加工区	张家港保税区	江阴保税物流中心
苏州工业园区综保区（西区）	镇江出口加工区	张家港保税港区	连云港保税物流中心
昆山综合保税区	常州出口加工区		
苏州高新区综合保税区	扬州出口加工区		
无锡综合保税区	吴江出口加工区		
盐城综合保税区	常熟出口加工区		
淮安综合保税区	常熟出口加工区（B区）		
南京综合保税区（龙潭区）	吴中出口加工区		

综合保税区	出口加工区	保税港区	保税物流中心
南京综合保税区(江宁区)	武进出口加工区		
南通综合保税区	泰州出口加工区		
太仓港综合保税区			

注:截止时间为 2015 年 12 月底。

资料来源:江苏省保税区域协会

(3) 江苏的交通基础设施比较完备。在交通基础设施方面,江苏省拥有航空港、高速公路、高速铁路、内河航道以及海洋港口等交织而成的完善而高速的交通网络,交通物流便利程度位居全国前列。

(4) 江苏拥有丰富的创新资源及科技人才储备。江苏省内拥有全国数量最多的高等院校,"211 工程"院校的数量位居全国第二。江苏是仅有的普通高校数量超过一百所的五个省区市之一,其中,江苏就以 128 所高校的数量领跑全国,教育资源较为丰富。

(5) 江苏地理位置比较优越。江苏位于中国经济最为发达的长三角地区,长三角地区是国际上公认的全球六大城市群之一。此外,江苏扼淮河、控太湖、过长江、临黄海,与沪浙皖鲁接壤,无论是对外贸易还是对内贸易,江苏的区位优势都比较明显。

(6) 江苏具有较为丰富的贸易园区管理经验。江苏省内拥有众多不同类型的特殊监管区域,自 1992 年江苏省内第一个特殊监管区域——张家港保税区设立以来,至今已经拥有 20 多年的园区管理经验,而且江苏省内成立了国内首家保税区域协会——江苏保税区域协会,其职责正是为江苏特殊监管区域里的企业提供各类指导、服务以及摸索管理上的创新。

(三) 江苏省内建设自由贸易园区应采取的措施

综合分析,可以通过以下几步建设江苏省自由贸易园区:

一方面,自由贸易园区作为国内经贸改革和进一步开放的"试验田",建设面积不宜过大,上海自由贸易园区的建设面积仅为 28.78 平方公里。纵观江苏省内的全部海关特殊监管区域,尤其是开放层级高的综合保税区可以发现,地处苏南的特殊监管区域数量最多、开放程度最高,位于苏南的苏州市在特殊监管区域方面又占据绝对的数量和质量双重优势。因此,江苏省要建设自由贸易园区,选址在苏州市的某个或某几个特殊监管区域将是最佳选择。具体来讲,通过参考上海自由贸易园区和其他省市申请自由贸易园区的具体情况并结合江苏本省的实际特点,本着自由贸易园区面积越大越不易获批,面积适中的原则,建议江苏的自由贸易园区选址集中在苏州市,形成以苏州工业园区综合保税区为核心,苏州高新技术产业开发区综合保税区和昆山综合保税区为辅助,市内其他的特殊监管区域(如太仓保税物流中心、常熟出口加工区、常熟出口加工区B区、苏州工业园区海关保税物流中心(B型)、吴中出口加工区以及吴江出口加工区)为基础的面积约为24.33平方公里的自由贸易园区——苏州自由贸易园区。

另一方面,江苏要积极申报和建设苏州自由贸易园区。为了让苏州自由贸易园区尽快获得中央政府批准,江苏省内各级政府尤其是苏州市政府要积极扎实地做好各项申报工作,走特色差异化自由贸易园区道路和强调能扩大上海自由贸易园区的示范效应,力求形成与上海自由贸易园区互为补充、相互支持的苏州自由贸易园区。

二、加快江苏开放型经济发展,努力适应国际贸易新规则

(一)全面深化改革,加快建设江苏省开放型经济发展模式

首先,要坚持市场化改革方向,有效建立统一开放、竞争有序的现代市场体系。在改革方向上要充分发挥政府的指导、管理和服务作用,创造良好的发展环境,让市场在资源配置中起主导作用和决定作用;在政府职能上要合理定位,实现从政府主导、不断推动向通过制度设计、增强市场微观基础活力转变;在市场建设上要坚持客观、公平、公正立场,促进各类市场主体自主经营、公平竞争以及商品和要素自由流动、平等交换。

其次,要提高市场主体发展活力,增强各生产要素在企业的配置效率。

改革市场监管体系,实行统一的市场监管,保证各种要素市场的公开、公平、公正运作。坚决清理妨碍统一市场和公平竞争的各种规定和做法,消除要素跨区域、跨行业流动的壁垒;要进一步理顺要素价格体系,加快完善劳动力、土地、资本、自然资源、金融资产等生产要素的市场价格形成机制,充分发挥价格对市场的调节作用。

再次,坚持深化涉外投资管理体制改革,有效推进贸易和投资便利化。要积极探索对外商投资实行准入前国民待遇和负面清单管理模式,加快实行以备案为主、核准为辅的境外投资项目审批管理模式,在全面清理涉外审批事项的基础上,最大限度地减少和规范行政审批,加快审批权限下放,优化审批流程。

再者,要加快推进金融制度改革创新,提高汇聚国内外生产要素、服务实体经济的能力。要加快推进开展跨境人民币业务试点,建立丰富多样、便利通畅的人民币跨境循环使用渠道,建立有效的跨境人民币结算业务风险防范机制。鼓励企业利用上海自贸区投融资平台的便利优势,开展跨境投资、境外融资,加大企业"走出去"力度。积极探索境外资产、境外应收账款、出口退税单等融资抵押方式,支持企业国际化建设和跨国并购活动。要积极支持金融机构和企业谋划海外布局,实现国际化发展以及境外上市,发行海外融资债券,拓展海外融资渠道;要鼓励外资企业到江苏发展金融产业,设立融资性担保公司、小额贷款公司等新型金融市场主体,使其有效服务江苏实体经济的发展。

最后,坚持推进人才制度改革创新,有效引进和培育国际化高端管理技术人才。要通过人才制度的创新和各类平台建设,加快国际化高端管理技术人才的引进和培育步伐。要依托高校、科研院所和国际化企业,培养具有国际视野、熟悉国际规则的国际化、专业化人才。创新国际化高端管理技术人才引进方式,重点引进世界一流水平、对促进新兴产业发展有重大影响并能带来重大经济社会效益的科研创新团队,引进担任重大科技项目的首席科学家、重大工程项目的首席工程技术专家、管理专家,引进新能源、新材料、生物技术和医药、节能环保、软件、服务外包、物联网等新兴产业领域的国际顶尖人才。

（二）拓宽开放领域，优化开放结构，培育江苏开放型经济发展新优势

江苏要更加积极主动地拓宽思路，扩大对外开放。

首先，江苏地方政府要积极引导外资投资流向，鼓励外资更多投向现代农业、先进制造业和现代服务业。围绕加快现代产业体系建设，优化利用外资结构，加大战略性新兴产业、高新技术产业引资力度，加快建设面向海外、连接中西部、具有国际技术优势的创新型产业高地。利用庞大的国内需求吸引国外优质资源，获取先进生产要素，扩大服务业对外开放，注重引进现代物流、金融保险、商业服务等生产性服务项目，提升对制造业的配套服务功能，促进先进制造业与现代服务业深度融合。积极承接国际产业转移，鼓励外资企业通过参股、并购等方式整合产业链，提升产业水平，打造江苏经济"升级版"。

其次，提升江苏对外合作水平，扩大外商投资企业的经济和社会溢出效应。鼓励跨国公司、国际研发团队在江苏增加投入，设立地区总部、研发中心等功能性机构，鼓励本土企业与跨国公司构建战略联盟，搭建跨国公司技术转移平台，促进提高本土企业的自主研发和自主创新能力。提高技术引进的整体性和先进性，重点吸引外资企业与本土企业开展研发合作、联合创新，实行优势互补、融合发展。

另外，加大创新力度，培育充满活力、具有一定国际竞争力的本地跨国企业。要鼓励和支持江苏本地企业全方位开拓国际市场，在全球范围配置资源要素，到技术人才密集的国家和地区设立研发机构，到生产成本较低的国家和地区进行生产，到资源丰富的国家和地区参与资源能源项目合作开发。开发具有自主品牌和自主知识产权的国际品牌产品，强化知识产权保护，构筑以技术、品牌、质量、服务为主体的竞争新优势。江苏要积极发挥民营企业机制灵活、国有企业实力雄厚、外资企业渠道广泛的特点和优势，探索建立混合所有制的国际化企业集团，提高江苏企业的经济实力和国际竞争力。

最后，鼓励和引导江苏企业赴境外开展高校投资和并购活动，鼓励企业在更高层次、更高水平上大规模走出去，拓展发展空间。发挥江苏省纺织、

轻工、机械、电力设备等行业的规模、技术优势,把推动技术、装备、标准走出去作为重要内容,拓展装备制造、新兴产业、生态环保等领域与国外重点国家和地区的投资合作,形成境外投资的产业优势。在产能过剩比较突出的地方,通过境外转移消化过剩产能,为本地企业"腾笼换鸟",增加发展空间。此外,江苏要创新对外投资合作方式,降低企业和个人的境外投资门槛,创新境外经贸合作区发展模式,形成境外投资区域优势。要提高企业走出去的组织化程度,支持企业通过链条式转移、集群式发展、园区化经营等方式走出去,加快建设境外生产基地和营销网络,提高对外投资的效率和质量。

(三) 完善激励机制,为江苏开放型经济发展增添动力

首先,强化考核引导。江苏省要转变以单纯积极增速为主的指标体系和考核方式,构建能够有效衡量开放型经济发展水平的评价体系,拓宽考核评价范围,加大对结构优化、科技创新、内外协作、区域协调、法制建设、安全生产、环境改善和民生幸福等指标的考核评价力度。

其次,强化分类指导。要结合江苏各地区产业优势,加强分类指导,努力缩小地区积极差距。苏南地区要充分发挥竞争优势和先发优势,集聚高端要素、创新要素,加快转型升级、创新发展,在重点领域和关键环节取得更大突破,增强国际竞争力和辐射带动能力。苏北、苏中地区要努力发挥比较优势,找准发展突破口,扩大对内和对外双向开放,在更大范围内集聚发展要素,努力加快发展速度,提高发展质量,打造新的增长极;沿海地区要加快开放,促进开发,优化空间布局,推进集聚集约发展,促进产、港、城融合发展。

最后,强化导向激励作用。在开发区建设上,江苏要鼓励各地区进行管理模式创新,走高新技术积聚发展、传统产业升级发展、中外企业融合发展、要素资源集约发展之路,加快转型升级和创新发展。在利用外资上要规范招商引资,优化外资流向,提高利用外资的经济和社会效益。在境外投资方面要将企业配置国际资源、利用国际市场、提升国际竞争力的内容列入考核指标体系,形成加大境外投资的动力机制。在政府专项资金使用上要放大引导作用,对提质增效显著、促进经济整体提升、国际竞争力显著增强的企

业予以大力扶持、奖励,促进企业做大做强。

（四）构建服务体系,提升服务质量,打造江苏开放型经济发展新高地

首先,需要规范法治秩序。江苏要着力优化以保护产权、维护契约、统一市场、平等交换、公平竞争、有效监管为基本导向的法治环境。坚持依法行政、依法办事和公开透明,建立重大决策终身责任追究制和责任倒查机制,切实维护投资者合法权益,让投资者在健全有效的法律框架内开展经营管理活动。要有"底线思维",切实防控各种风险,要按照法治化、规范化、公平化、高效率的原则强化对涉外企业监管。

其次,需要优化政策环境。要加大政策创新力度,实施错位发展、差异化竞争战略,发挥政府政策的激励和引导作用,汇聚更多优势和能量,打造开放型经济发展空间。突出创新驱动,引导和鼓励企业开展创新创优活动,加强涉外知识产权行政执法保护和司法保护力度,强化风险防范和安全保护,创造平等竞争的市场环境,营造关心、支持、爱护企业发展的良好社会氛围。

再者,需要提高服务水平。江苏省要构建以政府为主导的综合公共服务平台,为涉外企业提供政府管理、政策咨询、市场开拓、品牌推广、融资支持、投资信息、资信管理、风险预警、贸易摩擦应对、国际商事仲裁等各类公益性服务。加大对社会组织和中介机构的支持力度,积极探索推进政府购买服务机制,实行服务外包,加快构建适合开放型经济发展需要的综合服务体系。

最后,需要解决发展难题。提升政府服务能力和水平,针对开放型经济发展中的难点、热点问题,加强分析研究,及时提出应对之策,提供更加精细化的服务和更加快捷的工作效率。要着力为涉外企业释疑解惑,满足其转型升级、提质增效的发展需求。要针涉外企业发展中的一些突出难题,如境外投资企业的信息服务、风险防范和融资需求,打破条条框框限制,建立完备有效的服务网络和境外投资发展基金,真正办好实事,取得实效。

三、加快推进江苏省产业结构转型升级

（一）降低对低端产业的依赖

江苏省加快产业结构转型升级要求降低对低附加值和高消耗、高污染加工出口产业的依赖,转向以国内市场为主的消费产业和服务业。现在我们要面对资源价格的上涨、汇率水平的上升以及国内劳动力用工成本的攀升,企业需要进行转型升级,或者将生产转移到生产成本更低的地区。应当鼓励和支持传统产业向苏北等经济发展水平相对较低和产业基础较为薄弱的地区转移,加快江苏省内落后地区发展,使落后地区的资源和劳动力成本优势得到发挥。鼓励企业向内需产业和服务业转型,放松市场进入管制,允许民间资本进入,给市场带来创新和活力,包括开放那些获利较高和垄断限制较多的部门和产业,如金融、保险、教育、医院、航空、物流等。

（二）产业规划与内需相结合

江苏省产业结构的转型升级要将产业体系规划建设和内需市场的发展有效结合起来。一是要调整加工制造业过分突出的产业格局,提高服务业占比,在稳定现有制造业规模和市场能力的基础上加快服务业发展,提升服务业发展质量,开放服务业市场,吸收民间资本进入服务业;二是要调整对于国际市场及外贸出口部门的过度依赖,扩大国内市场需求比重,根据国内市场体系的发展格局和需求扩张能力,从基础产业到消费品和服务业,国内市场的规模已经出现了快速扩张,江苏的产业结构调整和产业发展规划也需要及时明确地转向国内市场,在稳定外部市场份额和规模的基础上,规划引导新兴的产业和企业项目投资,朝内需市场的需求结构发展,及时调整产业的国内外市场比重结构,稳定经济的长远发展。

（三）综合协调各产业发展

江苏省的产业结构转型升级要求实现一个多层次的任务和协调体系,

政策规定的强制性和一刀切措施面临着多重任务条件的压力,结构调整政策还需要由多层面考虑,并引入市场机制。苏南、苏中和苏北地区经济和社会发展水平存在较大差异,产业结果较为不同,外资规模和出口规模差异更大,资源价格和环境承载力也有较大差异。因此,江苏省的产业转型升级可以获得内部协调利益,现有资源和土地价格在苏南、苏中和苏北还有较大差距,劳动力成本也存在很大差异,部分产业的转移配置和引进外资的北移,可以为苏中和苏北地区注入资本,提供产业发展的推动力,还可减少苏南地区产业转型升级对经济增长、就业和出口带来的压力。这样的配置和结构调整既能推进后发展地区的工业发展,同时还能减缓转型带来的冲击影响。

四、加快现代物流体系建设,助力江苏融入国家"一带一路"建设

江苏要加快建设更加便捷和高效的现代物流体系,在更好服务国家"一带一路"战略的同时有效应对 TPP 协定给江苏外向型经济发展所带来的不利影响。

(一)加快物流基础设施建设,对接全球物流网络,打造江苏物流新体系

现代高效的物流体系在经济发展过程中发挥着不可替代的重要作用,江苏要加大力度推进物流基础设施建设,当前,中国正在快速推进高速铁路网络建设,江苏要积极推进省内高速铁路网络建设,力争将高铁通到每一个县,促进人流和物流的跨区域交流,实现各个地区之间的互联互通。首先,江苏要把握世界物流产业的未来发展趋势,加快江苏省内海运、航空、铁路、公路等物流通道建设;其次,江苏要抓住国家"一带一路"战略这一有利机会,积极对接"一带一路"重点省区和节点城市,向南联通珠三角经济圈,向北接通环渤海经济圈,贯通中西部物流通道,力争实现与国内"一带一路"相关省区物流通道的无缝对接,最后,要努力打造江苏省内物流基础设施"升级版",重点完善江苏物流运输网络,建设江苏便捷高效现代物流新体系。

（二）加快发展江苏现代物流产业，打造高效物流平台

目前，现代物流产业在发达国家经济中的作用越来越大，中国的物流产业发展相对还比较滞后，还有较大的发展潜力。江苏作为中国最具经济活力的地区之一，应当加快发展现代物流产业，消除区域市场分割，提高经济发展潜力和运行效率：首先，江苏要加快建设布局合理、设施先进、上下游衔接、功能完善、管理规范、标准健全的现代物流服务体系；其次，加快对接国际、国内两个市场，促进集装箱的装卸、堆存、运输、拆拼箱、流通加工、配送、信息服务等功能集聚与整合，提高集装箱物流专业化服务水平；最后，加快江苏省内综合保税区建设，推动保税区、保税物流园区、物流加工区等特殊监管区域进行"功能整合、政策叠加"的试点，形成多点、发散式的保税物流基地网络。

以物流园区为代表的现代物流平台具有较为明显的集聚效应，相对传统物流产业模式具有较大的优势，江苏要加快打造高效物流平台：其一，推进中哈物流园、上合作（国际）组织物流园建设，开启二期工程，辐射新亚欧大陆桥交通走廊；其二，以徐州无水港建设为契机，建设徐州国际物流园区和综合保税区，就地封关、检验检疫，实施"一带一路"运输东西双向便捷流动，打通新亚欧大陆桥江苏段物流运输的"最后一公里"；其三，发挥"苏新欧"铁运班列的引领作用，采用综合保税区模式，建设苏州、南京国际保税物流园区，带动苏南和苏中，形成集疏运规模；其四，加快与"一带一路"沿线国家和地区的对接，发挥江海联运、航空直取的物流优势，布局适宜的特色国际物流产业，主动对接海外市场；其五，加快发展以集装箱为主体的物流运输，搭建集装箱专业物流园区和基地。

（三）加快物流管理模式改革，更好适应现代物流产业发展

江苏要树立绿色物流的发展理念，全面适应物流产业的国际化、最优化、便利化、低能化。要以第四次零售革命、云消费等新技术革命为契机，构建市场消费的最优、便利、快捷物流通道，整合物联网、电子商务运营商、实体企业、代销点、直销店等消费平台的物流资源和国际物流园、大型仓库、综

合保税区等物流产业载体,建设综合性的物流储存、集疏运产业基地,搭建江苏综合立体的绿色物流网络。发展多式联运,合理选择物流通道,减少物流中转环节,直接惠及物流客户和主体,提高物流设施和各种物流资源的集约利用率,鼓励和推广低碳物流装备和技术的应用,不断降低物流业能源消耗和污染排放,确保物流业安全有序运行。

首先,发挥政府公共服务职能,完善物流信息采集、交换、共享、开放机制,搭建现代化的物流业政务交流管理平台;其次,从江苏沿海大开发、长江经济带和国家"一带一路"三大战略建设视角下,做好"十三五"江苏物流产业发展规划;最后,充分发挥物流、仓储、交通运输、港口和国际货代等协会的桥梁和纽带作用,做好服务企业、规范市场行为、开展合作交流、人才培训咨询等方面的中介服务。进一步发挥行业组织的功能和作用,从物流产业标准制定、定价权、运营流程、技术管理认证等方面放权于民,还权于企业,充分调动市场机制,参与行业管理。

第二十三章　江苏省企业层面的思路与对策

一、提高江苏企业跨国经营水平

对于江苏企业来说，实现跨国经营不仅能提高企业的经营管理水平，还能有效扩大企业未来的发展空间。江苏经济外向型发展水平较高，更需要增强跨国经营能力。"一带一路"战略打开了江苏企业在全球范围内组织生产和销售、整合配置资源的通道，减少了以往企业海外经营可能遭遇到的种种阻力和障碍。对于江苏企业来说，实现跨国经营的方式多种多样，既可以通过在海外市场自建公司、办工厂、开发资源，还可通过收购海外企业、技术成果及品牌专利等实现国际化，江苏企业在实现国际化的过程中要注重收购海外研发机构以及网罗高技术人才，增强技术实力。随着中国在上海、广东、福建、天津相继建立自由贸易园区，中国企业在国内实现跨国经营成为现实。对于自由贸易园区所带来的新变化和新挑战，江苏企业必须积极主动去应对。上海自由贸易园区距离江苏省很近，江苏企业要积极主动对接，要充分利用自贸区带来的政策、融资、进出口便利等优惠政策。江苏企业对国际市场竞争的残酷性要有清醒和充分的认识，紧紧抓住上海自由贸易园区这一有利条件，提高国际竞争力。

二、增强江苏企业跨界融合能力

跨界融合的主要特征是信息化与工业化的深度融合，还包括金融资本与实体产业的有效结合。新需求、新技术、新模式和互联网新工具使企业不再是传统的产销实体，所有的界限都可打破，所有的领域都可融合。当前，中国国内产业跨界融合、技术跨界融合、产品跨界融合、营销跨界融合非常普遍,导致产业关联、产业结构演变、产业组织形态和产业区域布局等方面都发生了根本性的改变,呈现出一些新趋势和新特点,以互联网为纽带的产业跨界融合主要有两种表现形式,一种是"互联网+",即互联网企业延伸融合的发展方式,另外一种形式为"+互联网",即传统企业借助互联网改变原有业态的发展模式。从企业中心化转向用户中心化,大规模制造变为大规模定制,员工与用户的隔离墙变为零距离。在电子商务颠覆了传统商业模式以后,互联网工厂正在颠覆传统工厂模式,其他颠覆性变化还将不断产生。技术革命引领的行业跨界融合。随着技术革命和技术创新的不断涌现,许多传统领域发生交叉融合,相互之间的界限变得模糊。例如,传统工业制造领域的机械、电子、仪器仪表、材料和动力等行业,通过"机电一体化"创新整合,引发整个机电制造领域革命性跨界融合,3D打印技术的问世则是其中的一大杰作。金融资本与实体经济的跨界融合势不可挡,金融改革创新是企业快速发展特别是新兴产业成长、技术成果转化的催化剂,金融资本与实体经济的融合程度是体现产业竞争力、发展潜力和管理管理水平的重要标志。

三、提高品质意识,实现江苏企业跨越式发展

跨越式发展就是要转变以往重数量轻质量、重速度轻效率、重眼前轻长远的短期发展模式。当前,中国非常需要在产业界培养"工匠精神",日本人和德国人是"工匠精神"的典型代表,他们都很注重质量,精雕细琢,无可挑剔。精益求精、一丝不苟、耐心专注、专业敬业是"工匠精神"的基本内涵,体现的是绝技与严谨的结合,体现的是无可编码复制的独特经验。在创造近现代工商业辉煌业绩的过程中,江苏曾经拥有良好的"精造意识"和"工匠精神"。但在"短缺经济时代"和市场化快速发展阶段形成的急功近利行为,使这些优良品质丧失掉了。当今社会"工匠精神"欠缺,浮躁气氛在企业界比较盛行,大家都追求短期利益而忽视产品的内在品质和灵魂,这阻碍了江苏企业从制造向创造的跨越,丧失了产品高端化。江苏迫切需要唤起和强化"精造意识"和"工匠精神";迫切需要培育一大批"工匠型人才";迫切需要形

成一大批"精造型企业"。

四、促进江苏企业实现转型升级

产业服务化使企业从产品设备供应商转向系统集成总承包和整体解决方案提供商,将价值链由生产型制造向服务型制造延伸升级。推进制造业服务化,必须坚决抛弃"重制造轻服务"的观念,充分认识到服务化是产业结构升级的方向。制造业"服务化"的路径主要分为四条:一是聚集协同服务平台模式;二是提升产品效能的服务模式;三是提高产品交易便捷化的服务模式;四是整合产品功能的服务模式。在当前全球制造业从"生产型"向"服务型"转变的大趋势背景下,江苏企业必须迎头赶上,不久的将来,制造过程的附加价值将越来越低,研发、采购、储存、物流、营销、融资和技术支持等服务将成为产品价值的重要来源,向"服务化"转型是制造业生存的必然选择。

参考文献

1. Devadason，E. S. The Trans-Pacific Partnership（TPP）：The Chinese Perspective[J]. *Journal of Contemporary China*，2014，23(87)：462－479.

2. Petri，P. A. ，Plummer，M. G. ，Zhai，F. *The Trans-Pacific Partnership and Asia-Pacific Integration：A Quantitative Assessment* [M]. Peterson Institute，2012.

3. 毕晶. 中国加入 TPP 的利弊权衡及战略选择[J]. 国际经济合作，2013(8):24－29.

4. 顾学明,李光辉. TPP 百问[M]. 北京:中国商务出版社,2016.3.

5. 何良. 美国重返亚洲战略评析[J]. 理论月刊,2015(2):177－182.

6. 焦方太,刘江英."跨太平洋伙伴关系协定"对 APEC 的影响分析[J]. 广东外语外贸大学学报,2014(1):24－27.

7. 李慧. TPP 谈判中拉美三国的政策立场及对拉美地区一体化的影响[J]. 拉丁美洲研究,2015(6):15－20.

8. 李志鹏. 中国建设自由贸易园区内涵和发展模式探索[J]. 国际贸易,2013(7):4－7.

9. 刘晨阳."跨太平洋战略经济伙伴关系协定"发展及影响的政治经济分析[J]. 亚太经济,2010(3):10－14.

10. 刘晨阳. 日本参与 TPP 的政治经济分析[J]. 亚太经济,2012(4):22－26.

11. 刘凌旗,刘海潮. 日本 TPP 决策动因及日美谈判现状评估[J]. 现代国际关系,2015(3):46－55.

12. 卢孔标,王守贞,丁攀. 跨太平洋伙伴关系协议:主要分歧与前景分析[J]. 东南亚研究,2012(5):66－72.

13. 倪月菊.日本的自由贸易区战略选择——中日韩 FTA 还是 TPP? [J].当代亚太,2013(1):80-100.

14. 彭涓,杨苗苗.TPP 初步达成对中国区域经济发展的启示[J].改革与战略,2016(3):93-95.

15. 祁春凌.TPP 对中国-东盟自贸区的挑战及中国的应对之策[J].对外经贸实务,2015(1):8-11.

16. 全毅.TPP 对东亚区域经济合作的影响:中美对话语权的争夺[J].亚太经济,2012(5):12-18.

17. 沈萍.浅析 TPP 对苏州外贸发展的影响[J].当代经济,2016(21):42-43.

18. 宋国友.TPP:地缘影响、中美博弈及中国选择[J].东北亚论坛,2016(2):67-74.

19. 宋颖慧.试析 TPP 谈判进展及其趋势[J].现代国际关系,2013(3):42-48.

20. 唐国强.跨太平洋伙伴关系协定与亚太区域经济一体化研究[M].北京:世界知识出版社,2013.

21. 田伯平.江苏开放型经济可持续发展研究——基于体制、政策和环境的视角[J].江苏社会科学,2011(3):236-243.

22. 万解秋,刘亮.后危机时期江苏产业结构的升级与优化[J].江苏社会科学,2012(3):241-246.

23. 王学凯,王亚茹.两洋同盟战略对江苏外向型经济的潜在影响及应对策略[J].江苏商论,2015(4):35-40.

24. 吴涧生,曲凤杰.跨太平洋伙伴关系协定(TPP):趋势,影响及战略对策[J].国际经济评论,2014(1):65-76.

25. 吴兆礼.印度亚太战略发展,目标与实施路径[J].南亚研究,2015(4):98-121.

26. 谢晓军.谈 TPP 对中国对外贸易的影响与应对措施[J].当代经济,2016(3):126-128.

27. 信强.美国 TPP 战略与台湾加入之前景解析[J].台湾研究集刊,

2013(2):8-16.

28. 徐秀军.跨太平洋伙伴关系协定谈判中的利益诉求与中国对策[J].长江论坛,2014(1):48-52.

29. 薛荣久,杨凤鸣.跨太平洋伙伴关系协定的特点、困局与结局[J].国际贸易,2013(005):49-53.

30. 杨柔坚.江苏推进"一带一路"战略的思考[J].宏观经济管理,2015(9):83-87.

31. 于晓燕.澳大利亚推进TPP谈判的政治经济分析[J].亚太经济,2012(6):9-15.

32. 张晗.泛太平洋伙伴关系协定(TPP):回顾与展望[J].经济研究导刊,2014(6):247-249.

33. 张洪营.TPP协定对苏南经济发展的影响及对策——以无锡市为例[J].中国商论,2015(26):106-108.

34. 张纪凤,宣昌勇.新常态下江苏对外直接投资促进产业升级研究[J].江苏社会科学,2015(5):259-265.

35. 张凯.TPP达成对中国经济的影响——基于FDI的角度[J].商,2016(15):118-119.

36. 张兰平,徐林.TPP/TIPP背景下江苏主动策应上海自贸区的途径[J].知识经济,2016(9):37-38.

37. 张晓君.国际经贸规则发展的新趋势与中国的立场[J].现代法学,2014(3):154-160.

38. 张云飞.上海自贸区建设及江苏应对策略[J].经济视野,2013(24).

39. 章昌裕.WTO困境下的国际贸易新格局与挑战[J].对外经贸实务,2013(12):4-8.

40. 赵亮,陈淑梅.应对TPP我国建设自由贸易园区研究——以江苏省为例[J].经济体制改革,2014(5):63-67.

41. 赵鸣,张建民,薛继坤.江苏物流业参与"一带一路"建设的发展对策[J].港口经济,2016(8):37-39.

42. 郑晓荣. 创建开放新格局、实现发展新突破——江苏开放型经济适应新常态、实现提质增效的研究与思考[J]. 世界 经济与政治论坛,2015(2):161-170.

43. 朱乃新. 经济全球化与中国地方经济:江苏开放型经济研究[M]. 北京:社会科学文献出版社,2005.

44. 竺彩华. 亚太区域国际经济合作新进展[J]. 理论视野,2016(3):58-62.